Karin Bergstermann & Anna Hofer

»Bei meinem Kind mache ich das anders«

Karin Bergstermann & Anna Hofer

»Bei meinem Kind mache ich das anders«

Mit den (Schwieger-)Eltern über Erziehung sprechen und den eigenen Weg gehen

BELTZ

FSC www.fsc.org MIX Papier aus verantwortungsvollen Quellen FSC® C089473

Klimaneutral Papier ClimatePartner.com/13732-1910-1001

Dieses Buch ist erhältlich als:
ISBN 978-3-407-86677-6 Print
ISBN 978-3-407-86678-3 E-Book (EPUB)

1. Auflage 2022

Lektorat: Melanie Hartmann, Bettina Brinkmann
Umschlaggestaltung: anjagrimmgestaltung.de
Bildnachweis: © DEEPOL by plainpicture/Stina Gränfors
Herstellung: Sarah Veith
Satz: Publikations Atelier, Dreieich
Druck und Bindung: Beltz Grafische Betriebe, Bad Langensalza
Beltz Grafische Betriebe ist ein klimaneutrales Unternehmen (ID 15985-2104-100).
Printed in Germany

Weitere Informationen zu unseren Autor_innen und Titeln finden Sie unter: www.beltz.de

Inhalt

Vorwort von Nora Imlau

Auf den ersten Blick könnte man meinen, unsere Elterngeneration hätte es so gut wie keine zuvor: Wir leben hierzulande in Sicherheit und Demokratie, können unsere Familien dank sicherer Verhütungsmittel genau so planen, wie wir uns das vorstellen, stecken nicht mehr in den verkrusteten Rollenmustern früherer Generationen fest und haben auch noch jede Menge technischer Helferlein zur Verfügung – vom Saugroboter bis zur App, die unsere Stillabstände misst. Also alles prima? Leider nein. Tatsächlich erlebe ich bei meinen Vorträgen und Workshops, aber auch im privaten Austausch mit anderen Müttern und Vätern oft, wie emotional belastet viele junge Eltern sind. Wie schwer es ihnen fällt, ihre Rolle zu finden und selbstbewusst ihren eigenen Weg zu gehen. Und welch immense Last in diesem Zusammenhang Generationenkonflikte sein können, die mit der Geburt des ersten Kindes plötzlich wie aus dem Nichts aufpoppen und dann einfach nicht mehr verschwinden, weil sich gefühlt ein Reibungspunkt an den nächsten reiht: Erst stillen wir falsch, dann versagen wir bei der Schlaferziehung, dann verhunzen wir den Beikoststart, um schließlich auch noch krachend am Töpfchentraining zu scheitern. Zumindest in den Augen derer, deren Urteil vielen von uns immer noch viel mehr bedeutet, als wir es uns gerne eingestehen: unserer eigenen Eltern und Schwiegereltern, also den Großeltern unserer Kinder.

Wer mitten in einem solchen Konflikt steckt, fühlt sich damit oft sehr allein: mit den vielsagenden Blicken und den unausgesprochenen Vorwürfen, mit den Verletzungen hier wie da und der erdrückenden Sprachlosigkeit darüber, weil das Thema gefühlt ein einziges Minenfeld ist.

Umso dankbarer bin ich, dass meine langjährigen Freundinnen und Autorenkolleginnen Anna Hofer und Karin Bergstermann sich dieses wichtigen Themas angenommen haben und mit diesem Buch ein dringend notwendiges Grundlagenwerk zum Verstehen und Auflösen all jener typischer Generationenkonflikte vorlegen, die Eltern und Großeltern heute typischerweise das Leben schwer machen. Wie viel Erfahrung und Expertise in dieses Buch eingeflossen ist, ist dabei deutlich zu spüren, wobei die beiden unterschiedlichen Schwerpunkte der beiden Autorinnen sich aufs Wunderbarste ergänzen.

So leistet Karin als Stillbegleiterin und Historikerin seit vielen Jahren Pionierarbeit, indem sie auf ihrem Blog »Geschichte der Säuglingspflege« anhand von Zitaten aus historischen Erziehungsratgebern nachzeichnet, wie stark unsere heutigen Ängste und Glaubenssätze mit pädagogischen und medizinischen Überzeugungen aus längst vergangenen Zeiten zusammenhängen und wie diese über die Jahrhunderte entstanden sind. Dabei lässt sich Karin nicht zu oberflächlichen Schlussfolgerungen hinreißen, wie sie in Presse und Sachliteratur immer mal wieder vorgenommen werden: Natürlich ist weder eine einzelne Person noch ein einzelnes Buch daran schuld, dass unsere eigenen Eltern und Großeltern ihre Babys oft schreien gelassen haben. Und unsere Angst vor dem Verwöhnen ist auch nicht allein eine Spätfolge der deutschen NS-Vergangenheit. Stattdessen geht es ihr darum, historische Zitate präzise in die größeren Bezüge einzuordnen: In welchem geistesgeschichtlichen Klima sind diese Lehrmeinungen entstanden, die bis heute nachhaltigen Einfluss auf unsere moderne Idee von Erziehung haben? Und warum konnten sie sich so hartnäckig halten? Diesen fachkundigen Blick bringt sie nun auch in dieses Buch ein und zeigt anhand von Originalzitaten aus älteren wie neueren Erziehungsratgebern so beeindruckend wie einleuchtend auf, welche Geisteshaltungen hinter dem für uns oft unverständlichen Denken und Handeln unserer eigenen Eltern- und Großelterngeneration stecken. So eröffnet sie nicht nur den Raum für ein viel tiefer gehendes Verständnis von Erziehung und Säuglingspflege im Wandel der Zeiten – sondern auch die Tür für einen Dialog zwischen den Generationen, der nicht von Frust und Vorwürfen, sondern von gegenseitigem Verständnis geprägt wird.

Genau diesen Dialog achtsam zu begleiten und die unterschwellig wirkenden Beziehungsdynamiken im Familiensystem begreifbar zu machen ist seit vielen Jahren nicht nur der Beruf, sondern auch die Berufung von Anna Hofer. Als Stillbegleiterin und psychologische Beraterin hat sie in ihrer eigenen Praxis bereits zahllose Eltern auf genau diesem Weg begleitet, und auch ihre Erfahrung und ihr immenses Fachwissen stecken in jedem Kapitel dieses Buches. Wertschätzend und klar leuchtet Anna aus, welche Bindungs- und Beziehungsbedürfnisse alle Kinder haben und warum es uns auch als Erwachsene, die bereits selbst Kinder haben, oft so schwer fällt, uns vom ewigen Streben nach Anerkennung zu lösen. Wir erfahren, wie die Erziehung, die wir selbst erfahren haben, uns bis heute bewusst wie unterbewusst prägt und dass es ganz normal ist, als Mutter oder Vater die eigene Kindheit plötzlich in einem ganz anderen Licht zu sehen als vor der Geburt unseres ersten Kindes. So können wir uns beim Lesen ganz behutsam jenem Schmerz nähern, der letztlich hinter fast allen Generationenkonflikten steckt: die tiefe Angst aller am Konflikt Beteiligten, nicht gut genug und nicht bedingungslos geliebt zu sein. So fachkundig wie feinfühlig zeigt Anna mögliche Wege aus diesem Schmerz, die Vergebung beinhalten können, aber nicht müssen. So können erwachsene Kinder wie auch frisch gebackene Großeltern lernen, sich in gesundem Maße voneinander zu lösen, ihre persönlichen Grenzen zu wahren und sich als die Erwachsenen zu begegnen, die sie heute sind.

Unsere Elterngeneration mag es nicht immer leicht haben. Aber jetzt hat sie es ein bisschen leichter, weil es dieses Buch gibt.

Viel Freude beim Lesen wünscht
Nora Imlau

Vorbemerkung der Autorinnen

Wir sprechen in diesem Buch fast durchgängig von der traditionellen Vater-Mutter-Kind(er)-Familie. Bei den Konflikten sprechen wir in erster Linie von denen zwischen Müttern und Großmüttern. Aber was ist mit den Vätern und Großvätern? Was ist mit gleichgeschlechtlichen Paaren? Was ist mit nicht binären Eltern?

Laut Statistischem Bundesamt waren 2019 unter den 8 189 000 Haushalten mit mindestens einem Kind unter 18 Jahren 5 718 000 gemischtgeschlechtliche Ehepaare, 5 000 gleichgeschlechtliche Ehepaare, 935 000 gemischtgeschlechtliche unverheiratete Paare, 7 000 gleichgeschlechtliche unverheiratete Paare, 185 000 alleinerziehende Väter, 1 339 000 alleinerziehende Mütter. Nach nicht binären Eltern fragt die Statistik noch nicht.

Es scheint also, als ob wir Autorinnen die Lebensrealität von Tausenden Eltern ignorieren. Eltern, die sich mit noch viel mehr Konflikten und Vorurteilen herumschlagen müssen als nur denen rund um die Erziehung. Wir hoffen jedoch, dass auch diese Eltern genug für sich aus unserem Buch mitnehmen können und überlassen diese Themen lieber Betroffenen. Diese kennen sich besser aus, und wir wollen uns nicht anmaßen, für sie zu sprechen, solange wir zu diesem Thema noch so viel zu lernen haben.

Wir sprechen von »den Schwiegereltern«, unabhängig davon, ob du und dein*e Partner*in verheiratet seid oder nicht. Wir unterscheiden auch nicht zwischen biologischen, Stief- und Adoptiveltern, weil dies keine Rolle in den Konflikten spielt.

Letztlich können alle diese Auseinandersetzungen mit sämtlichen Familienmitgliedern, Freund*innen und auch Außenstehenden wie Ärzt*innen, Hebammen, Erzieher*innen und Lehrer*innen auftreten.

Wir hoffen, dass sich dennoch alle, die Streit mit den Großeltern oder anderen Personen haben, in unserem Buch wiederfinden können. »Mutter vs. Oma« ist da nur ein Beispiel, das wir gewählt haben, weil es auffällig häufig vorkommt. Während wir die geschichtlichen Hintergründe in diesem Buch beleuchten, sehen wir uns ausschließlich mit der heteronormativen Familie konfrontiert, da andere Lebensformen in den gängigen Ratgebern keine Rolle spielten und in der Gesellschaft unterdrückt wurden. Nicht zuletzt basieren die speziellen Probleme von Familien, die außerhalb dieser Norm stehen, genau auf diesem Ignorieren und Verbieten anderer Lebensweisen. Daher denken wir, dass ein Blick auf die Ursprünge auch hier nützlich ist.

Unser Ziel ist es, zwischen den Generationen zu vermitteln und auf zwischenmenschlicher Ebene für bessere Kommunikation zu sorgen. Viele moderne Eltern legen besonders viel Wert auf einen gleichwürdigen und bindungsorientierten Umgang mit ihren Kindern. Wir wünschen uns, dass diese Form des Zusammenlebens auch auf die älteren Generationen und letztlich auf die gesamte Gesellschaft erweitert wird.

Hier gibt's Knatsch!

Seit dein Kind auf der Welt ist, hast du feststellen müssen, dass du immer wieder mit deinen und anderen Eltern aneinandergerätst, weil dir die Bedürfnisse deines Kindes wichtig sind. Es geht dabei immer um dieselben Themen. In der Säuglingspflege gibt es die drei Säulen Ernährung, Schlaf und Erziehung, die regelmäßig Streitpunkte liefern. Das ist nicht verwunderlich, denn allein in den letzten vierzig Jahren hat es in diesen Bereichen enorme Veränderungen gegeben. Die offiziellen Empfehlungen wurden teilweise komplett auf den Kopf gestellt. Sollten Babys z. B. vor vierzig Jahren noch auf dem Bauch schlafen, so dürfen sie das nun nicht mehr, da wir wissen, dass dies das Risiko des plötzlichen Kindstods (SIDS) erhöht. Dementsprechend werden Babys heute zum Schlafen auf den Rücken gelegt. Wo vor vierzig Jahren das Stillen noch wegen angeblicher Schadstoffe in der Muttermilch verpönt war, wissen wir heute, dass die Schadstoffbelastung so gering ist, dass sie vernachlässigbar ist.

Es geht also häufig um grundsätzliche Gesundheitsthemen, und natürlich liegt allen Familienmitgliedern die Gesundheit des Babys am Herzen.

Wir werden im Verlauf dieses Kapitels noch viele weitere Beispiele aufgreifen. Um zu verstehen, warum der Streit sich in vielen Familien an denselben unterschiedlichen Ansichten entzündet, müssen wir erkennen, woher diese kommen und warum es so schwierig ist, auf sachlicher Ebene zu bleiben. Den Großeltern fällt es schwer, die neuen Erkenntnisse anzunehmen und zu akzeptieren. Uns fällt es schwer, uns nicht über die Ratschläge der Großeltern aufzuregen. An beidem müssen wir arbeiten, wenn wir nicht wollen, dass sich die gelegentlichen Meinungsverschiedenheiten zu einem permanenten Konflikt ausdehnen.

Das erste Aufeinanderprallen unterschiedlicher Ansichten geschieht meist schon bald nach der Geburt. Denn nun zeigt sich, wie nah die frischgebackenen Großeltern noch am Puls der Zeit sind. Zur selben Zeit zeigt sich, wie realitätsnah die Vorstellungen der Eltern vom Leben mit Baby sind.

In der Schwangerschaft mögen sich die werdenden Eltern und Großeltern in Sachen Säuglingspflege noch einig gewesen sein. Denn wir alle sind von einer Gesellschaft geprägt, in der schon Babys eigene Zimmer haben und Durchschlafen als der Normalzustand angesehen wird. In einer Zeit der Kleinfamilien fehlt häufig die persönliche Erfahrung mit Säuglingen, bevor das erste eigene Kind auf die Welt kommt. Und so stellt das Neugeborene die Vorstellungen der Eltern auf den Kopf, wenn es sich partout nicht ablegen lässt oder das Stillen nicht reibungslos klappt. Die Bilderbuchwelt, mit der wir in Werbung, Film und Fernsehen berieselt werden, trifft auf die Wirklichkeit in Form eines winzigen Menschen, der sehr wohl zu zeigen weiß, was ihm gefällt und was nicht, und dessen Instinkte und Persönlichkeit sich nicht unbedingt mit unseren Vorstellungen decken.

Wir werden noch genauer sehen, wo diese falschen Vorstellungen herkommen, und warum dieser Schnitt zur Realität heute radikaler ausfällt als noch vor dreißig Jahren. Denn das ist ausschlaggebend für die Schwere der Generationenkonflikte. Im Verlauf dieses Kapitels zeigen wir, welches Erbe an Fehlinformationen und Kinderfeindlichkeit wir mit uns herumschleppen, das sich nun beim Thema moderne Säuglingspflege entlädt.

Zur selben Zeit also, während die Eltern sich in ihren neuen Aufgaben zurechtfinden müssen, haben sie sich mit den Großeltern auseinanderzusetzen, die ihnen durch ihre veralteten Ansichten Steine in den Weg legen und sie verunsichern. Dabei ist dies ohnehin eine sehr sensible Zeit. Die Hormone im Wochenbett machen uns verletzlich. Das Erlebnis der Geburt, das so gleich für die Spezies Mensch und doch so individuell unterschiedlich in der persönlichen Erfahrung ist, markiert den Startschuss für die Elternschaft und muss doch selbst erst mal verarbeitet werden. Egal, ob die Geburt nun gut oder schlecht verlaufen ist.

In der Schwangerschaft sehen werdende Eltern häufig die Geburt als das große Ziel und nicht als den Anfang. Sie bereiten sich auf die Geburt vor, aber nicht notwendigerweise auf die Zeit danach. Zumindest nicht in demselben Ausmaß. Als Stillberaterinnen sehen wir das, wenn wir die Info-Stunde über das Stillen in einem Geburtsvorbereitungskurs übernehmen. Wird das Thema der Stunde vorher im Kurs angekündigt, fehlt an dem Termin oft über die Hälfte der Schwangeren – auch wenn sie vorhaben zu stillen.

Es gibt zwar Vorbereitungskurse für die Geburt und auch für die Säuglingspflege, aber nicht für Elternschaft. Es gibt auch ganze Kurse zur Stillvorbereitung. Doch selbst wenn wir uns in der Theorie noch so gut vorbereiten, ist es etwas anderes, sich später in der Praxis zurechtzufinden. So brauchen z. B. auch Stillberaterinnen Hilfe von Kolleginnen, wenn es um das eigene Stillen geht. Wenn man mitten in der Situation steckt, kann es zum einen sein, dass man den Wald vor lauter Bäumen nicht sieht, und zum anderen ist man leichter zu verunsichern, sobald es um das eigene Kind geht.

Heutzutage gibt es sogar Vorbereitungskurse für Großeltern. Aber mit Großeltern, die freiwillig schon während der Schwangerschaft einen solchen Kurs besuchen, sind nicht viele Schwierigkeiten zu erwarten. Immerhin zeigen sie schon allein durch die Teilnahme ein Interesse an Fortbildung und ein gewisses Maß an Selbstreflexion.

Und solche Kurse sind notwendig, denn die Zeit hat das praktische Wissen der Großeltern zu grauer Theorie werden lassen. Nicht nur, dass sich vieles geändert hat. Das menschliche Erinnerungsvermögen ist sehr selektiv. Wir behalten die Dinge, die aus welchem Grund auch immer einen großen Eindruck auf uns gemacht haben. Die irgendwie wichtig waren. Sowohl im positiven als auch im negativen Sinne oder einfach nur, weil sie unerwartet waren.

Die Erinnerung verblasst auch mit der Zeit. So mag Oma denken, ihre Kinder seien alle mit einem Jahr trocken gewesen. Das muss aber nicht heißen, dass es wirklich so war. Oder dass sie unter »trocken« dasselbe versteht wie du. Oder wie sie selber damals. Möglicherweise haben ihre Kinder damals mit (etwas über) einem Jahr tagsüber keine Windel mehr getragen. Aber dass sie nachts noch eine hatten oder dass viel danebenging, hat Oma ausgeblendet. Zurück bleiben nur die Behauptung, die Kinder seien trocken gewesen, und die Verwunderung darüber, dass die Enkel in demselben Alter es noch nicht sind.

Was für ein Kind richtig war, muss noch lange nicht für alle Kinder richtig sein. Wenn das eigene Kind mit einem Jahr trocken war, so mag Oma denken, dass es an ihrer Erziehung gelegen hat. Es mag aber einfach nur an ihrem Kind gelegen haben. Mit einem anderen Kind mit anderem Charakter wäre sie vielleicht nicht so früh erfolgreich beim Abgewöhnen der Windel gewesen.

Doch wer denkt während der Schwangerschaft schon daran, solche Themen mit den werdenden Großeltern zu besprechen? Das ist doch alles noch so lange hin! Und überhaupt. Diese Dinge verstehen sich doch von selbst. Was soll da groß besprochen werden? Und was soll sich schon groß geändert haben? Sehr viel, wie wir nun sehen werden.

Das Wochenbett und die Bindung

Das fängt schon direkt nach der Geburt an. Obwohl Rooming-in seit Ende der 90er-Jahre in allen Krankenhäusern Standard ist, sehen viele Großeltern noch einen Vorteil darin, das Baby nachts im Säuglingszimmer abzugeben. 24-Stunden-Rooming-in wurde erst in den 2000ern Standard.

»Ruh dich aus, solange du im Krankenhaus bist.«

»Bist du erst mal mit dem Baby zu Hause, ist es vorbei mit den ruhigen Nächten.«

Wenig Schlaf und Ruhe zu bekommen ist eine der ersten Assoziationen, die Großeltern beim Gedanken an die Babyzeit haben. Das Bedürfnis nach mehr Schlaf hat sich in ihren Köpfen festgesetzt und so wird jede Gelegenheit zu schlafen als Chance angesehen.

Zudem fehlt den älteren Generationen das Bewusstsein dafür, was die tatsächliche Ursache des Schlafmangels ist. Nämlich nicht, dass wir dem Baby noch nicht beigebracht haben, durchzuschlafen, sondern unsere falsche Erwartungshaltung an den normalen Babyschlaf und die Schlafumgebung, die wir dem Baby bieten.

Die wenigsten von uns haben im Zimmer der Eltern geschlafen. Wenn das Baby allerdings nachts in einem anderen Zimmer liegt und die Eltern aufstehen müssen, wenn es sich meldet, wird ihre Nachtruhe offensichtlich wesentlich mehr gestört, als wenn sie sich nur zum Babybalkon umdrehen müssen.

Babybalkone sind keine neue Erfindung. Anleitungen zu ihrem Bau sind schon aus der Mitte des 19. Jahrhunderts bekannt.[1] Sie sind nur in Vergessenheit geraten. Auch war es bis zum Ende des

19. Jahrhunderts üblich, dass mindestens die Stillkinder bei den Eltern im Zimmer schliefen. Dafür dienten die Wiegen.

Wir vergessen sehr schnell, wie sich eine Situation anfühlte. Während wir drinstecken, haben wir den Eindruck, dass es niemals enden und sich tief in unser Gedächtnis einbrennen würde. Doch so funktioniert das menschliche Gehirn nicht. Wir behalten nur einen Bruchteil aller Informationen, und die, die wir uns merken, bekommen mit der Zeit einen Schleier. Der Fokus verschiebt sich und wir (ver)formen unsere Erinnerungen im Nachhinein.

Schlafmangel ist ein Folterinstrument. Zu wenig Schlaf zu bekommen ist eine enorme Belastung für den gesamten Organismus. Und so ist die Aufforderung der frischgebackenen Großeltern, dass die Mutter die Chance zum Schlafen wahrnehmen solle, doch vor allem der Sorge um die Mutter geschuldet.

Vergiss nicht, dass du ihr Kind bist. Deine Eltern haben eine größere Bindung zu dir und ein größeres Verantwortungsgefühl dir gegenüber als zu deinem Baby. Was du als herzlos gegenüber deinem Baby empfinden magst, kommt aus einem Herzen, das für dich schlägt.

Du magst dich fragen: »Wie kann ich Ruhe haben, wenn ich mein Baby nicht bei mir habe?« Und Studien zeigen in der Tat, dass Mütter, die ihre Babys in ihrer Nähe haben, besser schlafen als diejenigen, die ihr Baby im Säuglingszimmer abgeben. Doch das wissen die Großeltern nicht. Die Neugeborenenphase ist zwar eine sehr sensible und wichtige Zeit für das Kennenlernen, aber sie ist auch sehr kurz im Vergleich zur übrigen Kindheit. Die lange Belastung durch Schlafmangel setzt sich nachhaltiger im Gedächtnis fest als der Wunsch nach Nähe zum neuen Baby.

»Du musst auch lernen, loszulassen.«

Eine Mutter, die ihr Baby nicht abgeben mag, wird häufig als Glucke belächelt. Unsere Eltern erinnern sich, wie es war, das Baby nicht hergeben zu wollen. Aber sie mussten damals lernen oder akzeptieren, dass sie ihr Baby abzugeben hatten. Für sie ist es klar wie Kloßbrühe, dass auch du das lernen musst. Jede*r muss das. Das gehört dazu.

Es war für die meisten Eltern früher nahezu undenkbar, sich nicht in die vorherrschenden Strukturen einzufügen. Die 68er-Bewegung hat zwar einiges auf den Kopf gestellt und wir verdanken ihr sehr viel. Doch sie war eine verhältnismäßig kleine Strömung. Und wenn deine Eltern und Schwiegereltern ihr angehörten, wirst du vielleicht dieses Buch nicht brauchen. Wahrscheinlich aber war mindestens eines der Elternpaare noch in den starren Strukturen der Nachkriegszeit gefangen.

Karin: »Ich wurde 1975 geboren und antiautoritär erzogen. Für mich war *Attachment-Parenting* (AP, s. Glossar) eine logische Weiterführung davon. Meine Eltern haben mich schon immer meinen eigenen Weg finden lassen und so gab es zwar Gespräche über die Dinge, die ich anders machte, aber nie Unverständnis oder Streit. Den gab es jedoch mit anderen Teilen der Familie sowie Freund*innen und Außenstehenden wie Erzieherinnen im Kindergarten, Kinderärzt*innen und sogar Fremden auf der Straße. Ein AP oder bindungsorientierter (BO) Ansatz (s. Glossar) kann Konflikte mit allen möglichen Mitmenschen auslösen, weil der Umgang mit Kindern uns immer auch in unsere eigene Kindheit versetzt und wir alle Wunden haben, die wir (noch) nicht heilen

> konnten oder ignorieren. Jede*r will sich in die Erziehung einmischen und meint zu wissen, was gut und richtig ist, weil diese Ratschläge tief in der eigenen Psyche verwurzelt sind und es schwer zu ertragen ist, ein Kind in einer Situation zu sehen, die wir aus unserer Erinnerung zu verdrängen suchen.«

Was uns vor allem von unseren Eltern unterscheidet, ist die Wahlfreiheit. Es braucht ein Dorf, um ein Kind großzuziehen, nicht nur, weil das Kind mehrere Bezugspersonen braucht, sondern auch, weil die Eltern Rückenstärkung und Entlastung brauchen. Wir haben heute die Möglichkeit, unser »Dorf« nach unseren Vorstellungen zu gestalten. Wir suchen die passende Hebamme, den besten Ort für die Geburt, sympathische Kinderärzt*innen, eine geeignete Spielgruppe, die passende Kindertagesstätte. Rückenstärkung bekommen wir durch eine Vielzahl von AP- und BO-Büchern. Im Internet bilden wir Müttergruppen mit Gleichgesinnten. Dort haben auch alle Verständnis für unseren Ärger mit den Großeltern. Die meisten haben ähnliche Geschichten zu erzählen.

Doch unsere Eltern hatten diese Möglichkeiten meistens nicht. Fortschrittliche Müttergruppen gab es nur in Großstädten. Die Vernetzung unter Müttern steckte noch in den Kinderschuhen. Gerade die 68er haben viele solcher Gruppen auf die Beine gestellt. Dies waren vor allem Krabbelgruppen und Kinderläden, also neue Formen der Kinderbetreuung. Ab 1977 gab es in der BRD Stillgruppen der La Leche Liga und ab 1980 die der Arbeitsgemeinschaft Freier Stillgruppen.

Wohlgemerkt, dies waren die Anfänge. Sie entstanden aus einem Bedarf heraus, sich gegenseitig zu helfen, in einer Gesellschaft, die dies nicht bieten konnte. Die meisten unserer Mütter hatten diese Unterstützung nicht. Die meisten unserer Mütter haben allerdings auch keinen Bedarf dafür gesehen. Sie steckten selbst zu fest in den bestehenden Strukturen. Sich unterzuordnen war für diese Generation selbstverständlich, insbesondere für Frauen. Sie lernten das von klein auf. Sie selber waren im Nachkriegsdeutschland aufgewachsen. Das Land musste aufgebaut werden. Da blieb weder Zeit noch Energie für die Kinder übrig. Sie hatten sich einzufügen. Eine solche Kindheit prägt nachhaltig.

Doch jetzt ist das Enkelkind da und die frischgebackenen Eltern treffen mit einer Selbstverständlichkeit eigene Entscheidungen, von der die Großeltern nur hätten träumen können. Zu sehen, dass es auch anders geht, kann für sie nun sehr schmerzlich sein. Manche Großeltern möchten es nicht wahrhaben und beharren auf ihren Ansichten aus reinem Selbstschutz. Andere werden traurig über den eigenen Verlust.

Aber selbst unsere feministischen Mütter stellen mit Erstaunen fest, was alles möglich ist. Sie haben Frauen großgezogen, die für sich selbst einstehen. Wie weitreichend die Konsequenzen daraus sind, wird ihnen erst jetzt klar. Sie lernen nun, an welchen Stellen sie selber überall zurückgesteckt haben, ohne dass es ihnen bewusst war. Denn jede nachfolgende Generation kann mehr erreichen als die vorherige. Es ist unmöglich, die Gesellschaft und die Erziehung innerhalb einer Generation zu optimieren. Auch unsere Kinder werden es einmal besser haben als wir. Sie werden Dinge tun und Möglichkeiten haben, die jenseits unserer Vorstellungen liegen. Wir sind alle immer Kinder unserer Zeit und arbeiten mit dem, was uns gegeben wird und was wir als äußere Umstände vorfinden.

»Du bist ja eine richtige Glucke!«

Wenn wir den Großeltern dann klargemacht haben, dass wir es nicht einsehen, unser winziges Baby »loszulassen«, begegnen wir einem Vorurteil, das uns noch mehrere Jahre begleiten wird. Ob es darum geht, das Baby noch nicht bei den Großeltern übernachten zu lassen oder das 2-Jährige noch nicht außerfamiliär betreuen zu lassen, weil es noch nicht bereit dafür ist, oder das Kind nicht zu zwingen, bei Ausflügen des Kindergartens mitzumachen. Oder ob es generell darum geht, dem Kind ein Mitspracherecht in seinen Aktivitäten einzuräumen – sofort müssen wir uns gegen Vorwürfe verteidigen, wir würden zu sehr klammern.

Gras wächst nicht schneller, wenn man daran zieht. Aber in der Erziehung gilt der Grundsatz, man könne Kindern Dinge nicht früh genug beibringen. Und die Überzeugung, man müsse sie ihnen überhaupt erst beibringen!

In Wahrheit ist die gesamte Kindheit ein einziger Loslösungsprozess. Dieser geht vom Kind aus und ist für die Spezies Mensch überlebenswichtig.

Eltern, die sich darauf einlassen und dem Kind die Zeit lassen, die es braucht, befriedigen gleichzeitig auch ihr eigenes Bedürfnis nach Nähe zu dem Kind. So können alle gemeinsam wachsen. Denn auch den Eltern fällt die Loslösung leichter, wenn sie graduell erfolgt. Das sprichwörtliche »Hotel Mama« entsteht oft aus Mutter-Kind-Beziehungen, bei denen es zu wenig Nähe gab, nicht zu viel. Die Mütter, die ihren 30-jährigen Söhnen noch die Wäsche waschen und sie am liebsten von vorn bis hinten umsorgen würden, konnten diesen »Kümmertrieb« meist nicht ausleben, als das Kind noch ein Kind war. Nun werden sie getrieben von einem Gefühl der Versäumnis und manchmal auch der Schuld.

Zurückzuführen ist dies auf die Vorstellung, dass eine Bindung zum eigenen Kind zu eng sein könne. Für das Kind zu sorgen sei eine Pflicht. Aber emotionale Nähe aufzubauen sei verwerflich. Das Ganze läuft unter dem Deckmantel der Selbstständigkeit. Das Kind müsse selbstständig werden, sonst könne es sich später im Leben nicht zurechtfinden.

Selbstständigkeit soll dem Kind entweder beigebracht werden, damit es den Eltern weniger Arbeit macht, oder aus der Vorstellung heraus, dass es von allein nichts lernen würde.

Wir wissen heute, dass eine gesunde Bindung und eine Entwicklung im eigenen Tempo die beste Basis für eine stabile psychische Gesundheit sind. Das ist es, was Kinder auf das eigenständige Leben vorbereitet. Doch insbesondere die Kriegskinder und Kriegsenkel haben oft große Probleme, Bindung und Nähe zuzulassen. Gleichzeitig haben sie große Angst davor, ihre Kinder nicht genug auf den Ernst des Lebens vorzubereiten.

Nähe macht verletzlich. Nähe nicht zuzulassen ist ein Schutzmechanismus vor Enttäuschungen und Schmerz. Wer aber als Kind keine gesunde Bindung kennengelernt hat, kann sie auch als Erwachsene*r nicht unbedingt als solche erkennen. Es ist auch schwierig, diesen Menschen zu erklären, was fehlt. Du kannst Farbenblinden Farbe nicht erklären und du kannst Bindungsblinden Bindung nicht erklären.

Die Großelterngeneration konnte oder durfte keine Bindung im bowlbyschen Sinne (s. Glossar) aufbauen. Wenn wir ihnen aber versuchen zu erklären, dass unsere Bindung zu unseren Kindern enger ist, als ihre es war, wird das oft als Vorwurf verstanden, dass sie ihre Kinder nicht geliebt hätten. Liebe und Bindung sind aber nicht dasselbe.

Auch schlecht gebundene Eltern können ihr Kind lieben. Liebe ist ein schwammiger Begriff. Und wie elterliche Liebe auszusehen hat, wurde immer vom Mainstream definiert. Vor allem ist die Vorstellung, Eltern könnten ihre Kinder zu viel lieben, schon uralt. Bedürfnisorientierte Erziehung gab es schon immer, aber sie wurde jahrhundertelang als »Affenliebe«[2] diffamiert. Der Begriff taucht schon im 16. Jahrhundert auf, und auch in Erziehungsratgebern der 50er-Jahre findet er sich noch.

Liebe zeigt sich darin, die Kinder nach bestem Wissen und Gewissen zu erziehen. Leider können Wissen und Gewissen uns auch fehlleiten. Das ist so lange in Ordnung, wie wir bereit sind, aus unseren Fehlern zu lernen.

Wir Menschen haben zudem das große Glück, Fehler nicht selber machen zu müssen, um daraus lernen zu können. Wir können auch aus Fehlern lernen, die andere vor uns gemacht haben. Wenn wir uns zusätzlich noch die Mühe machen, zu verstehen, wie diese Fehler entstehen konnten, können wir anfangen, die Umstände zu verändern, die dazu führen könnten, dass auch andere weiterhin dieselben Fehler machen. Aus der Vergangenheit zu lernen hilft nämlich nicht nur bei der Verständigung zwischen den Generationen, sondern dient auch der Prävention.

Es ist den Großeltern kein Vorwurf daraus zu machen, dass sie glaubten, eine Bindung zum Kind könne zu eng sein. Alles, was sie lernten, deutete darauf hin, dass dies stimmt. Wie schmerzlich muss es sein, jetzt vor Augen geführt zu bekommen, dass sie die Nähe, die sie nach der Geburt spürten, ruhig hätten zulassen können? Dass sie mit den besten Absichten, alles richtig zu machen, nicht nur sich, sondern auch ihr Kind gequält haben?

Oma erinnert sich daran, wie sie selbst fast eine Glucke geworden wäre bei den ganzen Hormonen im Wochenbett. Aus dieser Erfahrung heraus belächelt sie dich. Sie denkt, du wirst es schon auch noch schaffen, den »Kümmertrieb« wieder auf das »richtige« Maß zurückzuschrauben. Da müssen schließlich alle Mütter durch. Denkt sie. Ihr steht ein großer Schock bevor, wenn sie realisiert, dass es auch anders geht. Sei also nachsichtig mit ihr, wenn sie dir wieder einmal vorwirft, dass du nicht loslassen kannst. Dahinter stecken der Schmerz, dass sie loslassen musste, und die Sorge, dass euer Kind es später einmal schwer haben wird.

»Bleib ein paar Tage im Krankenhaus, dann kannst du alles lernen, was du übers Baby wissen musst.«

In den Zeiten vor dem Rooming-in war es tatsächlich so, dass den Müttern bei der Entlassung ihr eigenes Kind erst mal erklärt werden musste. Die Babys wurden den Müttern nur zu bestimmten Zeiten gebracht und durften nicht lange im Zimmer bleiben. Die Routine des Krankenhauses war wichtiger als die Wünsche der Mütter. Das Personal sah es als Vorteil an, das Baby ab dem ersten Tag an einen Rhythmus zu gewöhnen. Die Mutter sollte zudem noch nicht mit dem Kind »belastet« werden. Sie sollte sich »Ruhe« gönnen.

»In den letzten Tagen des Klinikaufenthaltes muß sich die junge Mutter mit den Lebensgewohnheiten ihres Kindes vertraut machen, mit dem Arzt und der Säuglingsschwester die zweckmäßige Nahrungsart und -menge besprechen und sich in die zur Pflege des Kindes notwendigen praktischen Handgriffe einweisen lassen. Geburts- und Entlassungsgewicht sind aufzuschreiben, jede Mutter hat Anspruch zu erfahren, ob ihr Kind nachts durchschläft oder häufig schreit und ob, wenn es geschrien hat, in der Nacht dem Kind Nahrung gereicht wurde.«

Mutter und Kind. Eine Anleitung zur Säuglingspflege.
Prof. Dr. Erich Graser, 1959, S. 6.

Im Durchschnitt hielten sich Mütter im Jahr 1980 nach einer Geburt 9,3 Tage im Krankenhaus auf. 1990 waren es noch 6,9 Tage.[3] Die meisten von uns haben also mehr als die erste Woche ihres Lebens im Krankenhaus verbracht. Genug Zeit, ein kleines Baby an einen Rhythmus zu gewöhnen und ihm das »Durchschlafen« beizubringen. Viele unserer Eltern haben daher eine falsche Vorstellung davon, wie Babys sich naturgemäß verhalten.

Im Jahr 2000 betrug die durchschnittliche Verweildauer im Krankenhaus nach einer Geburt nur noch 5,4 Tage. 2010 waren es 4,3 und 2019 noch 3,6 Tage.[4] Wohlgemerkt mit Rooming-in. Dass die meisten Mütter mindestens 3 Tage bleiben, hat aber auch den Grund, dass die U2, die zweite kinderärztliche Untersuchung nach der Geburt, erst nach 72 Stunden durchgeführt werden kann. Zudem ist die Kaiserschnittrate von 15,7 % im Jahr 1990 auf über 30 % im Jahr 2010 gestiegen.

Das erste Geburtshaus Deutschlands wurde 1985 in Gießen eröffnet. 2005 gab es rund 100 Geburtshäuser in Deutschland. Für eine ambulante Geburt, also das Nach-Hause-Gehen wenige Stunden nach der Geburt, was natürlich auch nach einer Klinikgeburt möglich ist, entscheidet sich zwar nur eine Minderheit der Eltern, aber gerade während der Corona-Pandemie stieg die Zahl der ambulanten Geburten an. Die Berliner Zeitung meldet, dass sich ihre Zahl 2020 im Vergleich zum Vorjahr verdoppelt hat.[5]

Zudem besinnen sich Eltern immer mehr darauf, dass das Wochenbett eine Zeit des Kennenlernens und des Einfindens in die neue Situation ist. Viele wollen in den ersten Tagen keinen Besuch. Das stößt auf wenig Verständnis bei den Großeltern.

»Wir wollen das Baby sehen!«

Nach der Geburt sind wir hormonell voll aufs Baby gepolt. Das soll so sein. Das ist gut so. Ob das Wochenbett nun im Krankenhaus beginnt oder zu Hause – wir besinnen uns langsam darauf zurück, dass diese Zeit der neu entstehenden kleinen Familie gehört.

Natürlich ist die Verwandtschaft neugierig aufs Baby. Es ist auch schön, dass sie es willkommen heißen will. Doch obwohl die Großeltern der Mutter noch rieten, sich im Krankenhaus doch auszuruhen, wollen sie nun nicht verstehen, dass Besuch auch Stress bedeuten kann.

Vor rund 200 Jahren sah das Wochenbett so aus, wie wir es uns heute idealerweise wieder vorstellen: Die Mutter ruht sich aus, hat das Baby in ihrer Nähe und wird von anderen »bemuttert«. Das heißt, sie muss sich außer ums Stillen/Füttern und Ausruhen um nichts kümmern. Im Laufe von 100 Jahren wurde dann das Baby zunächst aus dem Bett der Mutter, dann aus ihrem Zimmer verdrängt. Die Verwandtenbesuche, die zuvor dazu dienten, die Mutter zu versorgen und ihr den Haushalt abzunehmen, wandelten sich zu einer Babyschau, bei der die Mutter Gastgeberin spielen sollte.

Auf die Gefühle der jungen Familie wird dann oftmals keine Rücksicht genommen. Und das, obwohl wir Mütter in dieser hochemotionalen und hormongesteuerten Zeit sehr verletzlich sind. Umgekehrt wird aber Rücksicht auf die Gefühle der Großeltern verlangt. Sie sind beleidigt, wenn sie das Baby nicht sofort sehen und bekuscheln dürfen oder wenn ihnen kein Kaffee und Kuchen serviert werden. Sie empfinden es als respektlos, wenn sie ihre eigenen Wünsche hintanstellen sollen.

Das Problem ist, dass die ältere Generation unter Respekt häufig etwas ganz anderes versteht als wir. Sie behauptet, Respekt müsse verdient werden, und Älteren müsse immer Respekt gezollt werden. Das sind Überreste einer hierarchischen Denkweise, in der es innerhalb der Familie eine Rangordnung gibt.

»Zeig etwas Respekt!«

Dieser Aspekt ist besonders wichtig, da er in vielen Konflikten mit älteren Generationen auftaucht.

Was die Großeltern wirklich meinen, wenn sie Respekt fordern, ist, dass wir ihre Autorität anerkennen sollen. Sie fühlen sich in der Hierarchie, in deren Griff sie noch immer feststecken, zurückgesetzt.

Degradiert zu werden kratzt am Ego. Wenn der eigene Wert sich darauf begründet, wie viel Macht man hat, dann fühlt man sich machtlos und auch wehrlos, wenn diese Hierarchie sich in Luft auflöst.

Die typische Angstreaktion auf diese als Bedrohung wahrgenommene Situation ist Wut. Als Kind ist es nicht unsere Aufgabe, unseren Eltern dabei zu helfen oder sie gar zu therapieren, sich in eine neue Situation, die hoffentlich ein gleichwertiges Miteinander ist, einzufinden. Ein Verständnis für die Situation unserer Eltern hilft uns aber, diese Wut nicht persönlich zu nehmen.

Gleichzeitig kann man bei frischgebackenen Großeltern oft ein respektloses Verhalten dem Baby gegenüber beobachten. Da wird das Neugeborene herumgereicht wie ein Spielzeug. Und wenn es anfängt zu weinen, wird gelacht und sich an der Lebhaftigkeit erfreut.

Auf uns wirkt das herzlos und verstörend. Babys weinen nicht ohne Grund und diesen Grund gilt es zu beseitigen. Die Großeltern setzen sich dagegen über das Weinen hinweg. Zum einen, weil sie noch immer der Idee des »dummen Vierteljahres« (s. das entsprechende Kapitel unter »Verwöhnen und Schreienlassen«) anhängen und so das Weinen gar nicht ernst nehmen *können*. Ein solches Verhalten führt direkt in den Adultismus, d. h. in die Diskriminierung von Kindern allein aufgrund ihres Alters.

Zum anderen, weil sie ja wissen, dass sie liebe Großeltern sind, und das Kind das schon noch erkennen wird.

Das (vermeintliche) Wissen der Großeltern zählt also mehr als die Emotionen des Babys. In der westlichen/christlichen Gesellschaft bestand und besteht immer noch eine lange Tradition, Wissen höher zu bewerten als Instinkte, Triebe und Gefühle. Diese galten als etwas Niederes, Animalisches. Und der Mensch als Krone der Schöpfung musste lernen, diese zu unterdrücken. So hatte sich dann nicht nur der erwachsene Mensch der gesellschaftlichen Ordnung und dem aktuellen Wissen unterzuordnen. Eltern mussten auch dem kleinen Kind von Anfang an beibringen, sich dem übergeordneten Willen der Erwachsenen zu beugen. War dieses Beibringen vor rund 200 Jahren noch ein allmählicher Prozess, so begann die Unterordnung vor 100 Jahren am Tag der Geburt. Wir werden in den folgenden Kapiteln noch sehen, wie das passieren konnte.

Das Baby hatte sich also in die bestehende Hausordnung einzufügen. Das sollte seinem eigenen Wohl dienen, da man überzeugt war, dass es gesundheitliche Schäden davontragen würde, wenn ihm keine Ordnung anerzogen würde.

In sich selbst sind diese Erziehungsregeln auch logisch. Wenn ich davon ausgehe, dass Babys Ordnung brauchen, muss ich eben dafür sorgen, dass sie sie bekommen. Die Frage ist nur, wie frühere Elterngenerationen zu der Überzeugung kamen, dass Ordnung gesundheitlich notwendig sei. Aufschluss darüber erhalten wir, wenn wir uns das große Thema Ernährung ansehen.

Stillen, Nichtstillen, Beikost

Wir alle haben schon davon gehört, dass Babys angeblich in bestimmten Abständen gestillt werden sollen, damit sie kein Bauchweh bekommen, oder nur eine bestimmte Zeit lang trinken sollen, damit die Warzen nicht wund werden. Es gibt eine Vielzahl solcher Regeln, die sich schon bei kurzer Betrachtung als unsinnig erweisen. Dennoch halten sie sich sogar bei Fachpersonen wie Hebammen und Ärzt*innen hartnäckig.

Einige dieser Regeln entstanden durch Aberglauben, einige aus Unwissenheit, andere hatten durchaus einmal ihre Berechtigung, aber ergeben in der heutigen Zeit und mit dem heutigen Wissen keinen Sinn mehr. Ihnen allen ist gemeinsam, dass ihre Herkunft in Vergessenheit geriet und nur noch die Regeln selbst ähnlich wie ein Dogma fortlebten. Die Regeln wurden so verinnerlicht, dass sie als »etwas, was man doch weiß« betrachtet wurden. Derartiges »Wissen« wird nur in seltenen Fällen hinterfragt. Und eine Konfrontation mit neuen Erkenntnissen kann hier besonders erschütternd sein.

Das Stillen bietet ein großes Feld für Konflikte, da es zum einen ein sehr emotionales Thema ist und zum anderen die Ernährung einen direkten Einfluss auf Gedeihen und Gesundheit des Kindes hat. Und wer will nicht, dass es dem Baby gut geht? Stillen ist eine höchst persönliche Erfahrung, die einen ein Leben lang begleitet, im Guten wie im Bösen. Ob eine Frau stillen konnte, beeinflusst nicht nur ihre Einstellung zum Stillen, sondern auch zum eigenen Körper und den eigenen Fähigkeiten als Mutter sowie den Fähigkeiten des weiblichen Körpers generell. Wenn das Stillen nicht klappt, trifft uns das mitunter tief.

Prof. Amy Brown beschreibt in ihrem Buch *Why Breastfeeding Grief and Trauma Matter* (2019, übersetzt etwa *Warum Stilltrauer und -trauma relevant sind),* dass Frauen, die ihr persönliches Stillziel nicht erreichen konnten, ein erhöhtes Risiko haben, an Depressionen und Angststörungen zu leiden. Häufig geht das Scheitern der Stillbeziehung mit Gefühlen von Trauer, Schuld und Verlust einher. Das hat nicht nur Auswirkungen auf das Selbstbild dieser Frauen, sondern auch auf die Beziehung zum Kind.

In den 70er- und 80er-Jahren haben nur sehr wenige Frauen erfolgreich gestillt. Das lag fast immer an mangelnder Unterstützung und Fehlinformationen. Meist wurden schon beim Stillstart vom Krankenhauspersonal so drastische Fehler begangen, dass das Stillen gar nicht funktionieren konnte. So wurde das Vertrauen in den eigenen Körper und in die eigene Stillfähigkeit der Mütter nachhaltig gestört.

Wenn also Konflikte rund um das Stillen innerhalb einer Familie aufkommen, ist es ratsam, auf die Kommentare der Großeltern mit Empathie zu reagieren. Meist sind es ernsthafte Sorgen, die sich dahinter verstecken. Oder die eigene negative Erinnerung macht sich bemerkbar.

Frag deine Mutter oder Schwiegermutter doch mal nach ihrer eigenen Stillgeschichte. Hör ihr zu. Stell aufrichtige Fragen, ohne zu urteilen. Misserfolge in der eigenen Stillgeschichte verfolgen Mütter ihr Leben lang.

Als Stillberaterinnen stellen wir häufig fest, dass das Stillen Frauen ihr Leben lang begleitet. Viele von uns haben schon Info-Stände für unsere Stillgruppen auf Messen oder ähnlichen Veranstaltungen betreut. Sehr oft kommen dort Omas zu uns und erzählen uns ihre eigenen Stillgeschichten. Da ist immer ein sehr großer Redebedarf spürbar.

Der eleganteste und sanfteste Weg, Konflikte zu lösen, die auf Fehlinformationen basieren, ist, dem Gegenüber so geschickt Fragen zu stellen, dass es von selbst auf die richtigen Ideen kommt. Das gelingt mit etwas Übung meist recht gut. Fragen wie »Warum glaubst du das?« oder »Was, befürchtest du, wird geschehen, wenn ich es anders mache, als du sagst?« bieten immer einen guten Einstieg. Für die geläufigsten Vorurteile findest du hier eine Reihe von Anregungen. Es lohnt sich, ein paar Fragen und Antworten auswendig zu lernen, denn in den entscheidenden Momenten ist es manchmal schwierig, so schlagfertig und redegewandt zu sein. Auswendiglernen gibt da Sicherheit.

Manchmal kannst du deinem Gegenüber mit einer humorvollen Antwort den Wind aus den Segeln nehmen oder mit einer Spitze die Absurdität einer Frage vor Augen führen. Wofür du dich entscheidest, hängt sicher von der Situation ab sowie davon, wer dich gerade nervt, warum er oder sie nervt, wie sehr es nervt und wie gut du mit der Person ansonsten klarkommst. Nicht zuletzt ist es auch einfach eine Charakterfrage, für welchen Weg du dich entscheidest.

> **Letztlich gilt auf jede Frage nach dem**
> **»Warum? Wieso? Weshalb?«**
> **als Antwort: »Mein Kind – meine Regeln!«**

»Mal sehen, ob du überhaupt stillen kannst«

Wenn eine Frau, die gerade zum ersten Mal Mutter geworden ist, nach wenigen Stillversuchen bereits im Krankenhaus gesagt bekommt, sie habe keine oder zu wenig Milch – wie es leider auch heute noch passiert –, dann wird sie das glauben. Kurz nach der Geburt stehen wir unter starkem Einfluss der Hormone. Es ist ein Ausnahmezustand, den man sich vor der ersten Geburt gar nicht vorstellen kann. Wir sind von Kopf bis Fuß auf das Baby eingestellt und nur bedingt zurechnungsfähig. Entscheidungen zu treffen überfordert uns mitunter. Aber wir sind ja in den guten Händen des Fachpersonals, dem wir vertrauen, dessen Worten wir glauben und dessen Anweisungen wir ohne Zögern folgen. Wieso sollte eine junge Erstlingsmutter auch an den Fachleuten zweifeln? Nur wenn sie wild entschlossen ist, zu stillen, wird sie sich anderweitig Hilfe holen, falls es Probleme gibt, die im Krankenhaus lediglich mit der Flasche beantwortet werden.

Karin: »Im Kennenlerngespräch mit meiner Nachsorgehebamme fragte ich sie, ob es sinnvoll sei, die Telefonnummer einer Stillberaterin bereit zu haben. Sie sagte, das sei unnötig, sie kenne sich mit dem Stillen aus und stille selber gerade ihr erstes Kind. Später stellte sich heraus, dass sie nach sechs Monaten keine Milch mehr hatte.
Sie hat viel Wert darauf gelegt, dass sich meine Brust vor dem Stillen voll anfühlt und hinterher leer. Als ich sie fragte, ob es nicht genug sei, wenn mein Kind vor dem Stillen hungrig und hinterher satt sei, fiel ihr nichts mehr ein.«

In einem Umfeld, in dem das Stillen verpönt ist, Muttermilch für zu belastet mit Umweltgiften gehalten wird, und kaum jemand echte Stillerfahrung hat, ist es schwer, eine gegenläufige Meinung zu bilden und das Notwendige zu tun, um erfolgreich zu stillen. Die Mütter mögen damals alles getan haben, was in ihrer Macht stand. Aber in ihrer Macht stand vermutlich einfach nicht viel.

Wir erinnern uns, dass die ersten Stillgruppen aus Mangel an professioneller und familiärer Unterstützung in Deutschland erst 1977 gegründet wurden.

Heute haben wir das Internet und viele gute Stillbücher zur Verfügung. Wir haben heute die Möglichkeit, uns umfassend zu informieren und uns alle Hilfe zu holen, die wir brauchen. Unsere Mütter hingegen hatten diese Möglichkeiten nicht. Stattdessen hörten sie von Freundinnen, dass das Stillen nicht oder nur kurz funktionierte. Wenn es dann bei ihnen selbst auch nicht klappte, haben sie dem Stillen vielleicht noch hinterhergetrauert. Aber haben sie sich Gedanken darüber gemacht, falsch beraten worden zu sein? Auf die Idee muss man erst mal kommen.

Oma: »Bei mir hat das Stillen nicht geklappt. Ich hatte gar keinen Milcheinschuss.«

Du: »Woran hast du das denn gemerkt?«
Oma: »Mein Kind lag ständig an der Brust und schrie sonst vor Hunger. Ich habe abgepumpt und da kam keine Milch.«
Du: »Ich kann auch nicht abpumpen. Mein Kind wird trotzdem satt. Es hat ja auch eine ganz andere Saugtechnik als so eine Pumpe.«
Oma: »Heißt das, die haben mich im Krankenhaus falsch beraten? Wie kann das sein?«

»Die Frauen in unserer Familie können alle nicht stillen.«

Viele Ärzte wussten zwar um die Wichtigkeit des Stillens und haben sich vordergründig dafür eingesetzt, dass Mütter stillten. Gleichzeitig haben sie aber Stillregeln propagiert, mit denen das Stillen nicht lange funktionieren konnte.

In den 1980ern wurde das Stillen meist von einem rigorosen Stillmanagement begleitet: Das Baby wurde in Abständen von 3 bis 4 Stunden für höchstens 15 bis 20 Minuten an die Brust gelegt. Vor und nach jedem Stillen wurde das Baby gewogen, und zeigte die Waage nicht das vorherbestimmte Plus, dann wurde »das Fehlende« zugefüttert (abgepumpte Milch oder Säuglingsnahrung mit der Flasche). Das alles oft begleitet vom Schreien des hungrigen Babys. So entstand ein großer Druck bei den Müttern, und da sie unweigerlich scheiterten, fühlten sie sich als Versagerinnen. Ihr Selbstbewusstsein wurde massiv untergraben. Ihr Vertrauen in den eigenen Körper und die eigenen Fähigkeiten sank. Dabei müssen wir bedenken, dass unsere Mütter selbst in einer Zeit groß geworden sind, in der Körperlichkeit und Emotionen an sich schon tabuisiert wurden. Die Frauen konnten also noch nicht mal über ihre Gefühle reden und so das Erlebte verarbeiten.

Die Schuld für das Misslingen des Stillens wurde dann entweder der mangelnden Regeltreue der Mutter zugeschrieben oder ihrem Körper. Da viele Frauen unter diesen Umständen nur für wenige

Wochen genug Milch hatten, dachte man, es läge an den Frauen selbst. Eher wurden die Gründe in der Familie gesucht als in den Ratschlägen der Fachleute, die es doch wissen mussten.

Gerade Mütter wollen ihren eigenen Töchtern gerne die Strapazen ersparen, die sie selbst durchmachen mussten. Da hilft es, aufzuzeigen, dass Stillen keine Strapazen bedeuten muss, sondern dass es supereasy ist, wenn es sich erst einmal eingespielt hat, und dass es das Leben mit dem Baby enorm erleichtert. Nimm die Sorgen deiner Mutter ernst. Je empathischer du bist, desto aufgeschlossener wird deine Mutter sein.

Oma: »Wie lange willst du dir das denn noch antun?«

Du: »Was meinst du?«

Oma: »Na, das mit dem Stillen.«

Du: »Hast du das Stillen denn als Belastung empfunden?«

Oma: »Na klar, mit der ganzen Wiegerei und dem Baby, das vor Hunger schreit.«

Du: »Warum hast du denn gewogen und warum habe ich als Baby vor Hunger geschrien?«

Oma: »Die Hebamme hat mir gesagt, dass ich vor und nach dem Stillen wiegen soll, um das Fehlende zuzufüttern. Und geschrien hast du, weil du schon vor Ablauf der vier Stunden Hunger hattest. Ich hatte halt nicht genug Milch.«

Du: »Du meine Güte, da hast du ja ganz schön was mitgemacht. Heute ist das ganz anders. Weil ich mein Kind stille, wann immer es Hunger hat, macht meine Brust auch immer genug Milch. Ich muss weder wiegen noch zufüttern. Dafür habe ich halt keine vier Stunden Pause, aber das macht mir nichts.«

Oma: »Genau genommen hatte ich auch keine vier Stunden Pause, denn mit vor Hunger schreiendem Kind kann doch keiner arbeiten. Du machst das schon ganz gut so.«

Heute stillen wir nach Bedarf. Und wenn die Nachfrage das Angebot regelt, dann ist auch immer genügend Milch da.

Das ist so simpel und einleuchtend. Und steht doch im krassen Gegensatz zu allem, was unsere Mütter je über Babyernährung gelernt haben. Das ist die große Hürde im Kopf, die erst mal überwunden werden muss, wenn das Enkelkind nun so gestillt werden soll.

»Vielleicht ist deine Milch nicht sättigend genug.«

Die Häufigkeit, mit der Babys mitunter gestillt werden wollen, kann sowohl Eltern als auch Großeltern verunsichern. Die tiefsitzende Vorstellung, dass weibliche Körper einfach nicht gut genug seien, lässt die Ursache dann bei der Mutter oder ihrer Milch suchen. Oma hat keine Erfahrung mit dem Stillen nach Bedarf und weiß nicht, woran Sättigung erkannt werden kann. Sie denkt, kurze Abstände würden eine zu wässerige Milch bedeuten. Dabei gibt es so etwas gar nicht. Beim Stillen nach Bedarf ist die Milch immer auf die Bedürfnisse des Kindes abgestimmt.

»Jetzt noch sättigender«, so wirbt die Formula-Industrie. Hier wird absichtlich suggeriert, dass lange Fütterabstände oder das Durchschlafen von der Qualität der Milch abhingen. Je länger das Kind »satt« bleibe, desto besser. Es ist nichts anderes als ein Verkaufstrick, und er funktioniert. In Wirklichkeit ist diese Nahrung einfach schwerer verdaulich und verweilt deshalb länger im Magen. Weder schläft das Kind davon länger, noch ist es gesünder. Aber das Pulver verkauft sich besser.

Oma: »Gib halt mal eine Flasche, dann ist das Kind auch mal satt.«

Du: »Ich möchte keine Flasche geben, weil es unsere Stillbeziehung stören könnte. Wenn ich erst mal mit der Flasche anfange, produziert meine Brust weniger Milch und ich bin bald auf die Flasche angewiesen.«

Oma: »Aber das Kind wird doch nicht satt.«
Du: »Warum glaubst du das?«
Oma: »Du bist doch ständig am Stillen.«
Du: »Wenn mein Kind aber gut zunimmt und nach dem Stillen zufrieden ist, dann muss es doch satt sein.«
Oma: »Aber es kommt doch nach zwei Stunden schon wieder.«
Du: »Dann war es zwei Stunden lang satt und ist nach dem nächsten Stillen auch wieder satt.«
Oma: »Wenn es satt wäre, würde es vier Stunden aushalten.«
Du: »Warum ausgerechnet vier Stunden? Ich halte auch keine vier Stunden aus. Du etwa?«

Exkurs: Eine kurze Geschichte des Stillens

Dass die Gattung Mensch so unvoreingenommen und problemlos gestillt hat wie jedes andere Säugetier auch, dürfte so lange her sein wie die Anfänge jeglicher Zivilisation. Nie jedoch waren die Stillquoten so niedrig wie in der zweiten Hälfte des 20. Jahrhunderts.

Die Stillregeln, die jungen Müttern damals beigebracht wurden, standen einem erfolgreichen Stillen konträr entgegen. Das wissen wir heute. Doch wie konnten diese Regeln dann überhaupt entstehen und sich so hartnäckig halten?

Die meisten Regeln haben sich in den letzten 300 Jahren langsam entwickelt. Mal abgesehen vom Adel stillten Frauen im 18. Jahrhundert so, wie sie es von ihren Müttern, Tanten, Schwestern und Hebammen lernten. Das heißt vor allem nach Bedarf.

Um 1830 waren die von Ärzten propagierten Regeln geradezu ideal für einen Stillerfolg. Das Wochenbett sollte in Ruhe und mit dem Kind zusammen verbracht werden. Man wusste, dass Neugeborene sehr kleine Mägen haben und häufig trinken müssen. An eine Regelmäßigkeit sei daher in den ersten Wochen nicht zu denken, hieß es. Stillabstände von zwei bis drei Stunden hielt man zwar für erstrebenswert. Zum Herbeiführen dieser Abstände wurden aber hauptsächlich sanfte Methoden wie Ablenken, Trösten oder die Gabe von Wasser vorgeschlagen (Letzteres sollten Stillkinder allerdings auf keinen Fall vor der Beikosteinführung bekommen!). Die Ärzte forderten die Frauen auf, neun Monate lang zu stillen. Das vollständige Abstillen sollte aber nicht im Sommer geschehen, da es dann durch verdorbene Kuhmilch häufiger zu gefürchteten Durchfallerkrankungen kam. Wurde das Kind also im Sommer neun Monate alt, so sollte man bis zum Herbst weiterstillen.

Im Laufe der Zeit gewannen die Stillabstände immer mehr an Bedeutung. Sie wurden länger und sollten immer früher eingeführt werden. Die Ärzte wurden immer strenger in ihrem Ton. Zunächst waren sie übereingekommen, dass Regelmäßigkeit in allen »animalischen Vorgängen« für den menschlichen Organismus von Vorteil und äußerst wichtig sei. Alle Unregelmäßigkeiten würden auf Krankheiten hinweisen und könnten auch zur Ursache für Krankheit werden. Mit den Fortschritten in der Medizin und Hygiene kam die Erkenntnis, dass Krankheiten nicht Schicksal, sondern vermeidbar sind. So wurde Krankheitsvermeidung allmählich zur allgemeinen Pflicht. Wer krank bzw. wessen Kind krank wurde, musste etwas falsch gemacht haben und war schuld an der Krankheit. Aus dieser Angst heraus entstand eine regelrechte Kontrollsucht: Wie oft trinkt das Kind? Wie viel trinkt das Kind? Wie lange trinkt das Kind? Wie viel Gramm nimmt es pro Tag zu?

Kontrolle spielte auch in der Erziehung eine immer größere Rolle. Das gipfelte darin, dass schon Neugeborene durch feste Abstände zur Regelmäßigkeit und durch Nahrungsbegrenzung zur Selbstbeherrschung erzogen werden sollten. Wir schreiben nun das Jahr 1930. Mutter und Kind werden nach der Geburt für 24 Stunden getrennt. Die Mutter darf ihr Neugeborenes niemals mit ins Bett nehmen, da der Wochenfluss als höchst infektiös und als Gefahr für das Baby angesehen wird. Solange sie im Krankenhaus ist, bekommt die Mutter ihr Kind nur alle vier Stunden für eine begrenzte Zeit zum Stillen gebracht. In der Nacht gibt es eine achtstündige Pause von Anfang an. Auch zu Hause hat sich die Mutter streng an die Zeiten zu halten. Zudem sollte sie die Hände und die Brüste vor jedem Stillen gründlich reinigen. Bei jeder Mahlzeit durfte nur eine Brust gereicht werden, welche nach dem Stillen noch manuell zu entleeren war. Abstillen sollte man nach wie vor nach neun Monaten, doch die Ärzte wussten, dass die wenigsten Mütter so lange stillen konnten. Man führte dies allerdings auf die angebliche Degeneration der deutschen Frauen zurück. So ist das »Stillparadies« in gerade einmal 100 Jahren komplett verschwunden.

»Wie lange willst du denn noch stillen?«

Kaum ist das Stillen etabliert, soll nach Omas Ansicht auch schon wieder abgestillt werden. Für eine Generation, in der selten länger als drei Monate gestillt wurde, ist alles, was darüber hinausgeht, lang. Es wäre ja schön und gut, wenn Oma einfach mit Erstaunen oder Verwunderung reagieren würde. Aber leider schwingen in ihren Kommentaren auch Ablehnung und Vorwürfe mit.

Diese haben ihren Ursprung nicht nur in der eigenen Erfahrung. Wir haben gesamtgesellschaftlich vergessen, dass Stillen nicht nur für winzige Babys ist. Dass ein dreijähriges Kind noch einen Schnuller hat, verwundert niemanden. Dass ein Kind aber nicht spätestens dann von der Brust »entwöhnt« wird, wenn es Beikost bekommt, scheint für manche unverständlich zu sein.

In dem Wort »entwöhnen« liegt aber auch schon die Krux dieser Streitfrage. Wir werden später noch näher darauf eingehen, wenn wir vom »Verwöhnen« sprechen. Die Vorstellung, dass der Mensch als Tabula rasa, als unbeschriebenes Blatt, auf die Welt komme, führte dazu, dass Pädagog*innen und Eltern dachten, Kinder müssten zu vollständigen Menschen geformt werden. Wo nichts ist, könne auch nichts von innen herauskommen. Die Erwachsenen könnten und müssten die Kinder erst an alle Dinge gewöhnen.

Dass Kinder sich von selbst abstillen, wenn sie so weit sind, ist in dieser Gedankenwelt nicht nur unvorstellbar. Nein, es grenzt sogar an Vernachlässigung oder Schädigung, wenn die Eltern nicht die Führung übernehmen und die Kinder gewähren lassen. Eltern müssen sich zum Wohle des Kindes durchsetzen. Das Kind kann ja gar nicht wissen, was gut für es ist. Es wurde ihm noch nicht beigebracht.

Es ist wichtig, zu verstehen, dass hinter diesen Gedankengängen keine Herzlosigkeit steckt. Im Gegenteil: Es sind Sorgen, die wir durchaus ernst nehmen und nicht einfach vom Tisch fegen sollten. Für die Großeltern kommt die »falsche« Gewöhnung ihres Enkelkinds einer Vernachlässigung oder Misshandlung gleich.

Drastische Reaktionen und harte Worte der Großeltern sind in diesem Kontext verständlich, aber sie sind deswegen nicht weniger verletzend für dich. Nur hilft es an dieser Stelle nicht, wenn du ebenso harsch reagierst. Eine offene, friedvolle Kommunikation ist hier der Schlüssel zum beiderseitigen Verständnis.

Oma: »Du musst jetzt wirklich mal abstillen!«
Du: »Das sagst du oft. Wieso bist du so überzeugt davon?«
Oma: »Das kann doch nicht angehen, dass ein Kind in diesem Alter noch gestillt wird. Das ist doch nicht normal.«
Du: »Das denkst du nur, weil du es nicht kennst. Hast du dich mit deinen Eltern mal übers Stillen unterhalten? Wie lange wurden sie gestillt?«
Oma: »Ja, früher haben alle so lange und noch länger gestillt. Aber es gab ja auch nichts.«

Du: »Unser Kind bekommt genug Beikost. Das Stillen ist zusätzlich. Ist doch schön, dass es ihm an nichts mangelt. Warum sollte ich das künstlich begrenzen?«

»Da kommt doch nur noch Wasser.«

Das grundlegende Misstrauen in den weiblichen Körper zeigt sich auch im falschen Verständnis von seiner Funktionsweise. Wie Milch hergestellt wird, ist für viele ein Rätsel. Darum halten sich alle möglichen Ammenmärchen so gut.

Das reicht von der Vorstellung, dass die Ernährung der Mutter dem Kind Blähungen machen könne oder dass die Milch so viel Alkohol enthalten könne, dass es für ein Baby im Beikostalter schädlich sei, bis zu der Idee, dass die Milch irgendwann einfach aufgebraucht sei. Genauso haben sich die Fachleute aber früher die Milchproduktion vorgestellt. Sie dachten, dass die Dauer des Stillens allein vom Körper der Frau abhänge.

Bis ins späte 19. Jahrhundert hinein war der Gedanke des »Aufbrauchens« des menschlichen Körpers richtunggebend. So stellte man sich den Alterungsprozess vor: Der Mensch kommt mit einer begrenzten Menge Energie und Kraft in seinen Organen auf die Welt, und wenn jene aufgebraucht sind, hört die entsprechende Körperfunktion auf. Das war einer der Gründe, warum Masturbation so verpönt war. Ebenso galt: Wenn man ein Kind zu lange stillt, hat man später keine Milch mehr für die folgenden.

Natürlich wissen deine Eltern, dass du fürs nächste Kind wieder Milch haben wirst, aber die Idee, dass ihre Qualität abnehmen könne, entspringt derselben Logik.

»Was nun das Entwöhnen im Allgemeinen betrifft, so gilt es als alte Regel, daß keine Frau länger als 9 Monate stillen soll. Meist verbietet sich dies, wenigstens in den Städten, von selbst, da die wenigsten unserer Frauen für so lange Zeit ausreichenden Milchvorrath haben.«

Das Buch von der gesunden und kranken Frau.
Dr. med. Ernst Kormann, 1883, S. 191 f.

»Wenn du die Flasche gibst, dann kann ich dir das Baby auch mal abnehmen.«

Dahinter steckt vor allem Omas eigener Wunsch nach Baby-Kuschelzeit. Das ist völlig legitim. Auch wir wünschen uns eine gute Bindung und Beziehung zwischen Enkelkindern und Großeltern. Füttern bedeutet eine intensive Zeit des Bondings, egal ob mit Flasche oder an der Brust. Es ist verständlich, dass Oma sich dies wünscht und dass es das Erste ist, was ihr einfällt. Diese innigen Erinnerungen bleiben uns erhalten und kommen sofort wieder hervor, wenn wir kleine Babys sehen. Es ist dann unsere Aufgabe, den Großeltern auch ohne Flasche die Möglichkeit fürs Bonding zu geben.

Die Art und Weise, wie dieser Wunsch nach Nähe zum Enkelkind ausgedrückt wird, verdient aber auch eine Beachtung. Unsere Eltern sind in einer Zeit aufgewachsen, in der Kinder nichts zu wollen hatten. Insbesondere Mädchen wurden dazu erzogen, leise, höflich und zuvorkommend zu sein und die eigenen Bedürfnisse und Wünsche hinter die aller anderen zu stellen. Eine solche Kindheit prägt tief und vielen Frauen dieser Generation fällt es bis heute schwer, Wünsche zu äußern. Deshalb sagen sie nicht direkt, dass sie sich Kuschelzeit mit dem Baby wünschen, sondern verpacken diesen Wunsch in einem Hilfsangebot: »Ich nehm es dir ab, dann hast du Zeit für etwas anderes.«

»Hast du denn noch genug Milch?«

Noch bis in die 1980er wurde von Ärzten empfohlen, Babys vor und nach dem Stillen zu wiegen, um »fehlende Trinkmengen« nachfüttern zu können. Dabei wurde die Trinkmenge im Vorfeld anhand des Gewichts des Babys festgelegt und hatte zu jeder Mahlzeit gleich zu sein. Und das schon ab der zweiten Lebenswoche. Es ist also wenig verwunderlich, dass Stillende sehr schnell den Eindruck bekamen, zu wenig Milch zu haben. Zudem wurde nach der Uhr statt nach Bedarf gestillt, sodass sich Angebot und Nachfrage nicht einpegeln konnten. Die meisten Babys wurden nicht länger als sechs Wochen gestillt.

»Wenn Sie noch stillen: Die Brust sollte möglichst vollständig entleert werden. Wenn das Kind aber nicht ›austrinkt‹ und dennoch gut gedeiht, sollten Sie es auf keinen Fall zum Weitertrinken zwingen. Wiegen Sie das Baby vor und nach dem Stillen. Wenn nur wenige Gramm zur empfohlenen Trinkmenge fehlen, sollten Sie dünnen Fencheltee mit Traubenzucker (50 g auf ein Liter) nachfüttern. Wenn Sie nicht genug Milch haben, sollten Sie zur ›Zwiemilch-Ernährung‹ übergehen. Das heißt: Die fehlenden Trinkmengen werden durch Fertignahrung ersetzt. Wenn die Muttermilch nur noch ein Drittel des Bedarfs deckt, sollten Sie abstillen.«

Das gesunde Kind von A-Z. Sammelmappe der Zeitschrift Eltern, 1975, Sonderteil Ernährung.

»Wie, du stillst nicht?«

Aber selbst, wenn das Enkelkind nicht gestillt wird, bleiben uns die Kommentare und Ratschläge nicht erspart. Mit ihren – meist wenigen – Wochen an Stillerfahrung fühlt sich die Oma nun berufen, der Mama allerlei Tipps zu geben.

Die Flasche wird zwar vielfach als einfacher angesehen als das Stillen, aber auch in der Ernährung mit Pulvermilch hat sich einiges geändert. Da Pulvermilch noch bis in die 1980er zu wenige Vitamine enthielt, bekamen Babys schon ab der sechsten Woche mehrere Teelöffel Saft in die Flasche. Häufig war dies Karottensaft, welcher durch das Betacarotin zu einer orangenen Färbung der Haut führte. Weil diese Färbung ja bedeutete, dass das Baby genug Vitamine bekam, wurde sie von vielen als gesunde Hautfarbe interpretiert.

Die Flasche gab es außerdem nach einem strikten Zeitplan. Heute dagegen wird Pre-Nahrung nach Bedarf gefüttert.

»Wann füttern Sie? Um 6, 10, 14, 18 und 22 Uhr, je eine Flasche mit 120 bis 140 g. (Der Plan kann – bei gleichem Rhythmus – auch um eine Stunde verschoben werden – also 7 bis 23 Uhr.)«

Das gesunde Kind von A-Z. Sammelmappe der Zeitschrift Eltern, 1975, Sonderteil Ernährung.

»Wann bekommt es denn mal was Richtiges?«

Die damalige Zugabe von Saft zur Flaschennahrung gilt nach heutiger Sicht als Beikostgabe, da alles, was nicht Menschenmilch oder Säuglingsnahrung ist, als Beikost anzusehen ist. Damals jedoch gab es keine so strikte Unterteilung. Vielmehr galt nur das, was mit dem Löffel gefüttert wurde, als Beikost.

Ein typischer Ernährungsplan in den 1970ern sah vor, dass die Kinder schon ab Ende des dritten Monats vor der Mittagsmahlzeit ein bis zwei Löffel Gemüsebrei bekommen sollten. Diesem wurde dann langsam Kartoffelbrei und Butter beigefügt. Bis zum Ende des vierten Monats kam das Kind so auf eine volle Mahlzeit von 150 bis 200 g. Als Nachtisch sollte es geriebenen Apfel oder Bananenmus geben. Andere empfahlen z. B. einen Brei aus Obst und Zwieback.

»Alle Gemüse-, Milch- und Obstbreie werden mit dem Löffel gefüttert (man nimmt einen Kaffeelöffel halb voll und drückt die Nahrung sachte an den Gaumen, um ein Ausspucken zu vermeiden). Sollten die Kinder dabei Schwierigkeiten machen, darf man das nicht beachten, weil sie das Essen vom Löffel später noch schlechter erlernen.«

Mutter und Säugling in gesunden und kranken Tagen.
Helene Howad, 1954, S. 77.

Es wurde davon ausgegangen, dass das Gefüttertwerden den Babys erst beigebracht werden müsse. Der Zungenstreckreflex, mit dem Babys vor der Beikostreife alles, woran nicht gesaugt werden kann, wieder aus dem Mund schieben, war noch unbekannt. Dass Babys von allein essen lernen würden, wenn sie so weit sind, war schon lange in Vergessenheit geraten. Auch in Sachen Nahrungsaufnahme waren die gesellschaftlichen Ansichten noch geprägt von der Notwendigkeit einer Gewöhnung in allen Lebenslagen (siehe das Kapitel »Verwöhnen und Schreienlassen«).

»Werden Sie bitte nicht ungeduldig, wenn Ihr Kind den Brei zunächst mit der Zunge wieder ausstößt. Durch Hast und Zwang beim Füttern könnte Ihr Baby einen Widerwillen gegen Breikost entwickeln.«

Das gesunde Kind von A-Z. Sammelmappe der Zeitschrift Eltern, 1975, Stichwort Brei.

Das ausgesprochene Ziel der Beikost war es, dass sich das Baby »allmählich an die gemischte Kost der normalen Ernährung gewöhnen« sollte. Schon allein die übliche Wortwahl suggerierte also, dass nur der Erwachsenentisch als »normal« gelte und somit »etwas Richtiges« zu essen sei. Darum war es auch wichtig, dass von diesem Weg nicht wieder abgewichen wurde.

»Niemals dürfen die Fütterungsversuche damit enden, daß die Mutter resigniert wieder auf die ausschließliche Flaschennahrung zurück geht.«

Alles über dein Kind. Band I, Prof. Dr. Kurt Hofmeier, Dr. Friedrich Müller, Prof. Dr. Werner Schwidder, 1972, S. 61.

Selbstbestimmtes Essen eines Kindes, das ja noch gar nicht gelernt hat, was gut für es ist – gar nach dem Konzept des Baby Led Weaning (s. Glossar) –, ist für die Großeltern daher oft ein Buch mit sieben Siegeln. Das gesamte Konzept ist ihnen so fremd, dass wir mit den absoluten Basisgrundlagen anfangen müssen, wenn wir ihnen heutige Ernährungspläne erklären wollen. Oftmals hilft es, zu sagen, dass Arzt oder Hebamme diese Anweisungen gegeben hätten, da auf deren Wort gern gehört wird, weil sie als Expert*innen angesehen werden.

Seit wann müssen Kinder schlafen lernen?

Großeltern haben oft eine gewohnheitsorientierte Herangehensweise an das Thema Babyschlaf. Sie denken, das Durchschlafen könne und müsse den Kleinen angewöhnt oder beigebracht werden. Sie denken, dass auch hier feste Zeiten der Schlüssel seien und dass ein Abweichen oder Nachgeben das Baby verwöhne. Um die Frage zu klären, wo die falschen Erwartungen an den Babyschlaf herkommen, müssen wir ein wenig weiter ausholen.

Die festen Stillzeiten bewirkten schon fast von allein eine gewisse Regelmäßigkeit auch bei den Schlafenszeiten. Beides wurde etwa ab Anfang des 19. Jahrhunderts zunächst langsam eingeführt. Die Stillzeiten aber noch vor den Schlafenszeiten. Vor allem sehen wir, dass Eltern vor rund 200 Jahren eher Sorge hatten, ihre Kinder könnten zu viel als zu wenig schlafen.

»Es ist ein sonderbares Vorurtheil mancher Eltern, daß sie glauben, ein Kind könne zu viel schlafen, oder wohl gar sich dumm schlafen, daher denn manche auch so weit gehen, die armen Geschöpfe in ihrem süßesten Schlummer zu unterbrechen und ihnen die Zeit dazu, nach selbst erdachten Regeln, aber nicht nach dem Willen der Natur, zuzumessen.«

Guter Rath an Mütter. Christoph Wilhelm Hufeland, 1830, S. 90.

Schon Hufeland forderte Regelmäßigkeit im Stillen und im Schlafen. Doch empfahl er eine allmähliche Herangehensweise. Erst mit einem halben Jahr könnten die Eltern ruhig »energischer« vorgehen, und das Kind auch mal etwas schreien lassen, da ihm das nicht schade.

Bis zur Wende vom 19. zum 20. Jahrhundert passierten dann vier Dinge, die die Empfehlungen im Bereich der Säuglingspflege, und insbesondere für die Nachtruhe, immer strenger werden ließen. Zunächst langsam und mit Gründung des Kaiserreichs 1871 zunehmend rasanter.

1. Es gab immer mehr Experten und solche, die es sein wollten. In der Mitte des 19. Jahrhunderts gab es Verbesserungen im Buchdruckverfahren, was dafür sorgte, dass Bücher auch für die Mittelklasse erschwinglich wurden. In diesen neuen Markt drangen viele Ärzte mit ihren populärwissenschaftlichen Büchern. Es gab einen ersten Boom an Erziehungsratgebern. Diese Ärzte mögen Väter gewesen sein, aber sie haben selten einen bedeutenden Beitrag zur Erziehung ihrer eigenen Kinder geleistet. Vielmehr stammten sie aus der Oberschicht, in der die Rollentrennung zwischen Vater und Mutter weit ausgeprägter war als in den Mittel- und Unterschichten. Schon allein der beengte Wohnraum sorgte hier dafür, dass die Väter in die Kinderpflege eingebunden waren.

Diese durchweg männlichen Autoren wollten jeweils bessere Empfehlungen geben als ihre Vorgänger. Dieser Wettbewerb war unter Ärzten weitverbreitet. In der Gynäkologie erreichten sie dies, indem sie am laufenden Band neue Geburtswerkzeuge und neue Gebärstühle erfanden. In der Säuglingspflege erreichten sie es, indem sie an den Stundenplänen drehten und deren Einsatz immer früher im Leben des Säuglings forderten.

2. Fortschritte in der Medizin sorgten für eine bessere Gesundheit und geringere Säuglingssterblichkeit. Die negativen Begleiterscheinungen dieser an sich großartigen Entwicklung waren zum einen, dass der positive Einfluss eines Lebens nach Zeitplan auf die Gesundheit massiv überschätzt wurde. Zum anderen entstand durch die Erkenntnis, dass Krankheiten nicht gottgegeben, sondern vermeidbar sind, geradezu eine Pflicht zur Gesundheit. Dies erhöhte den Druck auf die Eltern, alles richtig zu machen – und richtig machen hieß, auf die Ärzte zu hören. Die Halbgötter in Weiß mussten ja schließlich wissen, was stimmt. Hier machte sich die Hierarchie in der Gesellschaft deutlich bemerkbar. Das Vertrauen in Fachleute war nahezu unerschütterlich.

3. Das Schlafverhalten der Erwachsenen änderte sich. Bis in die zweite Hälfte des 19. Jahrhunderts war es üblich, den Nachtschlaf in zwei Phasen einzuteilen. Den ersten Schlaf und den zweiten oder Morgenschlaf. Man ging früh ins Bett (im Sommer mit dem Dunkelwerden um ca. 21 Uhr, im Winter früher) und schlief dann etwa fünf bis sechs Stunden. Nach einer kurzen Wachphase zwischen 2 und 3 Uhr nachts folgte der zweite Schlaf für weitere zwei bis drei Stunden. Im Winter wurde rund eine Stunde länger geschlafen als im Sommer. Das Tageslicht spielte bei der Schlafverteilung eine große Rolle.

Doch im Zuge der Industrialisierung wurden die Arbeitstage für die Arbeiterklasse immer länger. Gleichzeitig fanden neben Kerzen weitere Lichtquellen Verbreitung. Und mithilfe dieser Möglichkeit, abends länger aufzubleiben, wurde die Wachphase in der Nacht auf den Abend vorverlegt. Leider haben die Babys das nicht mitbekommen. Sie schlafen noch heute, als ob es keine Beleuchtung gäbe. Da es keine Option war, die nächtliche Wachphase wieder einzuführen, musste der Babyschlaf angepasst werden. Mit all den Problemen, die sich daran anschließen wie Schreienlassen, Schlafmangel für die betreuende Person und Druck aus der Gesellschaft.

4. Ein eigenes Zimmer für jedes Kind. Während des Großteils des 19. Jahrhunderts war es in allen Gesellschaftsschichten üblich, dass

Säuglinge bei ihren Eltern schliefen. Mit dem Abstillen zwischen dem neunten und achtzehnten Monat kamen die Kinder meist nach Geschlecht getrennt in Kinderzimmer. In der Mittelschicht war es durchaus üblich, dass eine angestellte Betreuungsperson nachts bei den Kindern schlief. Gegen Ende des 19. Jahrhunderts wurden Babys immer früher aus den Schlafzimmern ihrer Eltern verbannt. Größere Wohnungen und Häuser wurden zum Zeichen von Wohlstand. Mit der Zeit bekam jedes Kind ein eigenes Zimmer und es wurde an den Angestellten gespart. In den 1920ern hatten Babys im Schlafzimmer der Eltern nichts mehr zu suchen.

Dabei half auch der vehemente Einsatz von Ärzten gegen Wiegen als Schlafstätte für Babys. Der Schlaf sollte »natürlich« einsetzen und nicht mit Hilfsmitteln herbeigeführt werden. Manche Ärzte waren sogar überzeugt, dass das Geschaukel gesundheitsschädigend sei. Die Kinder bekamen also von Geburt an ein Gitterbett, welches nicht so gut ins Schlafzimmer passte wie eine kleine Wiege.

Das gemeinschaftliche Gedächtnis einer Gesellschaft reicht nur drei Generationen zurück. Alles, was seit mindestens drei Generationen auf eine bestimmte Art gehandhabt wird, wird empfunden, als wäre es immer schon so gewesen. In den 1920ern war das Schlafen im eigenen Zimmer etabliert. Darum ist es heute so schwierig, dagegen anzugehen. Es ist für viele Menschen schlichtweg undenkbar, dass es andere Optionen gibt und diese nicht schädlich sind.

Menschen geben von Generation zu Generation weiter, dass Dinge auf die ein oder andere Art getan werden, aber nicht warum. Die Gründe werden schon während des Wandels kaum wahrgenommen und so werden sie auch nicht überliefert. Wenn nun jemand gegen den Strom schwimmt, wird erst mal angenommen, dass die gängigen Vorgehensweisen eine größere Berechtigung hätten und erprobt seien. »Wir würden es doch nicht machen, wenn es nicht richtig wäre, oder?«

Gegen derart tief verwurzelte »Normalitäten« wie die Überzeugung, dass Babys lernen müssten, im eigenen Zimmer durchzuschlafen, ist es besonders schwierig, ein Umdenken einzuleiten. In den 1970ern gab es zwar vereinzelt die Erlaubnis an Eltern, Neugeborene neben sich schlafen zu lassen, wie in diesem Ratgeber von 1972:

»Um der Mutter das richtige Vorgehen zu erleichtern, ist es am besten, wenn sie das junge Kind in den ersten 3 bis 4 Wochen etwa, d. h. so lange, als auch die eine oder andere Nachtmahlzeit gegeben wird, neben sich an ihrem Bett stehen hat.«

Alles über dein Kind. Band I, Prof. Dr. Kurt Hofmeier, Dr. Friedrich Müller, Prof. Dr. Werner Schwidder, 1972, S. 42.

Aber allein die Sicherheit, mit der davon ausgegangen wird, dass Babys schon im Alter von einem Monat (!) keine Nachtmahlzeit mehr bräuchten und somit durchschlafen, zeigt, dass den Eltern nicht einmal mehr gesagt werden musste, wie sie das Durchschlafen durchsetzen konnten. Es war selbstverständlich geworden. Zudem – wir erinnern uns – brachten Mutter und Kind mindestens die erste Lebenswoche im Krankenhaus zu, wo schon der Grundstein für ein Füttern nach Plan und das Nicht-melden-Dürfen in der Nacht gelegt worden war.

Schlaflernprogramme

Wir haben also von den 1920ern bis in die 1970er zwei bis drei Generationen, die als Baby in der Nacht einfach schreien gelassen wurden. Dadurch ist das Wissen um den natürlichen Babyschlaf gänzlich verloren gegangen. Auf der anderen Seite war der Druck – besonders auf die Mütter –, das Kind zum Durchschlafen zu bringen, enorm.

»Neugeborene Kinder melden sich auch in der Nacht. Diese Nachtmahlzeit ist für das Kind überflüssig und für die Mutter störend. Man suche sie deshalb den Kindern allmählich im Laufe des ersten Lebensvierteljahres abzugewöhnen, indem man sie nicht weckt, wenn sie die Mahlzeit mal zufällig verschlafen haben, indem man ferner versucht, sie – wenn sie schreien – nur trocken zu legen, und im übrigen abwartet, ob sie sich danach nicht von allein beruhigen, indem man sie mit einigen Löffeln Tee über die Mahlzeit hinwegzutäuschen versucht, oder indem man ihnen vor der letzten Mahlzeit am Abend (10 Uhr) ein 20 Minuten langes, 35° C warmes Bad verabfolgt, um sie ordentlich müde zu machen. Das heroischste Mittel für eine junge Mutter ist, daß sie das Kind – wie man sagt – durchschreien läßt.«

Lehrbuch der Wöchnerinnen.
Prof. Dr. W. Birk, Prof. Dr. A. Mayer, 1930, S. 186.

Das Vorurteil, ein regelmäßiger Rhythmus sei wichtig für die Gesundheit des Babys, hält sich zum Teil noch bis heute. Noch bis in die 1980er war diese Ansicht fast unangefochten. Aber schon in den 1970ern gab es ein erstes Umdenken, was das Durchschreienlassen von Geburt an betrifft.

Die ersten Erziehungsratgeber fingen nun an, das Schreienlassen von Neugeborenen als »unzweckmäßig« für das Kind und schädlich für die Mutter zu bezeichnen, da die Mutter ja nicht zur Ruhe komme, wenn sie das Baby schreien höre.

»Selbstverständlich muß unser Bestreben sein, das Kind so bald als möglich in einen geregelten Tageslauf einzuordnen. Es muß aber

davor gewarnt werden, dies durch heroische Maßnahmen erzwingen zu wollen. Sehr viele Mütter glauben, richtig zu handeln, wenn sie ihr neugeborenes Kind sozusagen vom ersten Tage an nachts abseits stellen und es dort sich selbst überlassen, ohne Rücksicht darauf, ob es nachts weint oder nicht. Wenn es auch natürlich falsch ist, bei jeder Regung des Kindes in der Nacht sofort aufzuspringen und das Kind aufzunehmen oder zu füttern, so ist es ebenso falsch, ein Kind in den ersten Wochen nachts stundenlang weinen zu lassen.«

Alles über dein Kind. Band I, Prof. Dr. Kurt Hofmeier, Dr. Friedrich Müller, Prof. Dr. Werner Schwidder, 1972, S. 42.

Es wurde in den Ratgebern einfach davon ausgegangen, dass sich das Durchschlafen innerhalb weniger Wochen schon einstellen werde. Wie das erreicht werden sollte, wurde nicht erwähnt. Da sich aber die Ablehnung des Schreienlassens explizit nur auf die Neugeborenenphase bezog, ist davon auszugehen, dass die Eltern schon wussten, dass sie genau das tun müssten.

»Gewöhnen Sie Ihr Kind von klein auf an feste Schlafzeiten. Der regelmäßige Rhythmus ist gut für die Gesundheit Ihres Kindes und erspart Ihnen den ständigen Kampf ums Zubettgehen.«

Das gesunde Kind von A–Z. Sammelmappe der Zeitschrift Eltern, 1975, Stichwort Schlaf.

»Durchschlafen. Alle Eltern haben das Problem, daß ihr Kind irgendwann einmal für nächtliche Ruhestörung sorgt. Was man dagegen tun kann, hängt vom Alter des Kindes ab – und von den Gründen, warum das Kind nicht durchschläft. Das Neugeborene kann nicht durchschlafen, es kennt den Tag-und-Nacht-Rhythmus noch nicht: Anfänglich wacht es alle 1 bis 2, später alle 3 bis 3 1/2 Stunden auf (wie spät oder früh es auch ist) und will trockengelegt, gefüttert und unterhalten werden. Das kann man nur durchstehen – da helfen keine Tricks. Etwa nach zwei Monaten darf die geplagte Mutter ein wenig aufatmen; und bis zum sechsten Lebensmonat haben die meisten Babys das Durchschlafen gelernt.«

Das gesunde Kind von A–Z. Sammelmappe der Zeitschrift Eltern, 1975, Stichwort Durchschlafen.

Die Sache ist nur die: Wenn Eltern in der Neugeborenenphase noch auf die Signale ihres Babys reagieren, entsteht eine Bindung zwischen ihnen und ihrem Kind. Und diese macht es ihnen in der Folge schwerer, das Baby schreien zu lassen. Und: Je älter das Baby wird, desto deutlicher kann es seinen Unmut äußern. Ein kräftiges Baby von drei Monaten schreit sich nicht so schnell in den Schlaf wie ein Neugeborenes.

Dennoch gab es weiterhin den gesellschaftlichen und auch innerfamiliären Druck, die festen Zeiten durchzusetzen. Eltern konnten sich von der Doktrin des festen Rhythmus nicht einfach lossagen. Zu sehr wurde ihnen eingetrichtert, dass dieser für die Gesundheit des Babys unabdingbar sei. Sie konnten ihre Babys aber auch nicht mehr einfach schreien lassen, wie sie selbst noch schreien gelassen wurden. Und wieder einmal fand ein Arzt eine

Lösung für ein Problem, das eigentlich gar keines hätte sein müssen.

Der amerikanische Kinderarzt und Neurologe Richard Ferber entwickelte das erste »Schlaflernprogramm«, das er 1985 in seinem Buch *Solve Your Child's Sleep Problems* veröffentlichte. Innerhalb einer Woche sollten Babys durch »kontrolliertes Schreien« lernen, dass es sich nicht lohne, nachts aufzuwachen, weil die Eltern nur nach gewissen Abständen zum schreienden Baby kämen, um es kurz zu trösten, aber nicht um es aus dem Bett zu nehmen.

Auf dieser Basis erschienen in den nächsten Jahren in den USA diverse Ratgeber. Nach Deutschland kam die Methode 1995 mit dem Buch *Jedes Kind kann schlafen lernen* von Annette Kast-Zahn und Hartmut Morgenroth, das bis heute im Buchhandel erhältlich ist. Diese Methode gab den Eltern eine Möglichkeit, ihr Gewissen zu beruhigen. Sie konnten sich sagen, dass sie das Baby ja gar nicht schreien ließen, sie würden es ja immer wieder beruhigen.

Kast-Zahn und Morgenroth schreiben sogar explizit, dass sie das Schreienlassen ablehnen würden. Sie setzen es damit gleich, das Kind zu ignorieren, bis es einschläft. Bei dieser Methode sei nicht auszuschließen, dass das Kind sich verlassen fühle und Trennungsangst erlebe. Zudem würden viele Eltern es gar nicht so lange aushalten, bis das Kind einschläft, sie würden dann einknicken und das Kind würde lernen, dass es mit Schreien seinen Willen durchsetzen könne. Ferbers Methode hingegen nennen sie einen Behandlungsplan. Dieser beinhaltet auch tagsüber feste Zeiten.

Kast-Zahns und Morgenroths Buch zufolge sollte ein Schlaflernprogramm nicht vor dem Alter von 6 Monaten durchgeführt werden. Bei manchen Babys klappt das auch ganz gut. Sie weinen tatsächlich nur wenig und schlafen nach ein paar Tagen durch. Andere Babys jedoch schreien auch nach Wochen noch oder resignieren.

»Man lasse sich durch das Schreien des Kindes in der Nacht, wenn es gesund ist, nicht beirren oder verleiten, es zu beachten oder aus dem Bettchen zu nehmen. Denn wenn das Kind merkt, es nützte nichts, dann gewöhnt es sich das Schreien in der Nacht ab. Gibt die Mutter aber dem Schreien nach, dann wiederholt es sich Nacht für Nacht und die Nachtruhe für Kind und Mutter ist dahin.«

Das Kind, der Mutter Glück, der Mutter Sorge. Karl Planner-Wildinghof, 1943, S. 32.

»Bei dieser Vorgehensweise verlernt Ihr Kind sozusagen das Schreien. Statt der erwünschten Einschlaf-Hilfe erreicht es damit nur, daß Vater oder Mutter kurz zu ihm kommen und es trösten. Gleichzeitig ist es müde, da es zu regelmäßigen und sinnvollen Zeiten ins Bett gebracht wird. Deshalb kommt es schnell zu dem Schluß: ›Ich strenge mich an und schreie, und was passiert? Für das bißchen Zuwendung lohnt sich der ganze Aufwand nicht. Da schlafe ich lieber.‹«

Jedes Kind kann schlafen lernen. Annette Kast-Zahn, Hartmut Morgenroth, 1995, S. 83.

2005 erschien eine Neuauflage zu Ferbers Buch. Im Rahmen dessen gab er eine Reihe Interviews, in denen er einige seiner ursprünglichen Aussagen revidierte. Beispielsweise gab er zu, dass Schlaflernprogramme nicht immer funktionierten. Auch seine Ablehnung gegenüber dem Co-Sleeping, also dem gemeinsamen Schlafen im Familienbett, hatte er überwunden. Er hat sich jedoch nie von dem

Schlaflernprogramm an sich distanziert, wie manchmal fälschlicherweise behauptet wird.

Mit Sicherheit stellte ein »Schreienlassen nach der Uhr« eine Verbesserung gegenüber dem »Schreienlassen, bis das Baby erschöpft einschläft oder die Nacht vorbei ist« dar. Doch ein Baby über längere Zeit schreien zu lassen kann bei den Eltern zur Bildung einer emotionalen Distanz führen. Durch diese Distanz zum weinenden Baby kann es passieren, dass die Großeltern dich belächeln, wenn du dein Kind nicht schreien lassen willst. Ihnen geht das Weinen nicht so nah wie dir. Sie sind der Meinung, dass du noch lernen musst, über dem Weinen des Babys zu stehen. Zum einen sind sie davon überzeugt, dass das einfach dazugehört und dass du es früher oder später schlicht wirst machen *müssen.* Zum anderen erinnern sie sich an die Zeit mit dem eigenen weinenden Baby und die Erleichterung, als diese Phase endlich vorbei war.

Sie sahen nur, dass das Kind schlief, also müssen sie ja richtig gehandelt haben, auch wenn es ihnen schwergefallen sein mag. Und vielleicht warst du sogar eines der Kinder, bei denen es einfach war und schnell ging, das Durchschlafen einzuführen. Und sie können sich einfach nicht vorstellen, dass der Erfolg eines Schlafprogramms auch vom Charakter des Babys und nicht einfach nur von der Erziehungskompetenz der Eltern abhängt.

Verwöhnen und Schreienlassen

Eine große Sorge, die immer wieder in der Kindererziehung auftaucht, ist die, dass das Kind unselbstständig und verwöhnt werden könnte. Selbst wenn wir heute wissen, dass Kinder ein Grundbedürfnis nach menschlicher Nähe haben, das einfach gestillt werden muss, und dass sie dadurch in keiner Weise verwöhnt werden können, schwingt oft eine gewisse Sorge oder ein ungutes Gefühl mit, wenn wir auf unser weinendes Kind reagieren, obwohl es doch »nichts hat«. Dass da von der lieben Verwandtschaft die entsprechenden Sprüche kommen, hilft nicht gerade dabei, unserem Herzen zu folgen. Die Sorge sitzt so tief, dass auch besseres Wissen uns nicht vor dem unguten Gefühl bewahren kann. Hier macht sich die Idee der Tabula rasa bemerkbar, die durch den Behaviorismus noch zementiert wurde.

Das »dumme Vierteljahr«

Tabula rasa bedeutet »leere Schreibtafel«. Auf Deutsch wird der Begriff oft mit »unbeschriebenes Blatt« übersetzt. Die Grundidee stammt schon aus der Antike. Zunächst ging es dabei nur um das Denken und die Seele. Doch in der Neuzeit wurde der Begriff auf den Verstand und die Erfahrung ausgeweitet. John Locke (1632–1704) sagte, dass der Mensch ohne jegliche Erfahrung auf die Welt komme. Dies war lange Zeit die übliche Vorstellung, auch wenn andere – wie Leibniz und Kant – dieser These widersprachen.

Doch die Tatsache, dass über das Leben vor der Geburt nichts bekannt war, ermöglichte das Festsetzen der Idee der Tabula rasa in den Ausführungen der ersten Pädagogen. Quasi bis zur Erfindung des Ultraschalls war die gängige Vorstellung, dass das Baby vor der Geburt nur dahinvegetiere. Die Erkenntnis, dass es sogar im Bauch schon am Daumen nuckelt oder auf äußere Reize reagiert, war revolutionär.

Wenn aber das Baby als Tabula rasa zur Welt kommt, so kann es nicht ab Geburt als vollständiger Mensch betrachtet werden. Es wurde angenommen, dass die Sinne erst nach und nach erwachen würden. Experimente an Neugeborenen überzeugten die damalige Fachwelt, dass diese noch nicht hören und kaum sehen konnten. Auch das Schmerzempfinden wurde den Babys von vielen abgesprochen.

»Nach der ersten, sehr kurzen und zugleich ereignisvollen Epoche im Menschenleben, der Geburt, bleibt das Leben des Kindes etwa sechs Wochen lang noch vollständig ein Sein ohne Bewußtsein und ohne Willen, obwohl alle seine Sinnesorgane schon ausgebildet vorhanden sind. Erst durch die wiederholte Einwirkung äußerer Ursachen, wie Schall und Licht, auf die Empfindungsnerven werden die noch schlummernden Sinneswerkzeuge allmählich zu ihren Verrichtungen befähigt, wird die Thätigkeit des Gehirnes geweckt, in dem sich Bewußtsein, Gefühl, Wille entwickelt und das der Sitz des ganzen Geisteslebens ist.«

Das Buch der Mütter. Marie Susanne Kübler, 1891, S. 349.

Es entwickelte sich die Vorstellung vom »dummen Vierteljahr«, wie es in der Bevölkerung genannt wurde:

»Welche Stufen der geistigen Entwicklung kann man erkennen?
A.: Die Stufe des Instinkts oder der Unbewußtheit.
Sie umfaßt ungefähr das erste Vierteljahr.
Die Stufe der Aufmerksamkeit im dritten und vierten Monat.
Die Stufe des Gedächtnisses im fünften u. sechsten Monat.
Die Stufe des Verstandes im zweiten Halbjahr.
Wodurch ist die Stufe der Unbewußtheit ausgezeichnet?
A.: Durch das Triebleben und die instinktive Sinnestätigkeit.«

Der gesunde Säugling. Dr. Philipp Niemes, 1933, S. 22.

Die wissenschaftliche Strömung, die die Vorstellung vom »dummen Vierteljahr« untermauerte, war der sogenannte Behaviorismus (s. Glossar). Er kam Anfang des 20. Jahrhunderts auf und zementierte die Sicht auf das Baby als ein unvollständiges, formbares Wesen. Im Behaviorismus ist es unzulässig, vom äußeren Verhalten auf den inneren Zustand zu schließen. Das Schreien des Babys wurde als Reflex angesehen, Gefühle wurden ihm abgesprochen.

Die Vorstellung, dass Babys noch kaum etwas von ihrer Umwelt wahrnehmen und verarbeiten können, findet sich bis heute. Die Einstellung, dass es sich später ohnehin nicht an diese Zeit erinnern könne, führt mitunter zu einem sorglosen Umgang mit dem Baby. Vor allem aber zum Ignorieren oder Nicht-ernst-Nehmen seiner Signale und Bedürfnisse.

Sabine: »Als unser Sohn zwei Monate alt war und wir zu Besuch bei den Schwiegereltern waren, trug meine Schwiegermutter ihn umher und er fing an zu weinen. Mein Mann nahm ihn ihr ab und unser Sohn beruhigte sich sofort. Meine Schwiegermutter kommentierte dies mit einem verzückten: ›Hach, als ob er wüsste, bei wem er auf dem Arm ist!‹ Worauf wir entgegneten, dass er das selbstverständlich wisse. Schwiegermutter konnte das gar nicht glauben: ›Meint ihr wirklich? Woher soll er das denn wissen?‹«

»Du verwöhnst das Kind.«

Wenn allerdings ein Kind ohne jede Erwartung, Erfahrung und Erkenntnisfähigkeit auf die Welt käme, dann wäre alles, was sich in ihm ausbildet, eine Frage der Gewöhnung. Seine Vorlieben, die Uhrzeiten, zu denen es hungrig wird, die Schlafenszeiten, ob es viel oder wenig weint – all das kann ihm nur angewöhnt worden sein, wenn es doch nichts mitgebracht hat.

»Von Anfang an weiß kein Kind etwas vom Schaukeln, Wiegen oder Eintragen! Es schläft ruhig ein. Warum später nicht mehr? Weil es die Umgebung verwöhnte, sich und dem Kinde zur Qual; denn nun will es den ganzen Tag getragen werden oder bis zum jedesmaligen Einschlafen gewiegt werden!«

Das Buch von der gesunden und kranken Frau.
Dr. med. Ernst Kormann, 1883, S. 131.

Und das ist der Punkt, an dem Müttern das Schreckbild des Verwöhnens eingeimpft wurde. Denn Verwöhnen ist hier nichts anderes als das Gewöhnen an etwas Nachteiliges, Falsches oder Schädliches. Nun sind allein die Eltern verantwortlich, wenn das Baby ein Verhalten an den Tag legt, das nicht in das Bild eines »richtig gewöhnten« Säuglings passt.

»Kann man überhaupt Säuglinge erziehen? Sehr wohl, man muß es sogar, und zwar vom ersten Lebenstage an. Wie schwierig und lästig es beispielsweise ist, einem Kind die Nachtmahlzeiten abzugewöhnen, ist bekannt. Weiß dasselbe aber von Anfang an gar nicht, daß nachts auf dieser Welt überhaupt Milch existiert, so wird es nicht danach verlangen.«

Pflege und Ernährung des Säuglings.
Dr. Maximilian Pescatore, 1906, S. 34 f.

Wenn die Oma dich vor dem Verwöhnen warnt, meint sie also nicht etwa, dass du zu lieb zu dem Kind bist, sondern dass du es an etwas gewöhnst, was du ihm später wieder abgewöhnen musst. Sie denkt, du machst dir unnötig das Leben schwer und schadest der Gesundheit deines Kindes.

»Der weiß schon, dass ihr immer springt, wenn er ruft.«
Parallel zu der Vorstellung des unfähigen Babys hat sich die des manipulierenden Tyrannen festgesetzt. Dabei ist dies offensichtlich ein Widerspruch, da zum Manipulieren ein Mindestmaß an Voraussicht notwendig ist, die dem Baby als einem reinen Empfänger von anerzogenen Gewohnheiten ja abgesprochen wird.

Historisch gesehen galt zunächst nur das Verhalten des verwöhnten Babys als tyrannisch. Es steckte keine Absicht vonseiten des Babys dahinter, sondern das Schreien, das die Mutter nur schwer ignorieren konnte, wurde als gebieterisch bezeichnet. Da aber nach und nach die Lernfähigkeit und mit ihr der eigene Wille in dem Baby aufkeime und man nicht wisse, wann das geschehe, müsse die Mutter auf der Hut sein. Mit der Zeit wurde dann der kritische Zeitpunkt immer weiter nach vorn verlagert, sodass das Baby selbst schon bald nach der Geburt durch falsche Erziehung zum Tyrannen werden konnte.

»Im übrigen verwöhne die Mutter ihr Kind nicht zu sehr, indem sie regelmäßig auch dann zur Stelle ist, wenn das Kind alle paar Minuten schreit, weil es lediglich beschäftigt und umhergetragen zu werden wünscht. Dann muß sich die Mutter bei dem kleinen Tyrannen energisch durchsetzen: dann fort mit ihm in das entlegenste Zimmer und – schreien lassen! Bald merkt das Kind, daß es seinen Willen (jawohl: Es hat schon Willen!) nicht durchsetzen kann, und wird artig sein.«

Der deutschen Mutter. Sonderschrift der Zeitschrift Gesundes Volk, 25. Auflage, 1940, S. 57 f.

Es ist wichtig, dass wir uns bewusst machen, wie lange es diese Ideen vom Verwöhnen und vom kindlichen Tyrannen schon gibt. Und davon, wie schleichend sie eingeführt wurden. Denn nur so konnten sie sich dermaßen hartnäckig im gesamtgesellschaftlichen Unterbewusstsein festsetzen, dass selbst heutzutage noch junge Eltern nagende Zweifel haben können, wenn ihnen suggeriert wird, dass die ihr Kind verwöhnten und ihm dadurch schadeten.

Adalbert Czerny (1863–1941) war ein einflussreicher Kinderarzt und Hochschullehrer, der einen prägenden Einfluss auf den Umgang mit Kindern im Krankenhaus und auf die Erziehung im Privathaushalt hatte. Sein Buch *Der Arzt als Erzieher des Kindes,* das auf einer Reihe von Vorlesungen beruhte, erschien in den Jahren 1908 bis 1946 in elf unveränderten Auflagen.

Für Czerny hatte das wohlerzogene Kind sich von Geburt an dem Willen der Eltern unterzuordnen. Die Einhaltung von strengen Fütterungszeiten sollte die Kinder zum Gehorsam und zur Unterdrückung der eigenen Triebe erziehen.

»Die erste wichtige Erziehungsmaßregel ist die Gewöhnung an eine Zeitordnung. Zu dieser gibt die Ernährung die geeignete Veranlassung. Bei jedem Kinde ist die Anpassung an strikte Nachtpausen nach Wunsch zu erreichen. Bei unruhigen Kindern setzt dies allerdings eine gewisse Energie der Pflege voraus. Bei der Durchführung der Nahrungspausen handelt es sich also nicht bloß um eine für die Ernährung wichtige Maßregel, sondern tatsächlich um die erste Erziehung zur Beherrschung der Triebe.«

Der Arzt als Erzieher des Kindes. Adalbert Czerny, 1908, S. 25.

Er zweifelte die Existenz von Hospitalismus (s. Glossar) an und hielt ihn vielmehr für eine gelungene Erziehung.

»Bedeutende Ärzte, wie z. B. Parrot, haben aus ihren Erfahrungen in Findelhäusern und Kinderkrankenanstalten geschlossen, daß die Entwicklung der Kinder daselbst zu wünschen übrig lasse, weil den Kindern die richtige und zweckmäßige Anregung durch die Umgebung fehlt. Dies läßt sich tatsächlich nicht in Abrede stellen, aber es ist in keiner Weise erwiesen, daß den Kindern Nachteile durch den Mangel an psychischer Anregung erwachsen. Es ist vielmehr wahrscheinlich, daß dieselben in anderen Umständen der Hospitalpflege zu suchen sind. Die Erfahrungen in Säuglingshospitälern sind aber dadurch wertvoll, daß man in diesen Anstalten sehen und lernen kann, wie weit sich die Säuglinge durch Erziehung beeinflussen lassen. In der Privatpraxis hört man von Kindern, bei denen die Durchführung einer bestimmten Ernährung nicht erreichbar ist, denen eine vom Arzt verordnete Nahrung nicht beizubringen ist, welche nicht liegen, sondern permanent getragen sein wollen, von Kindern, welche sich vor Männern fürchten oder umgekehrt vor jeder Frau mit Ausnahme der Pflegerin u. dgl. m. Solche Beobachtungen fehlen dem Anstaltsarzt, auch wenn er über das größte Beobachtungsmaterial verfügt. Sie fehlen, weil sie unter dem Einflusse der Anstaltserziehung nicht vorkommen.«

Der Arzt als Erzieher des Kindes. Adalbert Czerny, 1908, S. 5 f.

Mit anderen Worten ist für Czerny ein vernachlässigtes, willenloses Kind ein gut erzogenes Kind. Das ist schwarze Pädagogik, wie sie später von den Nazis genutzt wurde. Ärzte hatten als »Halbgötter in Weiß« lange Zeit einen großen Einfluss auf die Erziehung. Das gelang ihnen, weil die Pflegemaßnahmen – Füttern, Wickeln, Schlafen etc. – für die Erziehung missbraucht wurden. Allem voran der durchgetaktete Tagesplan, der zu Gehorsam, Selbstbeherrschung und Mäßigkeit erziehen sollte.

Nun geben eine gewisse Regelmäßigkeit und Planbarkeit natürlich auch ein gewisses Maß an Sicherheit und Kontrolle. Gerade im Nachkriegsdeutschland klammerten sich viele Eltern an rituelle Abläufe, wie z. B. die Tatsache, dass das Mittagessen zu einer bestimmten Zeit auf dem Tisch zu stehen hatte. Sie selbst konnten sich ihr Leiden unter den Kriegstraumata nicht eingestehen, geschweige denn diese aufarbeiten, und so hatten die Kinder zu funktionieren.

»Gehorsam wird schon dem ganz kleinen Kinde beigebracht, wie ja überhaupt die Erziehung in den ersten drei Lebensjahren von ausschlaggebender Bedeutung für den heranreifenden Menschen ist. Was hier versäumt wird, ist nie mehr aufzuholen.«

Mutter und Säugling in gesunden und kranken Tagen.
Helene Howad, 1954, S. 127.

Es dauerte bis in die 1970er, bis hier tatsächlich ein Wandel stattfand. Das lag nicht zuletzt daran, dass Ärzte aus der NS-Zeit nach dem Krieg weiter praktizieren und vor allem dozieren durften.

»Die Erziehung zur Sauberkeit ist, wie alle Erziehung beim Säugling, die dressurartige Gewöhnung an eine regelmäßig unter stets gleichen Umständen erfolgende Maßnahme.«

Die Pflege des gesunden und des kranken Kindes.
Prof. Dr. med. Werner Catel (Hrsg.), 1964, S. 256.

Während beispielsweise das Füttern nach Bedarf in den 1960ern schon in den USA propagiert wurde, lehnten Ärzte wie Catel dies ab – mit der Begründung, dass das kleine Kind ja noch gar nicht wissen könne, was gut für es sei. Kinder müssen seiner Ansicht nach »konsequent geführt werden« und sollten frühzeitig lernen »sich dem Willen und den Anordnungen des Erziehers einzufügen« (ebd.).

Werner Catel war im Dritten Reich an der Euthanasie von Kindern beteiligt. Dennoch durfte er nach dem Krieg weiter praktizieren und lehren. Noch 1964 befürwortete er die Tötung geistig behinderter Kinder. Erst 1960 wurde er unter dem Druck der Öffentlichkeit frühzeitig emeritiert.

Die Historikerin Miriam Gebhardt schätzt, dass ausländisches Fachwissen zu der Zeit, in der die heutigen Großeltern aufwuchsen, ein bis zwei Jahrzehnte brauchte, um im deutschen Mainstream anzukommen. Sie schreibt:

»Erst Ende der 70er Jahre konnte sich in der Pädiatrie der Einfluss ›verhaltensbiologischer, entwicklungspsychologischer und anderer neuerer Betrachtungsweisen zusammen mit der erstmaligen Anerkennung psychoanalytischer Überlegungen‹ durchsetzen, was nicht zuletzt zu einer neuen Haltung im Umgang mit weinenden Säuglingen führte. Jetzt erst erkannten Kinderärzte auch die emotionalen Bedürfnisse des Kindes.«

Miriam Gebhardt, Die Angst vor dem kindlichen Tyrannen. © 2009, Deutsche Verlags-Anstalt, München, in der Penguin Random House Verlagsgruppe GmbH.

Die Empfehlung, kleine Babys schreien zu lassen, damit sie genügsam werden, war jedenfalls noch lange in Erziehungsratgebern zu finden.

»Schon der Säugling muß erfahren, daß er durch Schreien nicht die Erfüllung eines Wunsches erzwingen kann.«

Kleine Enzyklopädie. Das Kind.
Irene Uhlmann, Dr. Günther Liebing (Hrsg.), 1977, S. 361.

»Schreien ist die Sprache des Säuglings.«

Wenn allerdings Babys kein Bewusstsein, kein Gedächtnis und kein Verstand zugestanden werden, lässt sich leicht behaupten, sie hätten keine anderen Bedürfnisse als Luft, Nahrung, Verdauung und Schlaf. Alle Bestrebungen des Babys wurden daher auf diese vier Dinge reduziert. Schrie ein Baby, hatte es entweder Hunger oder nasse Windeln. War es satt und trocken, konnte das Schreien keinen Grund haben. Aufmerksamkeit zu wollen war kein valider Grund, sondern der erste Schritt, seinen Willen durchzusetzen und zum Tyrannen zu werden.

Zudem entstand in diesem Kontext der Satz »Schreien ist die Sprache des Säuglings«. Dabei ist Schreien immer das letzte Ausdrucksmittel, das ein Baby benutzt. Bevor es schreit, gibt es eine ganze Reihe anderer Signale. Doch wer ein Baby ohnehin für unfähig hält, gibt sich keine Mühe, derartige Signale wahrzunehmen oder zu deuten. Wer ein Baby ignoriert, bis es schreit, lernt nicht die Nuancen seiner Kommunikationsfähigkeit kennen.

Wenn das Schreien nun aber als Sprache des Kindes angesehen wird, fällt es leicht, für das Schreienlassen zu argumentieren. Im Umkehrschluss wäre es nämlich gemein, das Kind *nicht* schreien zu lassen. Immerhin verbietet man ihm dadurch den Mund und nimmt ihm »die einzige Möglichkeit«, sich auszudrücken.

»In erster Zeit ist das Schreien nichts anderes als das Bestreben, Lebenskraft zu äußern, seinem Kraft- und Daseinsgefühle einen Ausdruck durch Bewegung zu geben, wie ein älteres Kind dies durch Singen, Hüpfen und alle Arten von Muskelactionen ausdrückt.«

Die Mutter als Erzieherin. Hermann Klencke, 1875, S. 196.

Durch den oben beschriebenen verzögerten fachlichen Austausch war es erst Ende der 1980er in die Fachkreise durchgedrungen, dass Babys nicht ohne Grund schreien, aber die kleinen Signale fanden noch immer keine Beachtung.

»Wenn [der Säugling] schreit, so signalisiert er, daß er Durst, Hunger oder Schmerzen hat, aber auch, daß er beschäftigt, gestreichelt, geliebt werden möchte. Ohne Grund schreit er nie. Bekommt er nun keine Antwort durch die Eltern, erlebt er Angst, Verlassenheit. Gehen die Eltern auf seine Signale ein, fühlt er Geborgenheit und Sicherheit und erwirbt so das Gefühl des Urvertrauens, das für sein späteres Leben die Grundlage sein wird, offen und positiv der Welt und den Menschen zu begegnen. Der oft gehörte Rat, einen Säugling einmal eine Nacht ›durchschreien zu lassen‹ oder ihn sehr rasch an festgelegte Mahlzeiten zu gewöhnen, ist aus diesem Grund abzulehnen. Ein gesunder, geborgener Säugling wird sich in den ersten 6 Wochen von allein auf ›vernünftige‹ Mahlzeiten und Zeiten des Schlafens einstellen, wird seine festen Zeiten haben, in denen er Familienanschluß sucht, und in der Nacht durchschlafen.«

Lehrbuch für Kinderkrankenschwestern. Band I,
Dieter Lüders (Hrsg.), 1990, S. 349 f.

Diese unrealistische Erwartung der regelmäßigen Stillabstände und des Durchschlafens an einen nur sechs Wochen alten Säugling ist nur dadurch zu erklären, dass die Eltern für gewöhnlich in diese Richtung eingriffen. Im Kapitel über das Stillen behaupten die Autor*innen dieses Lehrbuchs, dass sich Babys im Allgemeinen nach sechs bis acht Wochen von allein auf einen 4-Stunden-Rhythmus einstellen würden.

Auch wenn es Babys gibt, die von allein auf einen derartigen Rhythmus kommen, so bilden sie doch die Ausnahme, wenn tatsächlich nach Bedarf gestillt wird. Es liegt die Annahme nahe, dass hier aus dem Verhalten von nach Plan gestillten Säuglingen oder gar von nicht gestillten Säuglingen falsche Schlüsse gezogen wurden. Die meisten Babys wurden in den 1980ern nicht gestillt und die Flaschenfütterung sowie die von Kinderärzt*innen ausgehändigten Beikostpläne sahen feste Mahlzeiten vor.

»Schreien ist gut für die Lungen.«

Diese Vorstellung geht nicht etwa auf die Lungenfachärztin Johanna Haarer zurück, wie oft fälschlich behauptet wird, sondern auf falsche anatomische Vorstellungen aus dem frühen 19. Jahrhundert.

»[...] denn in sehr vielen Fällen ist [das Schreien] nichts weiter, als das Bestreben, die Kräfte der Lungen und der Respirationswerkzeuge zu äußern; und nicht umsonst hat die Natur dieses Bestreben in das Kind gelegt, denn eben dadurch wird die Kraft und Brauchbarkeit des Organs entwickelt und vervollkommt.«

Guter Rath an Mütter. Christoph Wilhelm Hufeland, 1830, S. 67f.

Eine solche Behauptung ist ebenfalls gut geeignet, den Müttern das Schreienlassen nahezubringen, mit all seinen Konsequenzen für die Bindung und das Urvertrauen.

»Ein gesunder, gut erzogener Säugling schreit sehr wenig. Die Mutter erkennt auch bald, ob es aus Langeweile, Zorn, Hunger, Schmerz, Vergnügen oder wegen Kälte, Hitze, grellem Licht, Naßliegen geschieht. Außerdem gibt es unter den Säuglingen Schreihälse aus Veranlagung (Charakterveranlagung). Schreit das Kind aus Lust, Langeweile oder Zorn, läßt man es ruhig geschehen, es kräftigt die Lunge.«

Mutter und Säugling in gesunden und kranken Tagen.
Helene Howad, 1954, S. 73.

Nicht geschadet?

Was bei all den Sprüchen und Ratschlägen der Großeltern und unseren Reaktionen darauf mitschwingt, ist die Frage danach, was Erziehung eigentlich bewirken soll.

Die meisten Eltern wollen, dass ihre Kinder es einmal besser oder leichter haben als sie selbst.

Wie ein leichteres Leben aussehen könnte, ist aber eine sehr persönliche Vorstellung. Eine große Rolle spielt dabei, in was für einer Welt wir selbst groß geworden sind. Kinder, die in einer repressiven Gesellschaft aufwachsen, tendieren dazu, ihren eigenen Kindern beibringen zu wollen, sich gut einfügen zu können, nicht anzuecken, sich im System zu bewegen.

Denn natürlich ist das Leben einfacher, wenn ich nicht ständig kämpfen muss. Natürlich habe ich es leichter, wenn ich nicht negativ auffalle. Natürlich ist es besser, wenn ich meine Energie in mein Vorankommen stecken kann, anstatt mich von Angst und Sorge auffressen zu lassen.

Diese Vorgehensweise funktioniert aber nur so lange, bis eine gewisse Schwelle überschritten wird. Diese Schwelle wird gebildet durch die eigene Persönlichkeit. Je mehr ich von meinem Wesen und meiner Person her in die gesellschaftlichen Normen passe, desto leichter fällt es mir, mich anzupassen. Und je leichter es einem Menschen fällt, sich anzupassen, desto weniger Verständnis wird er dafür aufbringen, wenn andere das nicht wollen. Für ihn stimmt ja alles und die Gesellschaft bestätigt ihn in seiner Auffassung. Hier beißt sich die Schlange in den Schwanz.

Das geht so lange gut, bis die Repression so groß wird, dass sie einen Umsturz geradezu forciert. So wie es bei den 68ern der Fall war. Die Laisser-faire-Erziehung dieser Zeit war das genaue Gegenteil der zuvor selbst erfahrenen autoritären Erziehung ihrer Protagonisten. Der Mensch fällt gern von einem Extrem ins andere.

Beim Laisser-faire bekommen die Kinder weder Führung noch Grenzen aufgezeigt. Es ist geradezu gelebte Vernachlässigung. Das Schreckbild des Laisser-faire hat sich trotz der geringen Anzahl von Eltern, die es tatsächlich praktiziert haben, fest in den Köpfen verankert, sodass andere Erziehungsansätze wie die antiautoritäre Erziehung, das Attachment-Parenting oder auch die bindungsorientierte Erziehung (Begriffe s. Glossar) häufig mit Laisser-faire verwechselt werden. Oder zumindest lassen sie die Sorge wach werden, sie würden ähnliche Konsequenzen für die Kinder haben wie Laisser-faire.

Um zu verstehen, warum unser Weg unsere Eltern verunsichert, befremdet und Konfrontationen auslösen kann, hilft ein Blick auf die unterschiedlichen Erziehungsstile, die die vergangenen Generationen und auch uns als Kinder geprägt haben. Als Erziehungsstil wird ein ausgeprägtes und immer wiederkehrendes Verhaltensmuster von Erziehenden gegenüber Kindern definiert, dem eine bestimmte Haltung und ein bestimmtes Menschenbild vom Kind zugrunde liegt. Als Vorreiter in der Erforschung der Erziehungsstile gilt der österreichische Psychologe Kurt Lewin. Er unterschied Ende der 1930er-Jahre drei verschiedene Erziehungsstile:

1. **Die autoritäre Erziehung**
2. **Die demokratische Erziehung**
3. **Die Laisser-faire-Erziehung**

Der Erziehungsstilforscher Elder erweiterte diese Klassifikation 1962 auf sieben Erziehungsstile:

1. Autokratischer Erziehungsstil

Kinder werden als Befehlsempfänger gesehen, deren Meinung nicht zählt. Hier besteht die Annahme, dass Autorität gegenüber den Kindern notwendig sei.

2. Autoritärer Erziehungsstil

Hier wird (ähnlich wie beim autokratischen Erziehungsstil) starke Kontrolle über das Kind ausgeübt. Die Meinung der Kinder wird bei diesem Stil zwar wahrgenommen, letztendlich bestimmen aber doch die Eltern.

3. Demokratischer Erziehungsstil

Die Kinder werden als Partner ernst genommen. Mit zunehmendem Alter sollen die Kinder selbstständiger und eigenverantwortlicher handeln. Den Kindern wird ein Gefühl der Sicherheit und Erwünschtheit vermittelt.

4. Egalitärer Erziehungsstil

In diesem Fall stehen Kinder und Eltern auf einer Ebene und haben die gleichen Rechte und Pflichten. Bei Entscheidungen zählen die Meinungen der Kinder wie die der Eltern gleichermaßen.

5. Permissiver Erziehungsstil

Die Eltern halten sich zurück, sind nachgiebig und lassen den Kindern viel Freiraum, ohne erzieherisch aktiv zu werden. Das bedeutet, dass die Kinder oft die Initiative ergreifen müssen, wenn Entscheidungen zu treffen sind.

6. Laisser-faire-Erziehungsstil

Dieser Erziehungsstil zeichnet sich durch das völlige Fehlen von Regeln aus. Die Kinder sind sich selbst überlassen und sind aktiver als die Eltern, wenn es darum geht, Entscheidungen zu treffen.

7. Negierender Erziehungsstil

Die Kinder bleiben sich selbst überlassen und müssen alle Entscheidungen allein treffen. Die Eltern stehen in keiner Weise anleitend oder beratend zur Seite. Seitens der Eltern werden keine Regeln festgelegt oder Interesse an den Sorgen oder Wünschen der Kinder gezeigt. Es fehlen der Eltern-Kind-Beziehung Zuneigung und Emotion.

»Du machst dir das Leben doch selber schwer!«

Wäre das Leben einfacher, wenn die Kinder sich nur in festen Abständen meldeten und die Eltern nachts schlafen ließen? Wenn sie so »pflegeleicht« wären, dass die Eltern locker den Haushalt nebenher erledigen könnten? Natürlich! So ganz ist der Vorwurf in der Kapitelüberschrift nicht von der Hand zu weisen. Aber was wäre die Alternative? Die Äußerungen der Kinder zu ignorieren, sie links liegen zu lassen? – Der Haushalt kann warten, die Kindheit lässt sich nicht aufschieben!

Es ist anstrengender, mit den Kindern in Beziehung zu treten, als auf Gehorsam zu pochen. Es zeigt sich hier ein grundlegend anderes Verständnis davon, was Erziehung eigentlich bewirken soll. Und es zeigt sich, dass wir im Vergleich zu den Großeltern unsere Ziele sprachlich zwar ähnlich ausdrücken mögen, doch ganz unterschiedliche Dinge damit meinen.

Will ich, dass mein Kind selbstständig wird? Natürlich, wer will das nicht? Aber was verstehe ich unter Selbstständigkeit? Soll das Kind so früh wie möglich lernen, sich die Schuhe selbst zuzubinden, damit ich weniger Arbeit habe oder damit es unabhängiger von mir wird? Erziehung soll dafür sorgen, dass das Kind sich in der Gesellschaft, so wie sie ist, zurechtfindet – sagen die einen, meist die Älteren, die als Kriegskinder bzw. -enkel gelernt haben, sich einzufügen. Erziehung soll dafür sorgen, dass das Kind die nötigen Werkzeuge bekommt, um seinen eigenen Weg zu gestalten – sagen die anderen, meist die Jüngeren.

Die Frage, die damit verbunden ist, lautet: Was ist besser für das Kind? Dass es lernt, sich mit den gegebenen Umständen zu arrangieren oder dass es sich selbst verwirklichen kann? Letzteres ist allerdings grundlegend von den Umständen abhängig. Seinen eigenen Weg frei gestalten zu können ist ein Privileg.

Privilegiert zu sein bedeutet aber nicht etwa, dass uns alles auf einem goldenen Teller gereicht wird, sondern dass uns keine Steine in den Weg gelegt werden, die weniger oder nicht privilegierte Menschen aufgrund ihrer Position, ihrer Person oder ihrer Eigenschaften zusätzlich wegräumen müssen, um erst mal unsere Ausgangssituation zu erreichen.

Insofern haben wir unseren Eltern und Großeltern viel zu verdanken. Nur durch ihre Vorarbeit ist es uns möglich, unsere Kinder heute individuell und bindungsorientiert zu erziehen. Unsere Eltern haben viele Steine für uns aus dem Weg geräumt, und so können wir einen anderen Fokus bei der Erziehung haben als sie.

Da keiner von uns in einem Vakuum lebt und wir alle mehr oder weniger miteinander zurechtkommen müssen, ist das Sich-einfügen-Können durchaus eine wichtige Fähigkeit. Denn auf der Suche nach meinem eigenen Weg kann ich nicht über andere trampeln. Meine Freiheit endet dort, wo die der anderen beginnt. Das gilt auch für Generationenkonflikte. Nur im Dialog und in gemeinsamer Rücksicht kann ein zufriedenstellendes Miteinander entstehen.

Im Hinblick auf unsere Kinder bedeutet das, dass wir auch ihnen das notwendige Handwerkszeug mitgeben sollten, um sich sowohl einfügen zu können als auch sich selbst treu zu bleiben. Beides ist wichtig, und die richtige Mischung zu treffen wäre wohl das Beste. Dabei ist es aber individuell verschieden, wie die optimale Mischung aussieht, und sie mag sich in Zukunft auch verändern.

»Du hast dir das doch so ausgesucht.«

Erziehung unterliegt also immer auch einem Zeitgeist. Und dieser Zeitgeist gibt uns unterschiedliche Freiheiten und Grenzen. So ist es auch kulturell bedingt, über was man sich beschweren »darf«.

Frauen, die laut sind und sich beschweren, haben in westlichen Kulturen einen ganz schlechten Ruf. Frauen – und insbesondere

Mütter – haben sich aufzuopfern und genügsam zu sein. Wir dürfen uns höchstens gemäßigt über äußere Umstände ärgern, aber niemals über selbst gewählte Situationen. Selbst wenn wir keine Kontrolle über diejenigen Dinge haben, die uns an unserer selbst gewählten Situation stören.

> »Du bist müde, weil dein Kind nicht durchschläft? Dann hättest du kein Kind bekommen dürfen!«
> »Dir tut der Rücken weh, weil du dein Kind ständig auf dem Arm hast? Hättest es halt schreien lassen müssen!«
> »Dir ist die Doppelbelastung mit Kind und Beruf zu viel? Wärst du halt länger zu Hause geblieben!«

Und irgendwie ist immer die Existenz des Kindes schuld. Das Kind macht zu viel Arbeit. Das Kind ist ein Tyrann. Das Kind ist nicht unter Kontrolle. Das Kind hat Schlafprobleme. Das Kind braucht zu viel Aufmerksamkeit. Dabei lassen sich die meisten dieser Probleme lösen, wenn die Eltern das Kind so akzeptieren, wie es ist, und wenn sie gemeinsam an den Umständen und gegebenenfalls an ihrer eigenen Einstellung arbeiten.

Wann ist etwas schlimm genug, dass es eine Beschwerde rechtfertigt? Irgendjemandem geht es immer schlechter. Irgendwer hat es immer schwerer. Nach dieser Logik dürfte sich niemand jemals über irgendetwas beschweren. Doch es ist nicht nur okay, es ist auch wichtig und gesund, sich über Schieflagen zu beschweren. Sonst würde sich doch nie etwas ändern!

Rooming-in gibt es, weil Wöchnerinnen sich beschwert haben. Der obligatorische Dammschnitt wurde abgeschafft, weil Gebärende sich dagegen gewehrt haben. Stillgruppen wurden gegründet, weil Stillende mit der vorhandenen Unterstützung nicht zufrieden waren.

Veränderungen durchzusetzen kostet Zeit und Energie, und die muss man erst mal haben. Wenn Frauen strukturell zurückgehalten werden und so viel aufgebürdet bekommen, wie ein einzelner Mensch kaum leisten kann, und wenn sie dann noch mit anerzogenen Selbstzweifeln klein gehalten werden, fehlen ihnen ganz einfach die Zeit und die Energie für Veränderungen.

»Das ist halt so mit Kindern.«

Strukturelle und gesellschaftliche Probleme zu erkennen ist manchmal nicht so einfach. Über Generationen wurde uns eingeimpft, dass Mütter sich aufopfern müssten.

Mütter, die wegen der Mehrfachbelastung durch Haushalt, Kinder, Job, Mental Load (s. Glossar), Beziehungsarbeit, Kin-Keeping (s. Glossar) auf dem Zahnfleisch kriechen, haben nicht die Kraft und auch nicht die Möglichkeiten, an den Strukturen etwas zu ändern. Das ist nämlich eine weitere Riesenaufgabe, für die Energie und eine Plattform notwendig sind.

Mütter brauchen eine Lobby, die sie nicht haben. Das Einzige, was der Politik dazu einfällt, ist die Forderung nach mehr Kinderbetreuung. Meist geht es dabei einzig darum, die Kinder wegzuorganisieren, um die Mütter in Ruhe ihre Arbeit machen zu lassen. Dass die Kinder gar nicht das Problem sind, ist schwer einzusehen in einer Gesellschaft, die sich nur an wirtschaftlicher Leistung orientiert.

Susanne Mierau schreibt in ihrem Buch *Mutter.Sein*:

*»In Zeiten, in denen sich Gewissheiten auflösen, sind wir besonders auf Orientierung angewiesen und versuchen, uns an der Vergangenheit festzuhalten. ›Aber wir sind ja auch so groß geworden‹, sagen wir vielleicht leicht resigniert und ein wenig die Vergangenheit idealisierend, wenn wir uns am alten Mutterbild ausrichten. In einer unsicheren Zeit auch noch unsichere neue Wege zu gehen, erfordert viel Kraft. Wir haben kaum Vorbilder, an denen wir uns orientieren können. Großmutter, Tanten, Nachbarn und viele Freund*innen, mit denen wir zusammen aufgewachsen sind, sitzen mit uns im selben Boot und haben genauso als Mutter gelebt, wie es eben üblich war.«*

Mutter.Sein. Susanne Mierau, 2019, S. 124 f.

Erst langsam kommt ein Bewusstsein dafür auf, dass es nicht nur eine Doppelbelastung von Kind und Arbeit gibt, sondern mindestens eine siebenfache Belastung. Bis heute übernehmen Männer meist nicht 50 % der Haushaltsaufgaben und der Care-Arbeit, schon gar nicht unaufgefordert. Auch das liegt an der Erziehung.

Dass es Mental Load überhaupt gibt und was das genau ist, ist noch nicht zur Mehrheit der Frauen durchgedrungen. Lies im Kapitel »Wo sind die Väter?« mehr dazu.

»Ich will doch nur das Beste für dich.«

Natürlich wollen die Großeltern nichts Schlechtes für ihre Kinder oder Enkel. Das wäre ja der Umkehrschluss. Wenn Oma aber diesen Spruch von sich gibt, ist sie bereits in einer Verteidigungsposition. Sie hat das Gefühl, nicht wertgeschätzt zu werden. Sie kann nicht verstehen, warum sie angegriffen wird, wo sie doch nur helfen will.

Es ist völlig in Ordnung, das Beste zu wollen. Es ist nur nicht in Ordnung, für jemand anderen zu entscheiden, was das Beste ist. Oma hat ihre Erfahrungen gemacht und denkt, sie weiß, wie der Hase läuft. Bei den bisherigen Beispielen gibt es immer Möglichkeiten, Oma darüber aufzuklären, warum wir heute die Dinge anders handhaben. Schwierig wird es bei Aussagen, die zunächst einmal allgemeingültig zu sein scheinen und die erst bei näherer Betrachtung eine Diskrepanz in der Deutungsweise offenbaren.

> Das sind Sätze wie:
> »Kinder muss man liebevoll behandeln.«
> »Gegenseitiger Respekt ist wichtig.«
> »Grundbedürfnisse müssen erfüllt werden.«

Es gibt unzählige solcher Plattitüden, bei denen wir zunächst zustimmen und dann erst im Verlauf des Gespräches feststellen, dass unsere Ansichten Welten auseinanderliegen. Was ist liebevoll? Wie äußert sich Respekt? Welche Bedürfnisse sind Grundbedürfnisse?

So schreibt Marie Susanne Kübler 1891 in ihrem *Buch der Mütter*: »Ungerechtes Strafen verwundet des Kindes Herz (…).« Dem können die meisten von uns sicher zustimmen. Manche mögen noch spezifizieren, dass jegliches Strafen falsch sei oder dass nur logische Konsequenzen angemessen seien. Doch schon in der Überlegung, was ungerecht und was logisch ist, driften Eltern meilenweit auseinander. Kübler ist auch für logische Konsequenzen. Sie gibt uns einige Beispiele:

»Die Strafe, welche man über ein Kind verhängt, sollte möglichst natürlich, dem begangenen Fehler entsprechend sein. So bringe man z. B. das streitsüchtige Kind an einen Ort, wo es allein bleiben muß, das naschhafte lasse man fasten, dem plauderhaften oder vorlauten lege man für kürzere oder längere Zeit Schweigen auf, indem man ihm nötigenfalls zur Verschärfung der Strafe mit einem leichten Tüchlein locker den Mund verbindet.«

Buch der Mütter. Susanne Kübler, 1891, S. 317.

Nichts davon würden wir heute als logische Konsequenzen betrachten. Für uns sind das Strafen, die durchaus »des Kindes Herz verwunden« können.

»Das hat dir auch nicht geschadet.«

Die ultimative Verteidigungsposition ist die abwiegelnde Behauptung der Schadensfreiheit. Oma gibt zu, dass sie es selbst so mit ihren Kindern gehandhabt hat. Sie will aber nicht wahrhaben, dass ihr Verhalten falsch gewesen sein könnte. Schon gar nicht, dass es Schaden angerichtet haben könnte. Das darf einfach nicht sein.

Mütter sind sowieso schon mit allerlei Selbstzweifeln und dem Druck zur Perfektion geplagt. Jedes (angebliche) Fehlverhalten des Kindes fiel seit jeher auf die Erziehung und somit auf die Mutter zurück. Das Kind hat einen Trotzanfall in der Öffentlichkeit? Die Mutter hat es nicht im Griff. Das Kind bedankt sich nicht? Die Mutter hat ihm keine Manieren beigebracht. Das Kind schläft nicht durch? Die Mutter ist zu schwach, es einfach mal schreien zu lassen.

Die ewige Angst von Müttern, etwas falsch zu machen, hat auch die Autorin Lynn Caine thematisiert. Ihr Buch *What Did I Do Wrong? Mothers, Children, Guilt* (dt.: *Was habe ich bloß falsch gemacht? Mütter und ihre Schuldgefühle*) beschreibt sie ein Problem, mit dem die jetzigen Großeltern damals als junge Eltern zu kämpfen hatten:

»Warum wird der Mutter die Schuld an allem zugeschrieben? Warum leiden Mütter unter dem Gefühl der Unzulänglichkeit? Ich war sicher, bin es immer noch, daß unser Selbsttadel viel damit zu tun hat, daß wir unserer eigenen Mutter vieles übelgenommen haben, uns geschworen haben, nicht zu werden wie sie, und dann die gleichen Fehler wie sie gemacht haben. Viele Frauen aus der Generation meiner Mutter, meine Mutter eingeschlossen, waren sehr jung und überhaupt nicht vorbereitet auf die Verantwortung, Kinder aufzuziehen. Mutterschaft ist offensichtlich etwas, das ein Mädchen nicht einüben oder auf Anhieb richtig machen kann.

Indem wir unseren Müttern ihre Fehler vorwerfen, tadeln wir uns gleichzeitig selbst. Wir wenigstens sollten vollkommen sein. Unsere vornehmste Aufgabe ist es, Mutter zu sein, es ist die normale und natürliche Aufgabe der Frauen, also sollten wir sie perfekt erfüllen. Wir tun es aber nicht. Wir leben nicht unseren Erwartungen entsprechend, wir kritisieren uns selbst, oft vernichtend. Die Gesellschaft kritisiert uns auch.«

Was habe ich bloß falsch gemacht? Lynn Caine, 1985, S. 154.

Die jetzigen Großeltern haben in den vierzig Jahren nach dem Krieg einen gewaltigen Umschwung erlebt und mitgestaltet. Ein Umschwung bedeutet aber immer auch, dass neu ausgelotet werden muss, wo der Weg hingehen soll. Dabei liegt der Fokus der einzelnen Personen auf den Dingen, die sie selbst als besonders schwerwiegend empfunden haben.

Erst jetzt kommen wir auf den Trichter, dass es reicht, als Mutter gut genug zu sein. Wir müssen nicht perfekt sein. Erst jetzt wird uns bewusst, dass Frauen nicht von Natur aus für Mutterschaft gemacht sind. Erst jetzt streift langsam die Erkenntnis durch die Gesellschaft, dass jeder Mensch die primäre Bezugsperson für ein Kind sein kann. Es muss keine Frau sein. Unsere Eltern konnten sich zwar von der Erziehung lossagen, aber noch nicht von den Geschlechterrollen, die ihnen zugewiesen wurden.

Unsere Mütter hatten also den Anspruch auf Perfektion. Schuldgefühle schwangen eh die gesamte Elternschaft hindurch mit. Aber nun konfrontiert das eigene Kind sie mit diesen schlechten Gefühlen. Das tut doppelt weh.

Ein solcher Spruch (»Das hat dir auch nicht geschadet.«) weckt aber auch in der Empfängerin einiges an Gefühlen. Immerhin mögen gewisse Erziehungsmethoden durchaus geschadet haben. Zudem wäre es schön, wenn die Großeltern die Tatsache, dass kein Schaden angerichtet wurde, nicht als Rechtfertigung nutzen würden. Denn »keinen Schaden zu erleiden« ist doch wohl das Mindestmaß, das ein Kind erwarten können sollte. Es ist aber keineswegs eine Messlatte für gute Erziehung oder gar eine gute Beziehung.

Versuche dich jedoch von dieser Verletzung frei zu machen. Es geht dabei nicht um dich, sondern um den Selbstschutz der Großmutter. So könntest du ihr z. B. antworten:

> »Du wolltest es besser machen als deine Mutter. Das ist dir gelungen und ich danke dir dafür. Du hast es mir dadurch ermöglicht, es bei meinen eigenen Kindern noch besser zu machen. Du konntest nicht wissen, was ich heute weiß. Und ich weiß nicht, was meine Kinder einmal wissen werden. Wir können nicht von einer Generation auf die nächste die Erziehung perfektionieren. Aber weil du gesagt hast »Stopp! Wir machen das jetzt anders!«, können wir jetzt in riesigen Schritten vorangehen.«

Umwälzungen in der Familie

Ein Baby wird geboren und plötzlich ist alles anders. Für viele Eltern ist das eigene Kind das erste Baby, das sie in den Armen halten. Ihnen wird zum ersten Mal bewusst, wie viel Arbeit und Verantwortung so ein Familienzuwachs tatsächlich bedeutet. Vorher war das alles graue Theorie. Natürlich hatten sie eine Vorstellung davon, doch jetzt wird sich herausstellen, wie sehr sich diese mit der Realität deckt.

Unsere Erwartungen an die Elternschaft hängen von unseren Erfahrungen ab. Erfahrungen aus unserer eigenen Kindheit, Erfahrungen als Freund*in anderer Eltern, Erfahrungen in der erweiterten Familie. Mit einigen davon setzen wir uns konkret auseinander und entscheiden bewusst, ob wir es mit unseren eigenen Kindern genauso oder ganz anders handhaben wollen. Andere sind tief in unserem Unterbewusstsein verankert und treten möglicherweise erst zutage, wenn die Erinnerung durch ein Ereignis getriggert wird. Wieder andere haben wir als Meinung, Axiom oder Einstellung übernommen, ohne dass eine Auseinandersetzung damit stattgefunden hat.

Dazu kommen Vorstellungen darüber, wie Kinder sind. Oftmals haben werdende Eltern ganz genaue Ansichten darüber, wo ihr Kind schlafen wird, wie es ernährt werden wird und was zu tun ist, wenn das Baby schreit. Dann ist das Baby da und bringt seinen ganz eigenen Willen mit.

Also müssen die Eltern nun ihren eigenen Weg finden, um ihre Bedürfnisse mit denen des Babys in Einklang zu bringen. Das allein ist schon eine große Aufgabe, die mit Selbstreflexion und Lernen verbunden ist. Doch dann kommen weitere Menschen mit einer Meinung hinzu: die Großeltern.

Die Großeltern haben das alles schon hinter sich und wissen, wie der Hase läuft. Zumindest denken sie das. Nur leider beschönigt die Erinnerung einige Erlebnisse, und die neuesten Erkenntnisse in der Säuglingspflege sind wahrscheinlich an ihnen vorübergegangen. Aber dessen sind sie sich nicht unbedingt bewusst.

Ein Baby wird geboren und plötzlich ist alles anders. Zum ersten Mal sehen die Großeltern ihr Enkelkind. Dass das nicht durch eine Scheibe geschieht, wie noch in den 1980ern, ist ja schon mal sehr willkommen und vielleicht auch erwartet. Sie freuen sich darauf, dieses Kind genießen zu können, ohne die elterliche Verantwortung zu haben.

Mit Sicherheit möchten sie mit ihrem Enkel all die Dinge tun, an denen sie schon bei ihren Kindern Freude hatten, ganz ohne »erziehen« zu müssen: füttern, spielen, ausfahren. Voller Stolz das Kleine herzeigen. Darauf aufpassen.

Auch die Erwartungen der Großeltern hängen von ihren Erfahrungen ab. Diese Erfahrungen sind geprägt von Erinnerungen an die eigenen Eltern und Großeltern, den Erzählungen von Freund*innen, die bereits Großeltern sind, und den Erfahrungen aus der eigenen Elternschaft.

So haben sowohl die Eltern als auch die Großeltern konkrete Vorstellungen von dem Leben mit dem neuen Baby, bevor dieses überhaupt geboren ist. Die werdenden Eltern reden für gewöhnlich während der Schwangerschaft miteinander über ihre Erwartungen, Hoffnungen, Ängste. Doch reden sie auch mit den Großeltern über deren Erwartungen?

Kinder erwecken unsere Beschützerinstinkte

Wenn es um das Wohl von Kindern geht, kochen die Emotionen schnell hoch. Wir alle wollen das Beste für unsere Kinder. Wir alle waren mal Kinder. Wir alle haben unsere Vorstellungen davon, was das Beste für Kinder sei. Wir alle tragen unser Päckchen mit uns herum.

Kinder berühren uns auf eine so tiefe, persönliche Art, wie es nichts anderes kann. Ein Kind zu bekommen konfrontiert uns auf eine ganz besondere Weise mit unserer eigenen Kindheit. Wir sehen Vorfälle, Erlebnisse und Gefühle aus unserer Kindheit plötzlich in einem anderen Licht. Das kann einerseits zu mehr Verständnis für die eigenen Eltern führen, andererseits aber auch zu mehr Ablehnung.

Wir wollen, dass es unserem Nachwuchs gut geht. Auch Großeltern wollen das! Für ihre Enkel wollen sie es, aber auch für ihre eigenen Kinder – für uns! Auch dann noch, wenn wir schon längst erwachsen sind. Der Ratschlag, das Baby auch mal schreien zu lassen, kann daher sowohl als Erziehungsmaßnahme gegenüber dem Baby gemeint sein als auch aus dem Wunsch nach Entlastung für die Eltern heraus geäußert werden. Deine Eltern möchten nicht, dass du es schwer hast mit deinem Kind.

Mit der Geburt eines Babys muss sich die gesamte Familie neu sortieren. Das betrifft alle Generationen. Rollenerwartungen und äußere Umstände spielen dabei ebenso eine Rolle wie eigene Bedürfnisse, Ängste und Wünsche. Dass diese Neuordnung meist nicht reibungslos verläuft, liegt in der Natur der Sache.

Möglicherweise weißt du nicht einmal, wie deine Eltern sich dir gegenüber verhalten haben, als du ein Baby warst. Erfährst du jetzt, dass sie dich haben schreien lassen und das bis heute völlig normal finden, dann kann das ein großer Schock sein. Besonders, wenn du deine Eltern bisher als liebevoll und verständig empfunden hast.

Die Dinge, die du wusstest, hast du möglicherweise einfach als gegeben hingenommen. Warst vielleicht sogar derselben Meinung. Weil es normal war, dass Babys nun mal schreien und man ihnen sooo viele Dinge beibringen muss. Sie müssen halt lernen, dass sie ihren Willen nicht immer durchsetzen können. Weiß doch jeder!

Bedenke, dass deine Eltern alles nach bestem Wissen und Gewissen getan haben. Du hast einen ganz anderen Hintergrund als sie. Ein ganz anderes, wahrscheinlich umfangreicheres Basiswissen. Lache nicht darüber, wie sie »so etwas Absurdes« nur glauben konnten. Sei nicht entsetzt darüber, wie »herzlos« sie über manche Dinge sprechen.

Habe Geduld. Die Zeit ist auf deiner Seite. Je älter dein Kind wird, desto mehr sehen die Großeltern, dass du es nicht verzogen hast. Dass du ihm nicht geschadet hast. Denn das ist letztlich ihre Sorge: dass deine Erziehung Schaden anrichtet. Bis es jedoch so weit ist, dass das Thema Erziehung vom Tisch kommt, kann viel passieren. In der Zwischenzeit wirst du deinen Weg finden, mit den Konflikten umzugehen. Der erste Schritt ist bereits getan.

Unterschiedliche Erwartungen

Möglicherweise hattest du schon eine Vorstellung davon, wie deine Eltern ihre Rolle als Großeltern ausfüllen *sollten*. Einen Wunsch, dass sie gute Großeltern für deine Kinder sein sollten. Vielleicht in Anlehnung daran, wie du deine eigenen Großeltern erlebt hast, oder auch das genaue Gegenteil davon – so wie du dir deine Großeltern gewünscht hättest.

Wie auch immer, du hattest vermutlich einen Wunsch für dich und einen Wunsch für deine Kinder. Für dich sollen die Großeltern sich an deine Regeln halten, dich entlasten, dich unterstützen. Für deine Kinder sollen sie Zeit haben, Interesse zeigen, sie lieben, vielleicht sie verwöhnen – aber natürlich innerhalb der von dir gesetzten Grenzen.

Möglicherweise hattest du schon eine Vorstellung davon, wie deine Eltern ihre Rolle als Großeltern ausfüllen *würden*. Du kennst deine Eltern und weißt, was du von ihnen erwarten kannst und was nicht. Wie kann es dann zu so bösen Überraschungen und so vielen Konflikten kommen? Ganz einfach: Du kennst deine Eltern als Eltern. Doch als Großeltern hast du sie noch nicht erlebt.

Vorstellungen von Großelternschaft

Es ist sinnvoll, sich mit den Großeltern einmal zusammenzusetzen und über die auf beiden Seiten herrschenden Erwartungen und Wünsche zu sprechen. Die folgende Liste kann dabei für eine vorbereitende Selbstreflexion verwendet werden. Ergänze die Liste um Punkte, die dir besonders wichtig sind.

Fragebogen

Wie antworten die Großeltern? Wie antworten die Eltern? Überlege dir, wie du diesen Fragebogen ausfüllen würdest. Dann überlege, was die Großeltern dazu meinen. Das hilft dir, dich auf zukünftige Gespräche vorzubereiten.

1. **Wie sollen Großeltern die Eltern unterstützen?**
   - ☐ gar nicht
   - ☐ finanziell
   - ☐ im Haushalt (kochen, staubsaugen, nähen)
   - ☐ durch Kinderbetreuung
   - ☐ mit Ratschlägen

2. **Großeltern sollen sich an die Anweisungen der Eltern halten.**
   - ☐ stimme voll zu
   - ☐ stimme eher zu
   - ☐ neutral
   - ☐ stimme eher nicht zu
   - ☐ stimme nicht zu
   - ☐ weiß nicht

3. **Großeltern sollen die Enkel verwöhnen.**
   - ☐ stimme voll zu
   - ☐ stimme eher zu
   - ☐ neutral
   - ☐ stimme eher nicht zu
   - ☐ stimme nicht zu
   - ☐ weiß nicht

4. **Großeltern und Enkel dürfen Geheimnisse vor den Eltern haben.**
   - ☐ stimme voll zu
   - ☐ stimme eher zu
   - ☐ neutral
   - ☐ stimme eher nicht zu
   - ☐ stimme nicht zu
   - ☐ weiß nicht

5. **Großeltern dürfen in der Erziehung mitbestimmen.**
   - ☐ stimme voll zu
   - ☐ stimme eher zu
   - ☐ neutral
   - ☐ stimme eher nicht zu
   - ☐ stimme nicht zu
   - ☐ weiß nicht

6. **Großeltern sollen für die Enkel auf Freizeit verzichten.**
   - ☐ stimme voll zu
   - ☐ stimme eher zu
   - ☐ neutral
   - ☐ stimme eher nicht zu
   - ☐ stimme nicht zu
   - ☐ weiß nicht

7. Ab welchem Alter können Enkel bei den Großeltern übernachten?
   ..... ☐ Monate ☐ Jahre
8. Sollen die Eltern den Großeltern ermöglichen, dass diese die Enkel mit der Flasche füttern können?
   ☐ ja ☐ nein ☐ weiß nicht
9. Wer soll für den Kindersitz im Auto der Großeltern bezahlen?
   ☐ Eltern ☐ Großeltern ☐ weiß nicht
10. Ab wann kann ein Kind mit den Großeltern in den Urlaub fahren?
   ..... ☐ Monate ☐ Jahre
11. Wie lange sollen Babys gestillt werden?
   ..... ☐ Monate ☐ Jahre
12. Wie lange sollen Babys die Flasche bekommen?
   ..... ☐ Monate ☐ Jahre
13. Wie lange sollen Babys einen Schnuller bekommen?
   ..... ☐ Monate ☐ Jahre
14. Ab wann dürfen Kinder Süßigkeiten essen?
   ..... ☐ Monate ☐ Jahre
15. Ist es in Ordnung, ein Baby weinen zu lassen?
   ☐ ja ☐ nein ☐ weiß nicht
16. Wenn ja, aus welchen Gründen und wie lange?
   Gründe: ....
   ..... ☐ Minuten ☐ Stunden
17. Ab wann schlafen Babys durch?
   ..... ☐ Monate ☐ Jahre
18. Wie lang wurden deine Kinder gestillt?
   ..... ☐ Monate ☐ Jahre
19. Was hältst du von Tragehilfen/Tragetüchern?
   ....

Die Urgroßeltern deiner Kinder

Jede Elterngeneration möchte es besser machen als die vor ihr. Was »besser« bedeutet, definiert jede Generation für sich neu. Auch deine Eltern werden daher Konflikte mit deinen Großeltern gehabt haben, als du ein Kind warst. Sie mögen aber durchaus anders an die Konflikte herangegangen sein als du.

Führe doch einmal ein Gespräch mit deinen Eltern darüber, wie deine Großeltern sich verhalten haben, als du geboren wurdest. Haben sie sich eingemischt? Haben deine Eltern ihre Ratschläge übernommen? Gab es Streit? Gibt es Parallelen zu der Situation zwischen dir und deinen Eltern heute?

Manchmal ist den neuen Großeltern nicht bewusst, dass sie sich vielleicht genauso übergriffig verhalten wie ihre Eltern damals. Oder sie empfinden es gar nicht als übergriffig, sondern hätten sich ein solches Verhalten von ihren Eltern gewünscht.

Es gibt unzählige Wege, wie Großeltern gute Großeltern sein können. Die Hauptsache ist, dass sie eine gute Beziehung zu den Enkeln aufbauen. Und diese Aufgabe liegt bei ihnen, nicht bei dir. Lass ihnen Spielraum. Deine Kinder werden sie lieben, schon allein, weil Großeltern etwas Besonderes sind.

Der Generationenvertrag

Es gibt einen ungeschriebenen Generationenvertrag, den wir mit unserer Geburt eingegangen sind, ohne es zu wissen und ohne eine Wahl zu haben. Dieser Generationenvertrag bestimmt die Rollen aller Familienmitglieder. Die Details dieses Vertrags sind von Familie zu Familie unterschiedlich, aber da er von einem gesamtgesellschaftlichen Familienbild geprägt ist, gibt es zwischen den Familien viele Gemeinsamkeiten.

Am einfachsten lässt sich der Generationenvertrag am typischen Bild der Biedermeierfamilie veranschaulichen. Der Vater ist das Familienoberhaupt, bringt das Geld nach Hause und ist Autoritätsfigur. Die Mutter hat den Haushalt tipptopp zu halten und die Kinder zu erziehen, was bedeutet, dass sie ihnen beibringt, sich unterzuordnen. Die Kinder haben artig und gehorsam zu sein. So weit bekannt. Doch der Generationenvertrag umschließt auch die Großeltern. Im Biedermeier hieß das, dass der Großvater sich auf seinen Lorbeeren ausruhen konnte. Die Großmutter aber lehrte zum einen die Mutter, wie sie die Kinder zu erziehen hatte, und war zum anderen von jeder Erziehungsaufgabe gegenüber den Kindern entbunden.

Dieser Generationenvertrag aus dem Biedermeier (das war die Zeit von 1815 bis 1848) ist bis heute die Blaupause für innerfamiliäre Strukturen und Rollenverteilungen.

Selbst wenn Eltern sich vornehmen, gleichberechtigt zu leben und die Aufgaben rund um Beruf, Familie und Haushalt 50/50 zu teilen, machen das die gesellschaftlichen Strukturen sowie die im Unterbewusstsein verankerten Verhaltensweisen für viele unmöglich. Den größten Mental Load (s. Glossar) trägt noch immer die Mutter. Und noch immer stecken meistens die Mütter beruflich zurück.

Selbst, dass es heute eine Vielzahl anderer Lebensmodelle als Vater – Mutter – Kind gibt, hilft da nicht viel. Eine Gleichberechtigung unter den Eltern erfordert immer eine bewusste und reflektierende Aktivität aller Beteiligten. Dies ist eine zusätzliche Aufgabe, die Eltern heute stemmen müssen. Moderne Elternschaft erfordert mehr Arbeit und Kraft, denn Bindung und Beziehung wollen aufgebaut und gepflegt werden.

Wie sich alte Ansichten und Rollenzuschreibungen hartnäckig über Generationen hinweg halten

Frauen in Deutschland wurden 2019 im Schnitt mit 31,5 Jahren zum ersten Mal Mutter. Männer mit 34,6 Jahren zum ersten Mal Vater. Zwischen Ost und West gibt es seit 2000 kaum mehr einen Unterschied. 1980 waren es für Frauen im Westen 25,2 Jahre, im Osten 22,1; für Männer konnten wir keine Zahlen finden.[1]

Nach einer Umfrage aus dem Jahr 2010 waren 45,6 % aller Großeltern bei der Geburt des ersten Enkelkindes zwischen 50 und 60 Jahren alt. 36 % waren 40 bis 50 Jahre alt. 20,5 % waren bereits über 60. Erwartungsgemäß sind die jüngsten Großeltern eine Generation jünger als die ältesten. Die meisten Menschen, die heute Großeltern werden, dürften also zwischen 1950 und 1980 geboren worden sein. Und obwohl sich in dieser Zeit ein großer gesellschaftlicher Wandel vollzogen hat, wurde dieser Wandel in den einzelnen Familien jeweils langsamer oder schneller umgesetzt. Machen wir uns nichts vor: Von echter Gleichberechtigung sind wir noch weit entfernt, und so mag dieses Buch noch für einige der nächsten Generationen relevant bleiben, da auch die alten Erziehungsmethoden und Rollenmodelle nicht so schnell verschwinden werden.

Wie sehr sich alte Ansichten halten, zeigte in jüngster Vergangenheit der Umgang mit der Filmdokumentation *Elternschule* von Jörg Adolph und Ralf Bücheler, die 2018 erschien. Es ging darin um die mittlerweile geschlossene psychosomatische Abteilung an der Kinderklinik Gelsenkirchen. In dieser Abteilung wurden vermeintlich verhaltensauffällige Kinder mit Methoden »behandelt«, die in der Fachwelt seit Jahrzehnten abgelehnt werden. Es wurde beispielsweise behauptet, Kinder würden Krankheiten wie Neurodermitis benutzen, um ihre Eltern zu manipulieren. Wenn die Eltern sich nicht mehr manipulieren ließen, würde auch die Neurodermitis verschwinden. Andere Kinder wurden isoliert, zum Essen gezwungen oder festgebunden. Dementsprechend gab es einen großen Aufschrei von Erziehungsexpert*innen, Kinderpsycholog*innen und Kinderrechtler*innen, insbesondere da die Dokumentation keinerlei kritische Auseinandersetzung mit den Methoden bot.

Doch die Kommentare aus der breiten Bevölkerung und die Nomination der Dokumentation für den Deutschen Filmpreis 2019 zeigten überdeutlich, was für einen langen Weg wir noch vor uns haben, bis Kinder nicht mehr als manipulative Tyrannen wahrgenommen werden, denen man zeigen müsse, dass sie ganz unten in der Hackordnung stehen. Noch 2012 gaben 40 % aller Eltern an, dass sie ihr Kind mit einem »Klaps auf den Po« bestrafen würden, wenn es »unverschämt« gewesen sei oder nicht gehorcht hätte. Dabei haben Kinder seit 2000 ein Recht auf gewaltfreie Erziehung.

»Kinder haben ein Recht auf gewaltfreie Erziehung. Körperliche Bestrafungen, seelische Verletzungen und andere entwürdigende Maßnahmen sind unzulässig.«

BGB § 1631 (2).

Egal, wie alt du bist, egal, wie alt die Großeltern sind – die Konflikte entstehen aus den persönlichen Einstellungen, Erfahrungen und Erwartungen.

Wie sind die heutigen Großeltern groß geworden?

Geboren in den 1950ern bis 70ern, haben unsere Eltern eine andere Erziehung erfahren als wir später. Es war die Zeit der Wirtschaftswunderjahre und der Studentenbewegung der 68er, der frühen Jahre des geteilten Deutschlands und die des Baus der Mauer. Es war die Zeit der überwiegenden Krankenhausgeburten und des drastischen Rückgangs der Stillquoten, sowie der »Ein-Verdiener-Ehe« im Westen und der Wochenkrippen im Osten.

Unsere Eltern sind die Nachkriegskinder und Kriegsenkel. Ihre Kindheit war beeinflusst vom Kriegstrauma ihrer Eltern und Großeltern. Psychische Aufarbeitung der Vergangenheit fand quasi nicht statt. Darüber wurde nicht geredet. Gleichzeitig musste das Land wiederaufgebaut werden. Die Eltern hatten wenig Zeit, sich um ihre Kinder zu kümmern und um Beziehungen zu ihnen aufzubauen. Gleichzeitig unterschieden sich die Ratgeber zur Kindererziehung zunächst kaum von ihren Vorgängern.

So wurde z. B. einer der erfolgreichsten Ratgeber aus der Nazizeit, Johanna Haarers *Die deutsche Mutter und ihr erstes Kind,* nach dem Krieg in wenig geänderter Form – hauptsächlich nur um die Propaganda bereinigt – neu aufgelegt *(Die Mutter und ihr erstes Kind).* Die späteren Ausgaben von Haarers Buch (die letzte erschien 1987) hatten dann zwar kaum noch etwas mit dem Original gemeinsam, aber die festen Tagesabläufe und die Ansicht, ein Kind könne zu viel Aufmerksamkeit bekommen und verzogen werden, waren geblieben. Auch Neuerscheinungen bliesen in dasselbe Horn und wurden von Menschen wie Werner Catel (s. den Abschnitt »Der weiß schon, dass ihr immer springt, wenn er ruft« im Kapitel »Verwöhnen und Schreienlassen«) durch Vorworte abgesegnet.

Sind während des Krieges noch viele Frauen einer Erwerbsarbeit nachgegangen, so wurden sie danach im Westen wieder in den Haushalt zurückgedrängt. Das Bild vom Muttersein als natürlicher Bestimmung und Begabung der Frau war hier weiter in der Gesellschaft fest verankert. Im Osten hingegen gab es die Bestrebung, Frauen und Männer gleichberechtigt zu machen. Das galt vor allem in beruflicher Hinsicht. Der Familienerziehung wurde von staatlicher Seite misstraut und so das Krippenwesen und die frühe Integration der Kinder und Jugendlichen in staatliche Organisationen gefördert. Dennoch waren die innerfamiliären Rollen im Osten wie im Westen klar getrennt. Erziehung und Kinderpflege waren Frauensache.

> **Karin:** »Mein Vater erzählt, dass er immer angeschaut wurde wie ein bunter Hund, wenn er mich Mitte der 1970er im Kinderwagen durch Köln schob.«

Denken wir an die 1960er, so denken wir an Flowerpower und die Hippies. Das war eine Studentenbewegung, die viel Veränderung brachte, aber sie war nicht die dominierende Lebensweise in den Familien. Vielmehr waren es erst die Kinder dieser Hippies, die eine Erziehung jenseits von Autorität und Gehorsam genießen durften. Die äußeren Umstände für Familien haben sich seit 1950 drastisch verändert.

So trat beispielsweise das erste Mutterschutzgesetz 1950 in der DDR und 1952 in der BRD in Kraft. Ab 1958 brauchten Ehefrauen in der BRD nicht mehr die Erlaubnis ihres Mannes, um einer Erwerbsarbeit nachzugehen. Aber erst 1977 fiel die Beschränkung, dass diese Arbeit »mit ihren Pflichten in Ehe und Familie vereinbar« sein müsse.

Auf privater Ebene gab es ebenfalls drastische Änderungen. Ab 1969 war Ehebruch keine Straftat mehr. 1970 wurde der erste gesetzliche Versuch unternommen, eheliche und uneheliche Kinder rechtlich gleichzustellen. Und erst 1997 wurde Vergewaltigung in der Ehe strafbar.

In der Kinderpflege gab es Innovationen zu verzeichnen wie den Kindersitz (1963), der erst 30 Jahre später zur Pflicht wurde. Oder die Einführung der Einwegwindel, die ab 1973 in der BRD erhältlich war und in der DDR bis zur Wende ein Luxusartikel blieb.

Die Nachkriegsjahre

Wiederaufbau und Wirtschaftswunder in den 50er- und 60er-Jahren gaben den Menschen das Gefühl von Planbarkeit und Machbarkeit zurück. Deshalb kehrten sie nun auch zum Glauben an die Steuerbarkeit in der Kinderpflege und -erziehung aus der Zeit vor der Naziherrschaft zurück.

Feste Zeitpläne in der Säuglingspflege gaben ein Gefühl von Kontrolle und Sicherheit. Gleichzeitig ermöglichten diese festen Strukturen mehr Zeit für Haushalt und Garten, als beispielsweise eine bedürfnisorientierte Erziehung es getan hätte. Der äußere Schein wurde immer wichtiger. Es ging uns doch finanziell gut. Die kriegsbedingten Sorgen und Mängel lagen hinter uns. Wer will denn da undankbar sein und sich beschweren?

Wie es in den Familien aussah, durfte nicht thematisiert werden. Was die Nachbarn dachten, war wichtiger. Und so waren es mal wieder die Kinder – unsere Eltern –, die zurückstecken mussten. Natürlich gab es immer schon strengere und weniger strenge Familien. Aber die Prügelstrafe war weit verbreitet. Das Schreienlassen auch. Die Gesellschaft war noch immer streng hierarchisch aufgebaut mit den Kindern auf der untersten Stufe. Als sie größer wurden, wurde einigen von ihnen bewusst, dass nach dem Krieg weder eine Entnazifizierung noch eine Aufarbeitung von Schuld und Leid stattgefunden hatte. Dies war eine treibende Kraft der westdeutschen Studentenbewegung, der sogenannten 68er.

Die 68er

Die 68er-Bewegung war eine linksgerichtete, gesellschaftskritische, politische Bewegung, die parallel zu ähnlichen Bewegungen, vor allem in den USA, entstand. Sie konnte soziale Reformen bewirken und sorgte für einen kulturellen Wertewandel. Eines ihrer Nebenprodukte waren radikale neue Ansätze in der Kindererziehung. Am bekanntesten sind hier der Laisser-faire- und der antiautoritäre Erziehungsstil, wobei diese häufig verwechselt werden.

Beim Laisser-faire ließen die Eltern ihre Kinder einfach machen. Sie zeigten ihnen keinerlei Grenzen auf, auch nicht ihre eigenen. Es war eine 180°-Wende zur bisherigen autoritären Erziehung, in der das Kind nur zu gehorchen hatte. Den Kindern fehlten dadurch jegliche Orientierung und Hilfestellung im Umgang mit anderen.

> Manchmal schießen Eltern beim Versuch, etwas besser zu machen, über das Ziel hinaus.
>
> **Sabine:** »Meine Mutter wurde von ihren Eltern nie gelobt. Das hat ihr schwer zu schaffen gemacht. Sie wollte es besser machen und hat überkompensiert. Sie lobte mich für jede Kleinigkeit, wodurch ihr Lob nichts mehr wert war.«

Wesentlich verbreiteter war der antiautoritäre Erziehungsstil. Hier wurde den Kindern ein Mitspracherecht gewährt. Im Sinne der von der 68er-Bewegung angestrebten Demokratisierung der Gesellschaft sollte eine demokratische Erziehung stattfinden. Das Kind wurde in seinen Wünschen und Bedürfnissen ernst genommen. Es wurde ihm zugetraut, über sich bestimmen zu können.

Zunächst bezog sich dies vor allem auf ältere Kinder. Für Kleinkinder oder gar Säuglinge gab es keine speziellen Vorstellungen, die sich konkret der 68er-Bewegung zuweisen ließen. Einige Feminist*innen sahen das Stillen als ersten Schritt zur Unterdrückung der Frau an. Das Füttern nach festen Zeiten war durch die Flaschenernährung laut Packungsanweisung vorgegeben. Das mehrheitliche Gebären im Krankenhaus und die lange getrennte Liegezeit störten noch immer das Bonding.

Erst nach und nach kam es zu einer Besinnung auf die Bedürfnisse des Säuglings und der Wöchnerin. Stillgruppen wurden gegründet und Tragehilfen kamen auf den Markt. Noch Anfang der 1980er waren es wenige Eltern, die den Säugling und nicht die Pflegemaßnahmen in den Fokus rückten. Langsam kam Attachment-Parenting auf, wie es durch Dr. William Sears in den USA eingeführt wurde (Begriffe s. Glossar).

»Wir haben doch alles schon so viel besser gemacht.«

Die Jüngeren unter uns sind daher vielleicht schon gestillt und getragen worden. Unsere Eltern haben einen großen Beitrag dazu geleistet, dass wir heute bedürfnisorientiert oder unerzogen mit unseren Kindern leben können. Unsere Eltern sind Pioniere, und ihnen wehte gesellschaftlich gesehen mehr Gegenwind entgegen als uns heute.

Leider heißt das nicht, dass wir mit ihnen als Großeltern mit keinen Konflikten zu rechnen haben. Sie sind sich ihrer Errungenschaften selbstverständlich bewusst und sie sind mit Recht stolz darauf. Doch gerade weil sie so radikale Änderungen bewirkt haben, fällt es manchen von ihnen schwer, zu erkennen, dass diese Änderungen sich noch verbessern ließen. Sie sahen sich – zu Recht – als Weltverbesserer. Doch wenn sie jetzt damit konfrontiert werden, dass es *noch* besser geht, mag sie das persönlich treffen. Das Gefühl, etwas erreicht zu haben, wird dadurch gemindert. Es wurde nicht so viel erreicht, wie gedacht. Das muss erst mal verarbeitet werden, und manche Menschen sind dazu weniger bereit als andere. Gewohntes gibt eben auch Sicherheit, und zu den Guten zu gehören ist ein Gefühl, das man nicht gern aufgibt.

Ein Beispiel: Viele unserer Eltern verstehen sich als Feminist*innen. Sie haben für Gleichberechtigung gekämpft und gegen Homophobie. Und sie haben viel erreicht. Dank dieser Vorarbeit können sich heute immer mehr Menschen zunehmend freier mit ihrer eigenen Identität und Sexualität auseinandersetzen. Wir haben jetzt Begriffe, die unsere Eltern noch gar nicht kannten.
Doch daraus folgt auch, dass der Feminismus unserer Eltern nicht weit genug ging. Es ist ihnen daraus kein Vorwurf zu machen, dass sie beispielsweise Transsexualität damals nicht auf dem Schirm hatten oder dass sie nicht wussten, was Polyamorie ist. Manche fragen sich dann: »Was ist denn das jetzt auf einmal? Das kenne ich nicht. Wir sind doch schon für Gleichberechtigung. Reicht das denn nicht?«

Wir sehen: Es ist völlig unabhängig vom Alter unserer Eltern, ob es mit ihnen Streit gibt oder nicht. Es geht dabei um die vorgelebten Rollen und die Erziehungsmethoden, die unsere Eltern vertreten. Und noch mehr geht es darum, wie sehr sie uns als mündige Erwachsene ansehen und bereit sind, von ihren Kindern Neues zu lernen. Immerhin bedeutet Letzteres eine Rollenumkehr.

Die Rolle der Großeltern

Die Rolle der Großeltern hat sich im Laufe der Zeit stark gewandelt. Das zeigt sich schon an den Wohnverhältnissen. 1961 lebten 14,97 % aller über 65-Jährigen in der BRD in einem Mehrgenerationenhaushalt mit Kindern, 1983 waren es nur noch 4,5 %.

1989 veröffentlichte die Historikerin Dr. Viola Kundrun die Ergebnisse ihrer Oral-History-Studie über alte Menschen, die auf dem Land in Mehrgenerationenhaushalten lebten. Sie befragte dafür 40 Personen nicht nur über deren eigene Situation, sondern auch über deren Eltern und Großeltern. So ergab sich ein Bild über den Wandel des Lebens im Alter seit Beginn des 20. Jahrhunderts.

Kundrun bemerkt insbesondere einen Verlust der Erziehungs- und Ausbildungsfunktion der Großeltern. Gehörte Kinderbetreuung zu Beginn des 20. Jahrhunderts noch bei 78 % der Großeltern zu deren Aufgaben, waren es um 1950 noch 60 % und zum Zeitpunkt der Befragung nur noch 5 %, die diese Beschäftigung nannten.[2]

So bringen sich Großeltern ein

Eine 2015 durchgeführte Studie von pairfam[3] kam zu dem Ergebnis, dass Enkelkinder gern Zeit mit ihren Großeltern verbringen. Großeltern sind nicht nur wichtig, weil sie sich gemeinsam mit den Eltern in die Betreuung einbringen, sondern weil sie Familien auch häufig finanziell unterstützen. Besonders während der Corona-Pandemie wurde deutlich, wie stark Großeltern – und besonders auch Großmütter – in den Alltag der Enkelkinder als verlässliche Bindungspersonen eingebunden sind. Viele Großeltern halten ihren Kindern den Rücken frei, damit diese arbeiten können. Die wirtschaftlichen Dimensionen sind nicht zu unterschätzen: Nach Angaben des »Deutschen Zentrums für Altersfragen«[4] kümmern sich Großeltern in Deutschland im Durchschnitt 456 Stunden im Jahr um ihre Enkel, was zusammengerechnet 2,7 Milliarden Stunden sind. Würde man sie mit dem aktuellen Mindestlohn vergüten, beliefen sich die Lohnkosten auf 25,7 Milliarden Euro.

Als die Kindergärten und Schulen monatelang geschlossen waren und auch die Großeltern zu ihrem gesundheitlichen Schutz ihre

Enkel nicht sehen durften, wurde deutlich, wie sehr die Care-Arbeit und damit auch die Entlastung der Familien am Engagement der Großeltern hing.

Regelmäßig sind rund sechs Millionen Großeltern im Alter zwischen 40 und 89 Jahren für ihre Enkelkinder im Einsatz. Im Schnitt sind Großeltern 52 Jahre alt, wenn das erste Enkelkind kommt – sie sind also selbst noch weit vom Rentenalter entfernt. Bei den 50- bis 64-Jährigen geben 57 % an, regelmäßig die Enkelkinder bei deren Freizeitgestaltung zu betreuen. Bei der Altersgruppe 65 plus sind es 45 % der Großeltern, wie eine Forsa-Umfrage Ende 2019[5] ergab. Studien zeigen deutlich: Für die kindliche Entwicklung ist das Engagement der Großeltern ein wichtiger Faktor. In der erwähnten pairfam-Studie gaben 19 % der Großeltern an, innerhalb des letzten Jahres mit ihrem Enkelkind in den Urlaub gefahren zu sein. So lässt sich auch räumliche Distanz ausgleichen, wenn Großeltern und Enkelkinder nicht nah beieinanderwohnen. 8- bis 16-jährige Enkelkinder berichten fast zur Hälfte, dass sie mindestens wöchentlich eine ihrer Großmütter sehen (48 %), die Angaben zu den Großvätern fallen etwas geringer aus (40 %).

Fitte und sozial gut eingebundene Großeltern bemühen sich, einen regelmäßigen Kontakt zu ihren Enkelkindern zu pflegen, wobei sich auch zeigt, dass der einzelne Kontakt abnimmt, je mehr Enkelkinder in die Familie geboren werden.

Kontakthäufigkeit und Konfliktpotenzial

Je näher Großeltern und Enkelkinder beieinanderwohnen, desto regelmäßiger sehen sie sich, besonders, wenn die Enkelkinder größer sind und den Kontakt ohne die Eltern gestalten können. Dies bestätigen z. B. Zahlen aus dem »Deutschen Alterssurvey« (DEAS)[6]. Dennoch zeigen die Zahlen auch, dass die Eltern im Zustandekommen des Kontaktes zwischen Großeltern und Enkelkindern eine wesentliche Rolle spielen, auch wenn diese mit dem zunehmenden Alter der Enkelkinder unwichtiger wird.

Auch mit Blick auf das Geschlecht der Eltern lassen sich Unterschiede feststellen. Im DEAS geben Großeltern häufiger an, mindestens wöchentlichen Kontakt zu Enkelkindern von Töchtern (46 %), als zu Enkelkindern von Söhnen (33 %) zu haben. Somit wird deutlich, dass insbesondere die Töchter darum bemüht sind, den Kontakt zu ihrer eigenen Herkunftsfamilie aufrechtzuerhalten, und auch ihre Kinder in dieser Richtung stärker prägen. Auch die erwähnte Studie von pairfam kommt zu ganz ähnlichen Ergebnissen.

Deutlicher wird die Unterscheidung nach elterlichem Geschlecht, wenn man zusätzlich den Familienstand der Eltern betrachtet. Während es bei Töchtern kaum einen Unterschied macht, ob diese alleinstehend oder in Partnerschaft leben, zeigen sich bei den Söhnen deutliche Differenzen in der Kontakthäufigkeit.

Generell zeigt sich ein deutlicher Zusammenhang zwischen der Kontakthäufigkeit von Großeltern zu den Elternteilen und der zu den Enkelkindern. Je enger sich Großeltern dem eigenen Kind und dem Partner des Kindes verbunden fühlen, desto mehr Kontakt haben sie auch zu ihren Enkelkindern. Kommt es zu Ärger zwischen Großeltern und Eltern, schlägt sich das in der Regel nicht auf die Kontakthäufigkeit nieder. Großeltern empfinden eine enge Verbundenheit zu ihren Enkelkindern, unabhängig davon, ob diese noch Babys oder bereits erwachsen sind. Gemeinsame Unternehmungen finden regelmäßig statt, und erst mit steigendem Alter der Großeltern und auch der Enkelkinder gehen diese gemeinsamen Aktivitäten zurück.

Auch bei der Freizeitgestaltung der Großeltern mit ihren Enkelkindern nehmen die Eltern eine Vermittlungsfunktion ein, besonders, wenn die Wohnentfernung eine Barriere für gemeinsame Aktivitäten darstellt. Denn mit der Häufigkeit des Kontaktes steigt auch die Verbundenheit der Großeltern mit den Enkelkindern. Bei Großeltern, die ihre Enkel seltener sehen, ist das Gefühl der Verbundenheit deutlich geringer. Hinsichtlich der Verbundenheit sind in der Studie des DEAS klare Geschlechtsunterschiede zu erkennen: Enkelkinder der Tochter (matriarchale Linie) fühlen sich im Durchschnitt den Großeltern emotional näher als die des Sohnes (patriarchale Linie).

Studien zum Generationentransfer, also zur Weitergabe von materiellen oder immateriellen Dingen – dazu gehören beispielsweise Gene, Verhaltensweisen, Erfahrungen, Wissen, Kultur, Güter, Vermögen und vieles mehr – zeigen, dass Enkelkinder der matriarchalen Line intensiveren Kontakt zu ihren Großmüttern haben als Enkelkinder väterlicherseits. In ihrem Buch *Das Versagen der Kleinfamilie* beschreibt die Autorin Mariam Irene Tazi-Preve, dass für die Häufigkeit des Kontaktes zwischen Großeltern und Enkeln die Beziehung zwischen der Großmutter und der Tochter, aber auch der Schwiegertochter, entscheidend ist. Frauen – besonders Großmütter – fungieren als »Kin-Keeper« (s. Glossar), die die Familie zusammenhalten.

Von der Qualität der Beziehung zwischen Eltern und Großeltern hängt die Beziehungsqualität zwischen Enkelkindern und Großeltern ganz maßgeblich ab. Eltern haben hier also ganz klar den Auftrag, wenn die Kinder klein sind, Beziehungsarbeit zu leisten. Auch wenn es schlussendlich bedeutet, das eine oder andere Mal über den eigenen Schatten zu springen.

Aymanns und Filipp identifizierten im Jahr 2000 in ihrem Buch *Generationenbeziehungen und -konflikte im Kontext psychologischer Beratung* die folgenden vorherrschenden Themenfelder bei Konflikten zwischen der mittleren und älteren Erwachsenengeneration: »Ablösung und Abgrenzung«, »mangelnde Anerkennung durch die Eltern« sowie »Aufarbeitung belastender Kindheitserfahrungen«. Im

DEAS zeigt sich, dass nur 37 % der Großeltern eine konfliktfreie Beziehung zu den Eltern ihrer Enkelkinder haben.

Konflikte zwischen Familienmitgliedern stehen im Zusammenhang mit unterschiedlichen Erwartungen, Einstellungen, Wünschen und Bedürfnissen. Oft auch mit hohen Ansprüchen, Rivalität, offenen oder verdeckten Machtkämpfen oder Eifersucht. Konflikte im Eltern-Kind-Verhältnis können auch im Erwachsenenalter durch die Ablösungsproblematik, ungleiche Lebenserfahrungen oder verschiedene Wertesysteme verursacht werden. Häufig liegen Konflikten auch ungelöste Probleme zugrunde, die in verschiedenen Funktionsbereichen der Familie auftreten können.

Auf der Suche nach Gründen für Konflikte zwischen Eltern und Großeltern befragten Forscher der University of Michigan in einer Umfrage insgesamt 2016 Eltern von Kindern unter 18 Jahren.[7] Sie kamen zu dem Ergebnis, dass fast die Hälfte der Eltern sich schon einmal mit den Großeltern über die Erziehung der Enkel gestritten hat. Ein Siebtel der Erziehungsberechtigten ging dabei sogar so weit, den eigenen Eltern die Besuchszeit der Enkel zu kürzen.

Die Hauptgründe für die Konflikte waren Uneinigkeit im Hinblick auf die nötige Disziplin (57 %) und das Verhalten bei Mahlzeiten (44 %). Die Zeit, die die Kinder vor dem Fernseher oder dem Smartphone verbringen dürfen, bot für immerhin 36 % Anlass zur Diskussion. Auch das Benehmen sowie die Gesundheit und Sicherheit des Nachwuchses waren Streitthemen. Ein neueres Problemfeld ist das Teilen von Fotos und Informationen in sozialen Netzwerken.

Ausgeprägte Konflikte, die zum Abbruch der Beziehung führen, sind selten. Solche Konflikte lassen sich von den Beteiligten nicht selbst lösen. Auslöser kann z. B. sein, wenn die Kinder im Erwachsenenalter Schulden haben und von ihren Eltern finanzielle Zuwendungen erhalten. Hier führt das Angewiesensein auf monetäre Leistungen der Eltern zu prägenden Konfliktsituationen. Auch gesundheitliche Probleme der erwachsenen Kinder führen häufiger zu Generationenkonflikten. Geschiedene oder von ihrem Partner getrennt lebende Großeltern tragen mit ihren Nachkommen häufiger Konflikte aus. Töchter, die generell stärker für Hilfs- und Pflegedienste verantwortlich gemacht werden, führen mit ihren Eltern eher Auseinandersetzungen als die weniger belasteten Söhne.

Empirische Untersuchungen zeigen deutlich, dass die allermeisten Eltern und erwachsenen Kinder sich zeitlebens nicht auseinanderleben – geschweige denn, dass die Beziehungen vollständig abbrechen. Dass man in getrennten Haushalten lebt, bedeutet nicht, dass man weniger oder nichts mehr miteinander zu tun hat. Studien zufolge sind es nur 12 % der Familien, die sich weniger als einmal im Monat sehen, sprechen oder schreiben. Der Anteil der Beziehungsabbrüche liegt bei nur 2 %. Stark entfremdete Familiengenerationen sind also die große Ausnahme.

Es gibt allerdings viele praktische Gründe, den Kontakt zur Herkunftsfamilie zu pflegen. Hierbei wirken aktuelle Transfers ebenso als Beziehungskitt wie zukünftig erwartbare Erbschaften. Eltern, die ihren erwachsenen Kindern Geld- bzw. Sachgeschenke machen oder über Haus-, Wohnungs- oder Grundstückseigentum verfügen, müssen den Rückzug ihrer Nachkommen wesentlich seltener fürchten.

Kontakt auf Distanz – Eltern- und Großelternsein in Zeiten der Pandemie

Die COVID-19-Pandemie traf uns alle unvermittelt und überrollte, wie zuvor nie da gewesen, unseren Alltag. Wir lernten, was es heißt, allein zu sein. Allein mit uns und mit unseren Kindern. Gefangen in einem Trott aus immer gleichen Tagen, alle zu Hause, alle zusammen und niemals allein. Überforderung kann viele Gesichter haben.

Die Pandemie zeigte uns, wie schnell wir isoliert sind – auch von denen, die wir manchmal als sehr anstrengend empfinden. Und wir haben neue Arten des Zusammenseins entdeckt, die uns helfen, in Kontakt zu bleiben. WhatsApp-Videobotschaften, Skype und Zoom wurden für uns und unsere Kinder zur neuen, digitalen Familienrealität im Kontakt zu den Großeltern. Zu diesem Ergebnis kam auch eine aktuelle Studie des DJI (Deutsches Jugendinstitut).[8] Sie stellten in ihren Umfragen fest, dass sich viele Familien bewusst waren, wie wichtig es war, die ältere Generation zu schützen und den direkten Kontakt drastisch zu reduzieren. In allen befragten Familien gehörte mindestens ein Großelternpaar oder ein Großelternteil zum Familienkreis, in fast der Hälfte der Familien (9 von 21) sind es beide Großelternpaare. Bei zwei Drittel (14) der interviewten Familien wohnte mindestens ein Großelternpaar nicht weiter als zwei Stunden mit dem Auto entfernt. Für ein Drittel der Familien galt, dass die Großeltern so nahe wohnen, dass unter normalen Umständen ein wöchentlicher Kontakt üblich war, teilweise verbunden mit Unterstützung bei der Kinderbetreuung. Wenn die Großeltern weiter weg wohnen, berichteten die Eltern in der Studie, dass persönliche Kontakte mit den Enkeln etwa drei- bis sechsmal im Jahr stattfänden.

Des Weiteren führte die Studie aus, dass Telefon und digitale Medien unter den Corona-Bedingungen eine wichtige Möglichkeit boten, mit den Großeltern Kontakt zu halten. Dies gelang in einigen Familien sehr gut, z. B. über regelmäßige Telefonate oder Videoanrufe. Einige Kinder berichteten von positiven Erfahrungen mit digitalen Medien im Kontakt mit den Großeltern. So gibt es Beispiele, in denen die Großeltern mit ihren Enkeln per Videochat die Hausaufgaben besprachen oder Gesellschaftsspiele spielten. Es gefiel ihnen, mit ihren Großeltern zu chatten oder sich ab und zu Videos zu schicken.

Es zeigte sich aber auch, dass die mediale Form des Kontakts für Großeltern und Kinder nicht immer passend und zufriedenstellend war. Die digitale Kommunikation barg einige Hürden für die Großeltern, da einige von ihnen mit digitaler Kommunikation nicht ausreichend vertraut waren oder es an der entsprechenden Ausstattung fehlte.

Einige Kinder im Grundschulalter berichteten außerdem, dass sie ihre Großeltern sehr vermissten. Wenn die Großeltern weiter entfernt wohnten, fehlten Rituale und Zusammenkünfte wie der Besuch zu den Feiertagen oder an Geburtstagen. Besonders die Kinder, die einen regelmäßigen und häufigen Kontakt mit den Großeltern gewohnt waren, erlebten den Kontakteinbruch als sehr einschneidend. Sie wünschten sich, wieder in gewohnter Weise Zeit mit ihnen zu verbringen, sie zu besuchen oder auch dort zu übernachten.

Und auch wenn so keine Familienfeiern und Geburtstage mehr auf dem Plan standen, zu denen man gehen »musste«, schmerzte es die erwachsenen Kinder doch, dass viele Meilensteine der Kinder völlig unbemerkt vonstattengingen: der erste Zahn, der erste Schritt, das erste Wort. Wir haben auch viel gemeinsame Zeit durch diese Pandemie verloren, Zeit, die uns niemand zurückgibt, die uns aber vielleicht auch den Blick auf das hat werfen lassen, was uns für uns und unsere Familie wichtig ist. Das können wir als Gelegenheit verstehen, neue Strukturen des Miteinanders aufzubauen. Bewusste Treffen, auf die man sich miteinander und aufeinander freut – weil sie gewollt und nicht erzwungen sind.

Oder aber wir nutzen den Einsatz digitaler Medien bewusst, um den Kontakt zwischen Großeltern und ihren Enkelkindern nicht abbrechen zu lassen, wenn wir selbst nicht in der Lage sind, sie zu treffen und uns mit ihnen auseinanderzusetzen. Auch dies kann eine Option im Umgang sein, die im Zweifel einer Kontaktreduktion vorzuziehen sein kann.

Hilfe, Mama ist jetzt Oma!

Es lässt sich nicht von der Hand weisen, dass die meisten Generationenkonflikte mit den Großmüttern ausgetragen werden müssen. Das ist auch nicht weiter verwunderlich, wenn wir bedenken, wie stark unsere Gesellschaft noch immer in alten Rollenverteilungen steckt. Mütter sind verantwortlich für »die gute Kinderstube«. Das Verhalten der Kinder fällt auf sie zurück. Der Erfolg oder Misserfolg der Erziehung lastet auf den Schultern der Mütter. So fühlen sie sich auch als Großmütter noch verantwortlich – aber auch befähigt – für die Erziehung der Enkelkinder. Immerhin hat Oma schon mindestens ein Kind großgezogen und weiß also, wie der Hase läuft!

Die eigene Mutter

Da wird man Großmutter und freut sich darauf, der Tochter beizustehen und sie von den eigenen Erfahrungen profitieren zu lassen. Und dann ist auf einmal alles ganz anders. Die Tochter macht Dinge, die einem fremd sind und die man mit dem eigenen Background nicht nachvollziehen kann. Möglicherweise macht sie sogar Dinge, von denen man denkt, dass sie schlecht oder gefährlich fürs Baby sind.

Sicht der Großmutter: Warum will meine Tochter nicht auf mich hören? – Warum macht sie alles anders als ich? – Soll das damals alles falsch gewesen sein? – Macht meine Tochter mir Vorwürfe wegen ihrer Erziehung? – Warum stellt mein Kind Regeln auf, wie ich mit meinem Enkel umzugehen habe? Ich habe doch schon selbst Kinder erfolgreich großgezogen! – Warum versteht mein Kind nicht, dass ich nur sein Bestes will?

Wenn du jetzt Regeln für den Umgang mit deinem Kind aufstellst, versteht deine Mutter die Welt nicht mehr. Es ist eine Autoritätsumkehr, mit der sie erst mal zurechtkommen muss, und manche können das schlechter als andere.

Was steckt hinter der mütterlichen Verunsicherung und Kritik?

Die Kindheit ist ein einziger Loslösungsprozess – ein Selbstständigwerden. In unserer Gesellschaft wird viel Wert darauf gelegt, Kinder selbstständig »zu machen«. Doch das ist ein Trugschluss. Gras wächst nicht schneller, wenn man daran zieht. Kindern beizubringen, Dinge so früh wie möglich allein zu machen – Schuhe zubinden, sich anziehen, zur Schule gehen etc. –, trägt nicht dazu bei, dass sie selbstständiger werden, sondern dass Erwachsene weniger Arbeit mit ihnen haben.

Kindern wohnt von Geburt an der Drang inne, immer unabhängiger und selbstständiger zu werden. Hätten sie diesen Drang nicht, wäre die Menschheit längst ausgestorben. Die Kindheit ist aber auch ein Loslösungsprozess für die Eltern. Irgendwann haben wir auch einfach keine Lust mehr, ihnen die Schuhe zuzubinden, sie anzuziehen und zur Schule zu bringen. Unser Bedürfnis, sie zu betüddeln, ist befriedigt. Und auch Eltern haben da unterschiedliche Zeitpunkte, an denen dieser Punkt für sie erreicht ist.

Doch wenn wir zu sehr darauf setzen, unsere Kinder so früh wie möglich »selbstständig zu machen« – möglicherweise aus der Angst heraus, dass sie sonst nie selbstständig werden würden –, dann geht das unter Umständen nicht nur zu schnell für das Kind und führt bei ihm zu Frustration und zum Klammern, sondern es hat bei den Eltern – speziell bei der primären Bezugsperson – einen ähnlichen Effekt. Sie konnten ihr Bedürfnis nach Nähe zum Kind nicht stillen und ersetzen es durch Übersprungshandlungen, wie z. B. übermäßige Kontrolle oder auch übertriebene Hilfsangebote.

Die Mutter, die ihren längst erwachsenen Kindern noch mit Hingabe die Socken wäscht, der es schwerfällt, loszulassen, hat ihr Bedürfnis nach Nähe zum Kind nicht ausgelebt, als es noch in dem richtigen Alter dafür war. Es ist eine Sache, für das erwachsene Kind da zu sein, wenn es das braucht. Es ist eine andere Sache, sich ihm aufzudrängen. Mütter kompensieren dadurch ein Defizit, das bei ihnen selbst liegt und das sie selbst verursacht haben. So haben unsere Eltern uns zur »Selbstständigkeit« erzogen und beschweren sich jetzt, nicht mehr gebraucht zu werden.

Gleichzeitig wird ein anderer Erziehungsstil häufig als Kritik an der eigenen Erziehung aufgefasst. Ein Fünkchen Wahrheit ist da natürlich dran. Wenn wir unsere Erziehung absolut großartig gefunden hätten, würden wir es heute vermutlich genauso machen. Doch in erster Linie machen wir es anders, weil selbst die beste Erziehung immer noch verbessert werden kann, wenn wir nur bereit sind, aus Fehlern zu lernen. Und Fehler machen wir alle. Perfekte Eltern sind unmenschlich. Und sie sind ein Paradoxon, denn sie wären ein nahezu unerreichbares Vorbild und würden durch ihre Existenz einen enormen Druck auf ihre Kinder ausüben. Wodurch ihre Erziehung automatisch einen Mangel bekäme.

So fallen dann auch gern mal Sätze wie: »Das hat dir auch nicht geschadet.« Wir haben darüber bereits im ersten Kapitel ausführlich gesprochen. Übersetzt heißt das aber meistens nur: »Du gibst mir das Gefühl, wir hätten euch böswillig etwas angetan.«

So fühlen sich beide Seiten verletzt und angegriffen und fangen an, sich zu verteidigen, was auf die Gegenseite wiederum wie ein weiterer Angriff wirkt. In unserer eigenen Familie, die ja eigentlich einen geschützten Raum darstellt, wollen wir solche Dinge nicht hören. Sie verletzen uns und wir geraten in eine ungute Dynamik, wenn wir nicht aufpassen. (Für Strategien zur Vermeidung dieser Spirale siehe das Kapitel »Loslösung von der eigenen Kindheit«.)

Sich Fehler einzugestehen ist aber schwer. Besonders, wenn zum Selbstschutz Wälle aufgebaut wurden. So ist es beispielsweise unmöglich, ein Kind schreien zu lassen, ohne eine gewisse emotionale Distanz aufzubauen. Um so etwas durchziehen zu können, muss man sich selbst überzeugen, dass es das Richtige ist. Der Zweck des Schreienlassens bietet da den Ansatzpunkt zur Versachlichung. Das Gefühl, das uns sagt, dass es falsch ist, wird durch den Glauben an die Notwendigkeit unterdrückt.

Wenn diese Eltern nun später damit konfrontiert werden, dass ihr Gefühl stimmte und ihre Rationalisierung falsch war, geraten sie in die Defensive, um sich selbst zu schützen. Sie wollten schließlich nur das Beste für ihr Kind. Sie wollten gute Eltern sein.

»Weil aber keiner von uns als ›schlechter Elternteil‹ bezeichnet werden will, sobald er Fehler macht (und das tun wir alle), führt der Wunsch, dieses Etikett zu vermeiden, dazu, dass wir alle unsere Fehler überspielen.«

Das Buch, von dem du dir wünscht, deine Eltern hätten es gelesen. Philippa Perry, 2020, S. 37.

Verantwortlich für ihre Kinder zu sein wurde unseren Müttern gesellschaftlich so tief eingepflanzt, dass sie sich oft auch als Großmütter noch für die Entscheidungen und Lebenswege ihrer Kinder verantwortlich fühlen. So mag es sein, dass deine Mutter denkt, dass deine Erziehungsentscheidungen auch auf sie zurückfallen.

Beispielsweise magst du deinem Kind Höflichkeitsformeln wie »Bitte« und »Danke« durch Vorleben beibringen anstatt durch Antrainieren und Aufforderungen. Für deine Mutter mag es aufgrund ihrer Sozialisation aber nur schwer zu ertragen sein, wenn das Kind einmal nicht »Danke« zu anderen sagt. Sie macht dir dann möglicherweise Vorwürfe. Sie bräuchte eine komplett andere mentale Einstellung, um verstehen zu können, dass ihre eigenen unguten Gefühle dabei ihr eigenes Problem sind und nicht eine objektiv richtige Reaktion.

Wie tief die eigene Sozialisation in uns steckt und wie schwierig es ist, sich von ihr loszulösen, merkst du, wenn du selbst in Verhaltensweisen deiner Eltern zurückfällst. Das passiert uns allen mal, insbesondere in Stresssituationen.

Die innerfamiliär überlieferten Rollenverteilungen und Familienstrukturen

Die Familie gilt als kleinste Einheit in einer Gesellschaft. Die Definition von Familie hat sich allerdings im Laufe der Zeit gewandelt. Bis zum Ende des 18. Jahrhunderts zählten dazu alle im selben Haushalt lebenden Menschen, unabhängig von einer etwaigen Verwandtschaftsbeziehung. So zählten beispielsweise auch Knechte, Mägde, Lehrlinge, unverheiratete Tanten und die Großeltern zur Familie. Im Biedermeier (1815–1848) verengte sich der Begriff der Familie auf die Blutsverwandten und Angeheirateten. In der Industrialisierung sehen wir dann das Schrumpfen auf das, was wir heute die Kernfamilie nennen – Eltern und Kinder.

Bereits im Kapitel »Umwälzungen in der Familie« haben wir gesehen, wie sich insbesondere das Leben von Frauen seit Mitte des 20. Jahrhunderts verändert hat. Noch in den 1960ern waren 95 % aller Menschen mindestens ein Mal in ihrem Leben verheiratet. Familien wurden gegründet, weil es einfach zum Leben dazugehörte. Genauso haben Paare Kinder bekommen, weil es einfach dazugehörte. Für die Nachkriegsgeneration bedeutete die klassische Vater-Mutter-Kinder-Familie ein Stück weit Normalität. Das Wunschbild einer heilen Familie entsprang dem eigenen Bedürfnis nach Stabilität. Dass dabei die Rollen mehr Gewicht trugen als die Personen, die diese ausfüllten, war unausgesprochen klar. Über Gefühle, Wünsche und Ängste konnte diese Generation sowieso nicht sprechen. In Rollen kann man sich ein Stück weit auch verstecken. Die klaren Strukturen können Sicherheit und Geborgenheit geben.

Auf der anderen Seite sind enge Strukturen aber auch einschnürend, unterdrückend und diskriminierend. Sobald die Vielfalt sich in der Gesellschaft breit macht, erscheinen die Freiheiten, die junge Personengruppen erwerben, den Alten als Zerstörung ihrer Geborgenheit. Die radikale Ablehnung neuer Strukturen ist mit einer tief sitzenden Angst vor der Auseinandersetzung mit der eigenen Person und der eigenen Geschichte verbunden. Denn wenn die Rollen wegfallen und die eigene Rolle angekratzt wird, wird auch das Versteck zerstört.

Vera: »Mein Mann hatte sich bügelfreie Hemden gekauft. Meine Schwiegermutter sagte daraufhin zu mir: ›Das ist gut, dann musst du die ja nicht bügeln.‹ Ich habe ihr dann erklärt, dass ich nie bügele, und wenn mein Mann sich entscheiden würde, Klamotten zu tragen, die gebügelt werden müssen, dann könne er das schön selber machen. Schwiegermutter hat nur laut gelacht. Den Gedanken, dass ein Mann sich selber um sein eigenes Zeug kümmern könnte, fand sie saukomisch.«

Fällt nun das eigene Kind aus der Rolle, fühlt es sich für die Großmutter an, als ob sie einen Dolch in den Rücken bekäme. Familie muss doch zusammenhalten! Auch das gehört zu den Rollenerwartungen. Je mehr eigene unbearbeitete Baustellen die Großmütter haben, desto vehementer fällt ihre Reaktion auf das Ausbrechen ihres Kindes aus.

Der Vorteil, den du im Umgang mit deiner Mutter hast, ist, dass du sowohl sie als auch ihre Erziehungsmethoden sehr genau kennst, und so weißt, womit du zu rechnen hast und wie du mit ihr umgehen kannst. Ist sie offen für Kritik? Nimmt sie Dinge mit Humor? Was sind ihre wunden Punkte? Die Antworten auf diese Fragen kennst du allerdings bei deiner Schwiegermutter vermutlich nicht.

Die Schwiegermutter und ihr schlechter Ruf

Wenn Familien zusammenwachsen, prallen verschiedene Lebensstile aufeinander. Das gilt umso mehr, wenn die Familie dann auch noch Nachwuchs bekommt. Ratschlägen und Hilfsangeboten der Schwiegermutter begegnen wir besonders skeptisch, da wir diese ja nie als Mutter erlebt haben. So kann beispielsweise das Angebot der Schwiegermutter, etwas im Haushalt der Schwiegertochter zu erledigen, als echtes Hilfsangebot gemeint sein, aber als »Du schaffst das nicht allein« bei der Schwiegertochter ankommen. Im Gegenzug ist die Schwiegertochter für die Schwiegermutter nicht nur voller Unwägbarkeiten, sondern auch eine Konkurrentin.

Laut der britischen Psychologin Terri Apter haben 60 % aller Schwiegertochter-Schwiegermutter-Paare Probleme miteinander.[1] Bei den Schwiegermüttern und Schwiegersöhnen sind es hingegen nur 15 %. In ihrem Buch *What Do You Want From Me? Learning How to Get Along With In-Laws* schreibt Apter, dass diese Konflikte zwischen den Frauen darauf beruhen, dass beide dieselbe Position in ihrer jeweiligen Familie innehaben. Während beide versuchen, ihren Status aufzubauen oder zu erhalten, fühlen sie sich voneinander bedroht. Beide Frauen möchten ihre Bedeutung für und ihren Einfluss auf die Familie vor der anderen beschützen. Es entsteht eine Verletzlichkeit bei dem Versuch, abzuwägen, inwieweit wir der anderen Raum lassen können, ohne selbst welchen zu verlieren.

»Am Ende wird sich die Schwiegertochter immer angegriffen fühlen, egal was die Ältere sagt. Und umgekehrt hat die Schwiegermutter dann das Gefühl, sie darf gar nichts mehr sagen, weil alles sofort gegen sie verwendet wird.«

Felicitas Heyne in einem Interview in der SZ vom 17. Mai 2010.

In diesem Interview in der *Süddeutschen Zeitung* sagt die Psychologin Felicitas Heyne, dass es besonders mit den Schwiegermüttern Probleme gäbe, die in irgendeiner Form unterbeschäftigt seien.[2] Sie können schwer loslassen, wenn die Kinder über Jahre hinweg ihr Lebenszweck waren. Sind die Kinder aus dem Haus, fühlen sie sich einsam und verlassen. Sie haben ihr Leben lang ihre eigenen Interessen zurückgestellt und müssen nun miterleben, dass die Schwiegertochter das nicht so macht. Das führt zu Unverständnis, Trauer und Neid. Die Schwiegermutter meint, ihr Junge müsse versorgt werden, und sie wird die Schwiegertochter daran messen, wie gut sie dies macht.

Insbesondere die Hausfrauen unter den Großmüttern neigen da auch zum Maternal Gatekeeping (s. Glossar). Sie wollen gar nicht, dass ihnen das Ruder aus der Hand genommen wird, sonst bleibt ihnen ja keine Beschäftigung mehr. Sie wollen ihrem erwachsenen Sohn noch die Hemden bügeln, weil sie sich sonst nutzlos vorkommen. Die Emanzipation der Kinder ist für diese Großmütter eine Art Kontrollverlust, der ihnen große Angst macht und eine Leere hinterlässt.

Das Rollendenken äußert sich auch in der Art der Hilfestellung. Nicht selten wollen Großmütter uns die Enkelkinder »abnehmen«, damit wir »in Ruhe« den Haushalt erledigen können. Das ist zum einen egoistisch, zum anderen ein klares Zeichen dafür, welche Aufgabenverteilung ihnen vorschwebt. Es ist die Aufgabenverteilung, die sie selbst gelebt haben. Die Mutter hat die Pflichten, die Oma hat die Freuden.

Wollen sie unterstützen oder bestimmen? Die Art der großelterlichen Hilfe ist auch eine Form der Einflussnahme, besonders wenn eine Gegenleistung erwartet wird. So sollten die Details bei einer finanziellen Unterstützung im Vorfeld geklärt und auch schriftlich festgehalten werden.

Gleichzeitig haben Großmütter eine Art Anspruchsdenken entwickelt. Sie erwarten Dankbarkeit für die Opfer, die sie den Kindern gegenüber erbracht haben. Dabei haben sie eine genaue Vorstellung davon, wie diese Dankbarkeit aussehen soll. Laut der Psychologin Felicitas Heyne entwickeln sie eine possessive Haltung, bei der der Sohn ihnen zur Verfügung stehen soll, weil er ihnen gehöre.

Die Großmütterhypothese

In der Anthropologie und in der Biologie wird schon lange gerätselt, warum beim Menschen die unfruchtbare Zeit in der letzten Lebensspanne so lang ist. Eine gängige These lautet, dass die alten Menschen und insbesondere die Großmütter für die Kinderaufzucht besondere Vorteile bieten würden. Evolutionsbiologisch gesehen ist es aber immer besser, eigene Kinder großzuziehen, zumal die Großmutter väterlicherseits ja nie sicher sein kann, dass es sich wirklich um ihre Nachfahren handelt.

Die Evolutionsbiologen Jan Breise und Eckart Voland haben 2002 Erstaunliches herausgefunden. Bei der Auswertung von Kirchenbüchern aus dem 19. und 18. Jahrhundert haben sie festgestellt, dass die Anwesenheit der Großmutter sich positiv auf das Überleben der Enkel im ersten Lebensmonat auswirkt. Das Erstaunliche daran? Das gilt nur für die Großmutter mütterlicherseits. Mehr noch. Wenn nur noch die Großmutter väterlicherseits lebte, starben mehr Kinder, als wenn gar keine Großmutter da war.

Möglicherweise spiegelt sich in dieser Erkenntnis das Verhältnis zwischen Schwiegermüttern und Schwiegertöchtern wider. Wir können nur spekulieren, woran das lag. Möglicherweise waren die Ratschläge und Hilfeleistungen der Schwiegermütter unerwünscht oder die Schwiegermütter haben beispielsweise das Stillen, das für das Überleben essenziell war, bewusst oder unbewusst unterminiert.

»Der Effekt der Großmütter väterlicherseits lässt sich schwerer verstehen. Es scheint gerade so, als ob diese Frauen der jungen Familie eben nicht mit Rat oder Tat zur Seite standen. (...)
Wir wissen nicht, ob ihre Hilfe nicht erwünscht war oder ihr Rat nicht angenommen wurde, oder ob sie Unterstützung verweigerte.«

Warum gibt es Großmütter? Jan Breise, Eckart Voland, Spektrum der Wissenschaft 1/2003.

Die Großmutter väterlicherseits nimmt also schon seit Generationen eine ganz besondere und tendenziell negative Stellung in der Familie ein. Breise und Voland betonen jedoch, dass dies statistische Unterschiede sind. Im Einzelfall kann die Beziehung zwischen Schwiegermutter und Schwiegertochter selbstverständlich auch harmonisch gewesen sein. Genau wie heute.

Wo sind die Väter?

Wie wir im Kapitel über die Mütter und Schwiegermütter gesehen haben, spielen sich die meisten Erziehungskonflikte tatsächlich zwischen Großmüttern und Müttern ab. Wir Autorinnen kennen diese Konflikte persönlich und aus unserer Beraterinnentätigkeit. Darum liegt hier auch unser Fokus.

Aber wir müssen natürlich auch über die Väter sprechen. Es ist nämlich nicht so, dass die Generationenkonflikte in gemischtgeschlechtlichen Beziehungen sie nicht betreffen würden. Vielmehr überlassen Männer das Austragen dieser Konflikte sehr häufig allein den Frauen. Und das ist ein Problem.

Die verschiedenen Geschlechter sind in unserer Gesellschaft noch längst nicht so gleichberechtigt, wie sie es im 21. Jahrhundert sein sollten. In Deutschland fördert das Ehegattensplitting noch immer die Ein-Verdiener-Ehe, Altersarmut ist für Frauen und besonders für Alleinerziehende eine reale Bedrohung. Care-Arbeit und Haushalt werden noch immer zum Großteil von Frauen erledigt und Männer, die »mithelfen« werden dafür gelobt, als sei es eine besondere Leistung, hinter sich selbst aufzuräumen oder die eigenen Kinder zu versorgen.

Selbst Partnerschaften, die vor der Geburt des ersten Kindes sich den Haushalt 50:50 geteilt haben, fallen danach oft in eine Ungleichverteilung. Manchmal geschieht dies schleichend und unmerklich, bis eines Tages ein »Moment mal!« die Diskrepanzen plötzlich offenlegt.

In diese Situation kommen Paare aus unterschiedlichen Gründen. Manchmal ist es die Einstellung bei Frauen, dass gewisse Dinge selbst zu machen einfacher und schneller gehe, wodurch dem Partner die Möglichkeit genommen wird, sich dieselben Fähigkeiten und dasselbe Wissen anzueignen (Stichwort *Maternal Gatekeeping* s. Glossar). Manchmal ist es das Desinteresse des Partners. Manchmal wird die Aufgabenverteilung von außen festgelegt, z. B. weil die Kommunikation des Kindergartens sich in erster Linie an die Mütter richtet.

Ein Großteil dieser Probleme entsteht – zumindest indirekt – dadurch, dass wir noch immer in einer patriarchalischen Gesellschaft leben und entsprechend sozialisiert werden. Wir mögen da weiter sein als unsere Eltern und Großeltern, und zumindest in beruflicher Hinsicht ist die Gleichberechtigung – aufgrund der Strukturen in der DDR – heute im Osten besser aufgestellt als im Westen. Aber auch im Osten blieb und bleibt die Kindererziehung und die Care-Arbeit meist an den Frauen hängen.

In der Statistik schlägt sich das in den Beschäftigungszahlen nieder. Von den erwerbstätigen Frauen mit Kindern arbeiten 34 % in Vollzeit und 66 % in Teilzeit, während es bei Frauen ohne Kinder genau andersherum ist. Bei den erwerbstätigen Männern mit Kindern arbeiten lediglich 6 % in Teilzeit und 94 % in Vollzeit. Bei Männern ohne Kinder sind hingegen 12 % teilzeitbeschäftigt.

Sind Kinder unter 3 Jahren in der Familie, so gehen nur etwa 37 % der Mütter einer Erwerbsarbeit nach, aber 90 % der Väter.

In sogenannten Zeitverwendungserhebungen erfasst das Statistische Bundesamt, womit Menschen in Deutschland wie viel Zeit verbringen. Die neueste Erhebung dieser Art ist von 2012/2013. Diese hat gezeigt, dass der Ausbau der institutionalisierten Kinderbetreuung im Vergleich zu der letzten Erhebung 2001/2002 zwar für mehr Erwerbstätigkeit bei Frauen gesorgt hat, aber innerfamiliär keine Umschichtung von Kinderbetreuung und Haushalt stattgefunden hat. Bei den Männern hingegen sorgte die außerfamiliäre Kinderbetreuung für mehr Erwerbsarbeit und mehr Freizeit.

Innerfamiliäre Arbeitsteilung

In ihrem Bericht »Gleichstellungspolitik im Spiegel der Zeitverwendungserhebung«[1] stellten Dr. Brigitte Sellach und Dr. Astrid Libuda-Köster 2016 fest, dass die Zeitmuster von Frauen sich verändert hatten. Die von Männern waren jedoch überwiegend gleich geblieben. Frauen verbringen laut der Erhebung von 2012/2013 im Vergleich zur Erhebung von 2001/2002 mehr Zeit mit Erwerbstätigkeit und weniger Zeit mit sozialen Aktivitäten, während die Zeit für die Kinderbetreuung dieselbe geblieben ist. Auch die Zeit für Haushaltstätigkeiten wurde zugunsten von Erwerbstätigkeit zurückgefahren. Doch weder im sozialen Bereich noch im Haushalt wurde die von Frauen weniger aufgebrachte Zeit von Männern kompensiert. Die Haushaltsarbeit wird vielmehr ausgelagert und die innerfamiliäre Arbeitsteilung blieb dieselbe.[2]

»Sozial- beziehungsweise Familienpolitik scheinen bisher kaum/keinen Einfluss auf die traditionelle innerfamiliale Arbeitsteilung zu haben, sondern eher die Erwerbsorientierung von Frauen zu verstärken. Damit scheint aber die Belastung von Frauen tendenziell eher zugenommen zu haben, wenn sie den Anforderungen in der Erwerbsarbeit und der Haus- und Familienarbeit

gleichermaßen gerecht werden wollen, sie für den letzteren Bereich aber zu wenig Zeit haben.«

Gleichstellungspolitik im Spiegel der Zeitverwendungserhebung. Dr. Brigitte Sellach, Dr. Astrid Libuda-Köster, 2017.

Frauen verwenden etwa doppelt so viel Zeit pro Tag auf den Haushalt wie Männer. Die meiste Zeit veranschlagt der Haushalt bei Frauen im Alter von Mitte 30. Frauen kostet er dann etwa 300 Minuten und Männer 150. Solange Haus- und Erziehungsarbeit primär den Müttern zugeordnet werden, werden sie es sein, die den Großteil der diesbezüglichen Konflikte bewältigen müssen.

Mental Load – die Last der Ansprüche an Mütter

Der mittlerweile bekannte Begriff Mental Load (zu Deutsch »psychische Belastung«) beschreibt die unsichtbaren, nebenher erledigten, alltäglichen Aufgaben, die nicht der Rede wert scheinen und die sich vorrangig bei Müttern in nicht enden wollenden To-do-Listen zeigen. Diese Aufgaben finden sich im Haushalt und der Familie, in der Beziehungspflege oder auch im Auffangen persönlicher Bedürfnisse und Befindlichkeiten von Freunden und Familienmitgliedern, beispielsweise zu Geburtstagen und an Feiertagen.

Dieses schier unendliche Hamsterrad aus unausgesprochener, aber mitunter als selbstverständlich angenommener Verantwortung lernen wir nicht selten bereits kurz nach der Geburt unseres ersten Kindes kennen.

Kommen dir diese Fragen und Gedanken bekannt vor?
»Haben wir noch genug Windeln?«
»Muss die Waschmaschine eingeschaltet oder die Spülmaschine ausgeräumt werden?«
»Ist noch genug Waschmittel da?«
»Neugeborenen-Foto-Shooting mit dem Fotografen und dem Partner abstimmen und die Karten mit lieben Zeilen an diejenigen versenden, die Glückwünsche überbracht haben. Und dazu noch schnell ein Fotobuch für die Großeltern erstellen.«
»Wann ist die nächste U-Untersuchung? Was muss dafür mitgebracht werden? Kommt der Partner mit? Wenn ja, Termin abstimmen.«

Diese Liste könnte man beliebig erweitern. Sie zeigt, dass die Last der Beziehungsarbeit zu großen Teilen auf den Schultern von Frauen liegt. Diese ernten nicht selten Unverständnis, wenn sie diesem Bild nicht selbstverständlich entsprechen können oder wollen. Denn Mental Load scheint ohne genetischen Zusammenhang und dennoch erblich zu sein. In einer langen Ahnenreihe haben Mütter und Großmütter zu großen Teilen diesen Mental Load getragen, ohne ihn selbst als solchen wahrzunehmen.

Diesen Kreislauf zu erkennen und zu durchbrechen hilft also nicht nur den jungen Frauen von heute, sondern auch der Generation der heutigen Großmütter. Es schafft im Umkehrschluss auch ein Verständnis dafür, warum für Großmütter gewisse Standards vermeintlich unantastbar erscheinen.

Eltern, aber ganz besonders Frauen, empfinden einen großen gesellschaftlichen und persönlichen Druck, alles richtig zu machen. Und dieses »Alles-richtig-Machen« kann sehr unterschiedlich ausgelegt werden. Stillen gehört zum Basispaket der Mutterschaft selbstverständlich dazu, nur eben auch nicht zu lange, sonst »verwöhnt man das Kind«. Außerdem muss auch noch Zeit bleiben für den Haushalt, die Karriere, die Fitness und den Partner. Und auch wenn viele versuchen, gleichberechtigte Partnerschaften zu leben: Dass das Zuhause ansprechend aussieht und der Besuch Kaffee und Kuchen erwarten kann, resultiert aus der unausgesprochenen Erwartungshaltung gegenüber uns Müttern. Und nicht wenige tanzen diesen Tanz mit mehreren Bällen in der Luft mit.

Diese große Verantwortung für die Familienarbeit hat Folgen. Und so geht es bei Mental Load auch um die ökonomische Ungleichheit und damit Abhängigkeit von Frauen. Das kennt die Generation der Großmütter ebenfalls. »Weltweit übernehmen Frauen täglich mehr als 12 Milliarden Stunden unbezahlte Sorgearbeit. Würden diese auch nur mit dem Mindestlohn bezahlt, wäre diese Summe 24-mal größer als der Umsatz der Tech-Riesen Apple, Google und Facebook zusammen« – heißt es in einer Oxfam-Studie aus dem Jahr 2020[3].

In über Generationen weitergegebenen Stereotypen nehmen Frauen diese unsichtbaren und nicht entlohnten Aufgaben ganz selbstverständlich und ohne nachzudenken als die ihren an. Damit werden sie zu einem Role-Model für die Kinder, die sie großziehen. Diese sehen, dass die Mutter sich um das Essen, die Wäsche, den Einkauf oder die Geburtstagsgeschenke für Freunde und Familie kümmert. Wenn dies nicht gleichberechtigt, sondern einseitig geschieht, kopieren Kinder dieses Verhalten, ohne es zu hinterfragen – so, wie die jungen Mütter es getan haben.

Eltern und besonders junge Mütter spüren die Anforderungen, die an sie hinsichtlich ihrer Erziehungsleistung gestellt werden, und sie versuchen, ihr möglichst gerecht zu werden. Diese Mehrfachbelastung macht uns körperlich und seelisch krank. Nicht ohne Grund steigen die Kuranträge, die das Deutsche Müttergenesungswerk in seiner jährlichen Statistik veröffentlicht, kontinuierlich an. Für 2019 verzeichnete man 47 000 Mutter-Kind-Kuren, rund

2100 Männer nahmen an Vater-Kind-Kuren teil. Und die Wartelisten für eine Kur sind lang.

Zugeschriebene Rollen innerhalb der Familie, also, wie einzelne Familienmitglieder innerhalb eines Familiensystems interpretiert werden und was von ihnen in ihrer Familienrolle erwartet wird, können zu innerlichen und natürlich auch äußeren Konflikten führen. Wenn diese Menschen zu viel von sich erwarten, kann sich schnell ein Gefühl der Überforderung und des Zwangs einstellen. Nicht selten haben junge Eltern in dieser Überlastungssituation das Gefühl, dass sie diese Rolle nicht ausfüllen können. Sie geben alles, was sie können, aber es scheint nicht genug zu sein. Die jeweilige Rolle kostet dann zu viel Energie und daraus resultiert ein Überstrapazieren der eigenen Anpassungsfähigkeit. Dies wiederum führt zu Stress.

Umso wichtiger ist es, dass Eltern die Großeltern als Unterstützung an ihrer Seite wissen. Je nach Entfernung der Wohnorte voneinander kann diese Unterstützung unterschiedlich ausfallen, aber sie ist eine wichtige Ressource, die nach Möglichkeit genutzt werden sollte. Der Verzicht auf diese Chance nimmt Familien die Entlastung, die sie im Alltag brauchen. Auch hier hilft eine niedrigschwellige, aber klare Kommunikation: Wer kümmert sich um den Kuchen, wer kann etwas zum gemeinsamen Abendessen beitragen? Solche Arrangements können verbinden und das Zusammengehörigkeitsgefühl stärken.

Auf wessen Seite steht er eigentlich?

Streit mit den eigenen Eltern ist etwas ganz anderes als Streit mit den Schwiegereltern. Mit deinen Eltern bist du aufgewachsen. deine

Schwiegereltern hast du wahrscheinlich erst als Erwachsene oder zumindest als Jugendliche kennengelernt. Die Beziehung ist eine ganz andere.

Natürlich wünschst du dir, dass dein Partner dir beisteht und den Rücken stärkt, wenn du Streit mit seinen Eltern hast. Und dieser Wunsch ist absolut berechtigt. Es ist euer gemeinsames Kind, eure gemeinsame Verantwortung, eure gemeinsame Aufgabe, euer Leben. Da hat euch niemand reinzureden, auch nicht die Großeltern.

Hinter dem Konflikt mit der Oma kann auch ein Konflikt mit dem Partner stecken und umgekehrt. Etwa 25 bis 30 % aller Frauen haben ein Problem mit ihrer Schwiegermutter. Bei jeder achten Scheidung spielt die Schwiegermutter eine große Rolle. Dein Partner muss sich also positionieren, schon deshalb, damit du dich nicht alleingelassen fühlst. Manchen Männern fällt das aber sehr schwer. Sie möchten nicht zwischen den Stühlen sitzen oder denken gar, der Streit gehe sie nichts an.

Dabei entsteht Streit mit der Schwiegermutter oft nur, weil er sich nicht positioniert. Es ist für ihn einfach zu bequem, sich rauszuhalten. Besonders dann, wenn die Schwiegermutter nicht loslassen kann und dich als Konkurrentin wahrnimmt. Im alten Rollenverständnis bist du jetzt für die Versorgung ihres Sohnes zuständig, kochst ihm sein Essen und bügelst seine Hemden. Sie will, dass er es immer noch so gut hat wie bei ihr.

Da ist es an ihm, sich vom Elternhaus zu emanzipieren. Trage nicht seine Kämpfe für ihn aus. Es ist völlig in Ordnung, wenn du dich hier zurückziehst und ihm die Auseinandersetzung überlässt. Wenn er noch nicht bereit dafür ist, dann ist das zunächst einmal sein Problem. Er darf nur nicht zulassen, dass seine Eltern im Beisein der Kinder schlecht über dich reden. Kommuniziere deinem Partner deutlich, was du von ihm erwartest.

Klare Absprachen über Zuständigkeiten sind wichtig

Nicht nur in der Großelterngeneration, sondern auch unter jungen Vätern gibt es solche, für die Säuglingspflege eine reine Mütteraufgabe ist. Wenn ihr die Rollen bewusst so unter euch aufgeteilt habt, also beide damit einverstanden seid, dann ist das in Ordnung. Wichtig ist in jedem Fall, dass die Zuständigkeiten klar abgesprochen sind. Du willst neben dem Knatsch mit deinen Schwiegereltern nicht auch noch mit deinem Partner Streit über die Erziehung haben. Nicht nur, dass dich das zusätzlich belastet, du kannst dich auch schnell unterlegen fühlen und anfangen, an dir selbst zu zweifeln, wenn alle um dich herum anderer Meinung zu sein scheinen.

Du bist es dir selbst schuldig, hier für Klarheit zu sorgen. Es wird dich im Endeffekt entlasten, auch wenn es erst mal schwierig ist, diese Gespräche zu führen. Alle Strategien für den Umgang mit den Großeltern, die wir dir in diesem Buch an die Hand geben, kannst du auch in den Gesprächen mit deinem Partner anwenden. Sie sind nicht generationengebunden, sondern von der Einstellung deines Gegenübers abhängig.

Differenzen über Kindererziehung sind zwischen Partner*innen schwerwiegender als zwischen den Generationen. Schon allein deshalb, weil ihr euch tagtäglich damit auseinandersetzen müsst, während ihr diesen Themen außerhalb der Kernfamilie bis zu einem gewissen Grad aus dem Weg gehen könnt. Sorge also zunächst dafür, dass ihr beide an einem Strang zieht, um dann gemeinsam eine Einheit gegenüber den Großeltern zu bilden.

Dabei ist es nicht ausschlaggebend, dass ihr beide euch gleichermaßen und auf dieselbe Art mit den Großeltern auseinandersetzt. Jede*r von euch kann seine eigene Strategie dabei verfolgen. Es ist auch eine Typfrage, wie mit Konflikten umgegangen wird. Wichtig ist nur, dass ihr euch grundsätzlich darüber einig seid, wie ihr euer eigenes Leben mit Kindern gestalten wollt.

Gehen Männer Konflikten eher aus dem Weg?

In Witzen und Geschichten finden wir meist das Bild des Mannes, der seine Schwiegermutter hasst. In der Realität sind es jedoch meist Frauen, die Probleme mit ihren Schwiegermüttern haben. Da stellt sich die Frage, woher diese Diskrepanz kommt.

> Beim Examen wird der Jurist gefragt: »Was ist die Höchststrafe für Bigamie?«
> Erwidert der Jurist: »Zwei Schwiegermütter.«

Es ist ein misogynes Weltbild, das da zutage tritt. Wenn es Zoff zwischen einem Mann und einer nicht blutsverwandten Frau gibt, wird die Schuld der zänkischen Frau in die Schuhe geschoben. Wenn es Zoff zwischen der Mama und der Geliebten gibt, hält sich der Mann besser raus, um nicht zwischen die Fronten zu geraten.

Letztlich beruhen all diese Kalauer darauf, dass der Mann einfach nur seine Ruhe vor der Frau haben will. Er will in seiner Position nicht angegriffen oder kritisiert werden. Er will sich mit Frauen nicht auseinandersetzen müssen. Und das Patriarchat sorgt dafür, dass diese Ansprüche für alle Männer so nachvollziehbar sind, dass sie sich in den Witzen wiedererkennen und darüber lachen, wenn die Schwiegermutter darin umgebracht wird. Femizid als Schenkelklopfer.

> Treffen sich zwei Freunde. Sagt der eine: »Hast du morgen schon was vor?«
> »Ja, ich fahre ins Grüne und lasse mit meinem Sohn einen Drachen steigen. Und du?«
> »Etwas Ähnliches. Ich mache mit meiner Schwiegermutter eine Bergtour.«

In Wirklichkeit werden Männer weitaus seltener von ihren Schwiegermüttern kritisiert als Frauen. Wenn eine Mutter etwas gegen den Partner ihrer Tochter hat, wird das eher mit der Tochter besprochen als mit deren Partner. Auch das liegt an patriarchalen Strukturen. Frauen sind diejenigen, die die Familie zusammenhalten, diejenigen, die sich um Beziehungspflege kümmern, diejenigen, die verhandeln, ausgleichen und Mediator sind. Auf Englisch nennt sich das »Kin-Keeper« (kin – Verwandtschaft, to keep – aufrechterhalten).

Insbesondere bei den Themen, um die es in diesem Buch geht, sind Frauen die ersten Ansprechpartner. Jeder Kommentar und jede Kritik am Umgang mit dem Kind richten sich zuerst an die Mutter. Väter werden dazu weder befragt noch ins Gespräch einbezogen, da einfach davon ausgegangen wird, dass sie nicht dafür zuständig seien und sich auch nicht dafür interessieren.

> Kein Mann ist jemals in einem Vorstellungsgespräch gefragt worden, wer sich um seine Kinder kümmert, während er arbeiten geht.

Allein schon diese Ausgangsposition macht es Vätern leicht, sich aus dem Streit zwischen Müttern und Großeltern rauszuhalten. Sie möchten sich weder mit den eigenen Eltern noch mit ihrer Partnerin streiten, und solange sie weder durch ihre Beteiligung etwas zu gewinnen noch durch ihre Passivität etwas zu verlieren haben, beziehen sie keine Position.

Es wird dir nicht helfen, deinen Partner zu drängen, sich an den Gesprächen zu beteiligen. Er braucht eine innere Motivation, sonst ist er dir keine Hilfe. Mach ihm klar, warum die Situation so schwierig für dich ist, und was er tun kann, um sie zu verbessern. Dabei sei dir bewusst, dass es auch für ihn schwierig ist, immerhin ist es seine Mutter. Er soll zwar zu dir stehen, aber er muss sich nicht deine Konflikte mit seiner Mutter zu eigen machen.

Bedenke, dass dein Partner sich auch erst mal von seiner Kindheit lösen muss, um konstruktiv an der Streitschlichtung mitzuarbeiten. Das folgende Kapitel »Loslösung von der eigenen Kindheit« ist auch für ihn wichtig.

Vielleicht steht er dem Generationenkonflikt auch nur gleichgültig gegenüber. Vielleicht lässt er ihn nicht so nah an sich heran wie du oder er geht einfach generell mit Konflikten anders um. Das muss nichts Schlechtes sein. Auch hier hilft offene und klare Kommunikation.

Das Verhältnis zwischen deiner Schwiegermutter und ihrem Sohn

Die Verhältnisse in seiner Herkunftsfamilie sind für das Rollenverständnis deines Partners genauso wichtig, wie das bei dir der Fall ist. So wie du manche Dinge aus deiner Kindheit ablehnst und andere übernimmst, tut dies auch dein Partner. Dabei werden euch unterschiedliche Dinge wichtig sein.

Jungs dürfen sich in der Regel freier entfalten als Mädchen, darum müssen sie sich nicht gleichermaßen stark von ihren Eltern abgrenzen. Deshalb mag es deinem Partner schwerfallen, die Konflikte zwischen dir und seiner Mutter nachzuvollziehen. Es fällt ihm leichter, unterschiedliche Meinungen auszuhalten, weil er sich nicht in demselben Maße wie du für Entscheidungen und Verhaltensweisen rechtfertigen musste. Ihm wurde wahrscheinlich mehr Autonomie zugestanden als dir.

Jungs werden häufiger Attribute zugeschrieben wie »durchsetzungsfähig, Rabauke, willensstark«, während Mädchen mit demselben Verhalten als »bestimmerisch, Zicke, hysterisch« eingestuft werden. Selbst wenn dein Partner in einer modernen, feministischen Familie groß geworden ist, die auf Gleichberechtigung Wert legte, wird er derartige Wertungen erlebt haben, da sie so sehr in unserer Gesellschaft verankert sind, dass sie uns meist gar nicht auffallen. Diese Selbstbilder werden unbewusst an uns weitergegeben und auch wir geben sie weiter, wenn wir nicht aktiv dagegen angehen.

Rollenverteilungen werden schon in der Jugend gelernt.
Laut der Zeitverwendungserhebung von 2001/2002 verbrachten Mädchen in Westdeutschland pro Tag 68 Minuten mit Haushaltsarbeiten, in Ostdeutschland 91 Minuten. Für Jungs waren es 45 bzw. 62 Minuten.
Bis 2012/2013 hat eine Anpassung zwischen West und Ost stattgefunden, aber nicht zwischen den Geschlechtern.
Für Mädchen waren es 66 bzw. 68 Minuten pro Tag, für Jungs 47 und 50 Minuten.[4]

Diese patriarchalische Schieflage trägt massiv dazu bei, dass so viele junge Eltern unbeabsichtigt in alte Rollen rutschen. Die tatsächliche Erziehung deines Partners kann dabei verstärkend oder abmildernd wirken, je nachdem, wie sehr er sich dieser Rollen bewusst ist, und wie sehr er sich von ihnen abwenden will oder sich mit ihnen identifiziert.

An dieser Stelle wird es höchst individuell. Hat deine Schwiegermutter gearbeitet? So viel wie der Schwiegervater? War sie alleinerziehend? Wer hat gekocht und geputzt? Wenn dein Partner eine Schwester hat, waren die Aufgaben im Haushalt gleichermaßen unter den Geschwistern verteilt? Lebte dein Partner im »Hotel

Mama« oder wurde ihm beigebracht, selbstständig im Haushalt zu sein? Und essenziell: Wie fand er das?

All diese Fragen geben dir Aufschluss darüber, welchen Beistand du von deinem Partner realistisch erwarten kannst und wo du erst mal mit ihm klären musst, welche Rollen ihr euren Kindern vorleben wollt.

»Mit steigender Zahl der Personen im Haushalt leisten Söhne einen signifikant geringeren Beitrag zur Hausarbeit, während die Hausarbeitszeit der Mädchen zunimmt. (...) Weiterhin scheinen gemischtgeschlechtliche Geschwisterkombinationen in Richtung einer Enttraditionalisierung zu wirken, insofern Mädchen mit Brüdern weniger Zeit mit Haushaltstätigkeiten verbringen als Mädchen, die nur Schwestern haben. Umgekehrt ist die Hausarbeitszeit von Jungen mit Schwestern höher im Vergleich zu Jungen, die keine Schwestern haben.«

Die Zeitverwendung von Kindern und Jugendlichen – Lernen am Modell?
Dr. Heike Wirth, 2017.[5]

Die Jungs aus dem »Hotel Mama« holen!

Männer bleiben im Schnitt länger bei ihren Eltern wohnen als Frauen. Im Alter von 25 Jahren leben noch etwa 34 % aller Männer und 21 % aller Frauen bei ihren Eltern. 84 % aller in einer Partnerschaft lebenden Männer (ab 18 Jahren bis ins hohe Alter) sind verheiratet.[6] Das legt den Schluss nahe, dass viele Männer erst dann aus dem Elternhaus ausziehen, wenn sie eine Partnerschaft eingehen oder gar heiraten.

Wir haben gesehen, dass Jungs – und junge Männer im Haus der Eltern – im Schnitt weniger Arbeiten im Haushalt erledigen müssen als Mädchen. Das zieht eine gewisse Bequemlichkeit nach sich. Gleichzeitig werden Jungs dadurch nicht so gut auf den eigenen Haushalt vorbereitet. Ihnen fehlt eine Vorstellung davon, was Haus- und Care-Arbeit wirklich alles umfasst. Insbesondere wenn ihnen nur »geschlechtsspezifische« Aufgaben übertragen wurden. Wenn »Muttern« sich immer um alles gekümmert und nie erklärt hat, was für Arbeit noch dahintersteckt, dann fehlt dem Sohn ein Grundverständnis von Mental Load (siehe auch den gleichnamigen Abschnitt zu Beginn des Kapitels »Wo sind die Väter?«).

All die Arbeit, die im Hintergrund passiert, damit eine Tätigkeit erledigt werden kann, ist weitgehend unsichtbar, weil wir nicht darüber reden. Dies nennt sich Mental Load (wörtlich: psychische Belastung), weil der Großteil davon reine Denkarbeit ist. Bei solchen Voraussetzungen ist es sinnvoll, sich erst mal mit dem Partner zusammen darüber klar zu werden, welche Aufgaben im Haus und mit den Kindern zu erledigen sind. Ziel muss sein, an eine Aufteilung zu kommen, mit der beide Partner*innen zufrieden sind. Denn sobald du nicht mehr das Gefühl hast, dass alles an dir hängt, kannst du auch gelassener mit Kritik umgehen, weil du zum einen nicht mehr überfordert bist und zum anderen deine Schwiegereltern einfach an die zuständige Person (deinen Partner) verweisen kannst.

> »Hier müsste mal wieder Staub gewischt werden.«
> »Sag das deinem Sohn.«

Im Übrigen ist es auch völlig in Ordnung, ungeliebte Hausarbeit die Großeltern übernehmen zu lassen.

Der »gestohlene Sohn« – Abgrenzung zur Herkunftsfamilie

Der Begriff Loyalität wird oft verwendet im Sinne von Zuverlässigkeit, Achtung, Akzeptanz und Treue gegenüber einzelnen Personen oder Gruppen (z. B. der Familie), denen wir uns verbunden fühlen. Loyalität bedeutet auch, dass wir die Werte des anderen teilen und vertreten – auch dann, wenn wir sie nicht vollumfänglich teilen. Problematisch wird Loyalität dann, wenn sie von uns eingefordert wird. Müssen wir unterschiedlichen Forderungen verschiedener Menschen gerecht werden, geraten wir in Loyalitätskonflikte. Loyalität wird als eine innere Selbstverpflichtung gesehen, Solidarität dagegen eher als ein inneres Bedürfnis. Loyalität beschreibt die innere Haltung und die Solidarität eher den äußeren Ausdruck. Die Übergänge können fließend sein.

Loyalität und Solidarität werden oft mit Liebe gleichgesetzt. Aber auch mit den ausgesprochenen und nicht ausgesprochenen Regeln und Normen, die in unserer Herkunftsfamilie herrschen. Diese haben wir verinnerlicht und leben nach ihnen. Hinter Loyalitätskonflikten verbergen sich häufig alte Glaubenssätze:

> »So spricht man nicht mit seiner Mutter/seinem Vater.«
> »Ich schulde meinen (alten) Eltern Respekt und Dank.«

Nicht wenige Männer spüren eine innere Zerrissenheit zwischen Loyalitätsverpflichtungen gegenüber den eigenen Eltern und dem Streben danach, sich von ihnen loszusagen. Trotz des von ihren Söhnen immer wieder betonten Anspruches auf Eigenständigkeit scheinen die Eltern – und insbesondere die Mütter – immer noch eine zentrale Rolle in ihrem Leben zu spielen. Nicht selten übertragen sich unausgesprochene Spannungen und Konflikte zwischen den erwachsenen Söhnen und ihren Eltern in der ein oder anderen Weise auf die Beziehungen zwischen den einzelnen Familienmitgliedern, wenn Enkelkinder geboren werden.

Die Psychologie beschreibt eine problematische Mutter-Sohn-Beziehung als »muttergebunden«, das heißt, der Sohn ist enger an die Mutter gebunden, als es beiden guttut. Bricht er als erwachsener Mann aus dieser Enge aus, empfindet dies die Mutter tatsächlich als Verlust, der für sie nur schwer zu kompensieren ist. Die Abgrenzung von einer solchen Mutterpersönlichkeit fällt schwer. Nicht selten kommt es hier zu Konflikten zwischen der Ehefrau und der Mutter, wenn die Ehefrau versucht, sich bewusst dem schwiegermütterlichen Einfluss z. B. in Erziehungsfragen zu entziehen. Dann sitzt ein erwachsener Sohn zwischen zwei Stühlen und steckt in einem echten Loyalitätskonflikt. Jede Partei besteht darauf, dass er sich mit ihr verbündet. Die Abgrenzung scheint kaum möglich zu sein, ohne in die Konfrontation zu gehen.

Junge Väter, die eine solche Beziehungsstruktur zu ihren Müttern aufweisen, konnten die so wichtige persönliche Abgrenzung nicht lernen und fühlen sich überfordert. Diese Überforderung zeigt sich oft in einem Negieren des jeweiligen Konfliktthemas. Ehefrauen hören dann nicht selten ein »Ach, lass sie doch reden!« oder »Sie meint es doch nur gut!«, was den Konflikt wiederum befeuert. Nicht selten hat dies einen Konkurrenzkampf zur Folge, an dessen Ende womöglich nur Verlierer*innen stehen können.

Die Angst vor der Schwiegermutter (griech. *Penthera*) wird als Pentheraphobie bezeichnet und gehört als spezifische Angststörung zu den psychischen Krankheitsbildern. Auch wenn dieses Krankheitsbild sicher nicht auf alle diese Frauen zutrifft, haben Umfragen zufolge 25 bis 30 % aller Frauen Probleme mit der Mutter ihres Partners.

Den schwelenden Konflikt erklären Experten folgendermaßen: Dass sich Frauen mit der Schwiegermutter streiten, liegt daran, dass Frauen untereinander beim Thema Familie viel mehr Berührungspunkte im Alltag haben. Oft ergibt sich fast zwangsläufig ein Direktvergleich: »Wie lebe ich, wie lebt sie ihre Rolle aus Mutter, Hausfrau, Ehefrau?« Und es zeigt sich in Umfragen zu dem Thema deutlich, dass es zu jenen Schwiegermüttern problematische Beziehungen gibt, deren einziges Lebensziel über viele Jahrzehnte allein die Familie war. Natürlich ist ein solcher Konflikt nie einseitig. Aufseiten der Schwiegertöchter wurde festgestellt, dass viele von ihnen oft viel zu hohe Erwartungen an ihre Schwiegermütter haben, die diese nicht erfüllen können.

Sich von seinen Eltern abzugrenzen bedeutet nicht, mit ihnen zu brechen. Ein Kontaktabbruch geschieht dann womöglich eher aus der Verzweiflung heraus, sich nicht abgrenzen zu können. Da gerade Männern oft eine besondere Durchsetzungsstärke zugesprochen wird, sie diese aber in einer solchen Situation nicht unter Beweis stellen können, erscheint ihr Verhalten für die Partnerin umso weniger verständlich. An dieser Stelle kann es hilfreich sein, sich Unterstützung von außen zu holen. Denn der Blick über den Tellerrand hinaus kann allen Beteiligten die Möglichkeit geben, angestaute Frustration begleitet zu verbalisieren und so die Basis für eine neue Gesprächskultur in der Familie zu schaffen. Familiärer Frieden mag in erster Linie eine Frage des guten Willens sein – oft entscheidet sich dieser aber an den kommunikativen Möglichkeiten aller beteiligten Personen.

Und die Großväter?

Mit ihnen gibt es umso weniger Konflikte, je weniger sie damals als junge Väter in die Kindererziehung involviert waren. Dafür waren sie dann aber auch ein schlechtes Vorbild für ihren Sohn.

Wenn sie jedoch eine feste Meinung zur Erziehung und Kinderpflege haben, können sie mitunter schwerer zu überzeugen sein als die Großmütter. Als Herr des Hauses lassen sie sich ungern etwas sagen.

Sie können sich auch als Beschützer für die Schwiegeroma aufspielen, was einen Dialog mit ihr erschwert. Dann ist es sinnvoll, ohne sein Beisein mit ihr zu sprechen.

Typische Aussagen der Großväter könnten sein:

»Du darfst deiner Mutter nichts verbieten.«

»Was soll sie denn sonst machen mit ihrer Zeit?«

»Deine Mutter hat zwei Kinder großgezogen. Die weiß das ja wohl besser.«

Letztlich macht es aber keinen Unterschied, mit wem die Generationenkonflikte ausgetragen werden. Die in den folgenden Kapiteln besprochenen Strategien zur Loslösung von der eigenen Kindheit und zur Konfliktvermeidung und Streitbeilegung sind nicht geschlechtsspezifisch.

Andererseits sind Großväter oft auch nicht so emotional an die Erziehungsmethoden der Großmütter gebunden. Ihnen wird ja nicht vorgeworfen, etwas falsch gemacht zu haben. Von daher sind sie häufig für Erklärungen und Hintergründe offener, wie du sie im Kapitel zu Beginn dieses Buches »Hier gibt's Knatsch!« findest.

Loslösung von der eigenen Kindheit

Unsere Kindheitserfahrungen zeigen uns auf, warum wir wurden, wer wir heute sind. Doch für immer prägen müssen sie uns nicht. Der Umgang mit unseren eigenen Kindern bringt uns dazu, unsere eigene Kindheit Revue passieren zu lassen und diese einer Bewertung zu unterziehen. Hierin liegt die Chance, es für unsere Kinder anders zu machen und eine eigene neue Erziehungshaltung auszubilden. Für die neuen Großeltern kann dies ein verletzender Umstand sein, den sie nicht erwartet haben. Der Umgang damit fällt ihnen nicht selten schwer.

Viele Neueltern möchten es sprichwörtlich besser machen als ihre eigenen Eltern. Durch unsere Kinder lernen wir uns ein Stück weit besser kennen. Das kann ein Geschenk sein und gleichzeitig einen Loyalitätskonflikt mit unserer Herkunftsfamilie verursachen. Die eigenen Eltern in einem kritischen Licht zu betrachten fällt nicht leicht. Und nicht selten geschieht dies unfreiwillig. Indem wir über die Erziehung unserer Kinder nachdenken, geraten wir fast automatisch in Konflikt mit unseren Eltern.

Warum fällt es einigen von uns so schwer, für sich einzustehen und die Kommentare und Ratschläge der Eltern nicht einfach selbstbewusst vom Tisch zu wischen? Wie können wir unser emotional abhängiges Verhalten ablegen, das uns an die Zeit unserer Kindheit erinnert? Und warum war uns unser Verhalten nicht schon vor der Geburt unseres Kindes bewusst?

Reagieren wir so, weil frischgebackene Eltern tendenziell eben unsicher sind? Oder liegt der Grund dafür in der Beziehung zu unseren Eltern? Ist dieses diffuse Gefühl, alles falsch zu machen, es den Eltern nicht recht machen zu können, ein Verhaltensmuster aus Kindertagen, das nun reaktiviert wird?

Vom Kind zum Erwachsenen

Das psychologische Konzept der Individuation, auch Selbstfindung oder **Selbstverwirklichung** genannt, wurde von C. G. Jung geprägt. Es beschreibt einen innerseelischen Prozess, der dadurch gekennzeichnet ist, das individuelle Bewusstsein zu entfalten, wobei es nicht nur um die Zeit der Adoleszenz, also der Pubertät, geht. Jung beschreibt diesen wichtigen Prozess als unvollendetes, lebenslanges Ziel der individuellen Persönlichkeitsentfaltung eines jeden von uns. Einen ähnlichen Ansatz findet man bei dem Psychologen Carl Rogers unter dem Begriff der »Selbstaktualisierung«.

Die Ablösung vom Elternhaus geschieht nicht erst mit dem Auszug aus unserem Kinderzimmer. Schon im Alter von zwei Jahren erproben wir unsere Unabhängigkeit, vielen auch bekannt als **Autonomie-** oder **Trotzphase.** Wir vollziehen in diesem Alter unsere erste Abgrenzung von unseren Eltern. Wir können uns fortbewegen, Dinge alleine umsetzen und erleben. Geprägt ist diese Zeit von großer Ambivalenz. Das heißt, der Wunsch, die Welt mit Freude zu erkunden, ist oftmals gepaart mit Verlustängsten. Es braucht Bindung, damit wir uns Distanz zutrauen. Beiden Elternteilen ist in dieser sensiblen Phase eine wichtige Rolle zugedacht. Sie können die Autonomiebestrebungen fördern und unterstützen, indem sie das Gefühl vermitteln: »Du darfst dich ausprobieren, Fehler machen und lernen. Wir sind immer da, wenn du uns brauchst.« Das erfordert von ihnen Geduld und Ausdauer. Für unsere Entwicklung ist diese Phase enorm wichtig, denn hier entscheidet sich, ob wir genug Sicherheit erfahren, um unseren Weg ins Leben zu wagen, oder ob wir unsicher und ängstlich an unsere Eltern gebunden bleiben.

Auf diese erste Ablösephase bauen auch die kommenden auf. Haben wir als Kleinkinder erfahren, dass es nicht gut ist, etwas für uns zu wollen, dass es nicht richtig ist, einen eigenen Willen zu haben, zieht diese Erkenntnis als Glaubenssatz in unser Bewusstsein ein und verfestigt sich. Den Glaubenssätzen und ihrem Einfluss auf unsere Konfliktfähigkeit werden wir uns im Verlauf des Kapitels noch widmen.

Die zweite Individuation, der nächste für uns wichtige Ablöseschritt, findet im **Teenageralter,** in der sogenannten Adoleszenz, statt. Dies geschieht oft mit großer Emotionalität, mit Streit, in dem wir alles, was unsere Eltern sagen und tun, kritisch hinterfragen und oftmals auch rigoros ablehnen. Damit wir eigenständig und unabhängig werden können, brauchen wir diese scharfe Trennung. Schaffen es unsere Eltern, diesen wichtigen Schritt nicht zu unterbinden und das Distanzieren von der Herkunftsfamilie ohne Groll und Vorwürfe geschehen zu lassen, sind wir in der Lage, innerhalb der Familie als erwachsene Personen weiterzuleben und nicht das »ewige Kind« zu bleiben, das Hilfe braucht, Entscheidungen nicht mündig für sich treffen kann und dessen Meinung nicht zählt.

Als Heranwachsende streben wir nach **Autonomie** und Selbstverwirklichung. Wir sehen, fühlen und erleben die Welt auf unsere Weise. Unsere Interpretation soll Gewicht haben. Auch wir haben Erfahrungen sammeln können, die wir anwenden und ausbauen wollen. Nicht selten stehen Eltern fassungslos vor ihren Kindern und glauben, diese nicht wiederzuerkennen. Und ein Stück weit stimmt das auch: Kinder werden zu Erwachsenen, die von ihrer Umwelt auch als solche wahrgenommen und respektiert werden wollen. Aber sosehr wir uns als junge Erwachsene die Trennung vom Elternhaus wünschen, ist da gleichzeitig auch das tiefe Bedürfnis, dass unsere eigene, ganz individuelle Art, zu sein, zu denken und zu fühlen, anerkannt wird. Somit sollte die **Trennung in Verbundenheit zu den Eltern** erfolgen, sodass der zweite Schritt der Individuation gemeistert werden kann.

Durften wir als Kleinkind also unsere Autonomie erproben und als junge Erwachsene uns noch weiter von unseren Eltern ablösen, um unsere eigenen Werte, Ziele und Wünsche zu formen und zu verfolgen, sind wir in der Lage, unseren Eltern selbstbewusst und auf Augenhöhe zu begegnen. Durften wir als Kinder und Teenager beginnen, eigene Wege zu gehen, Erfahrungen zu sammeln und für das, was uns wichtig ist, einzustehen, ohne uns darum sorgen zu müssen, wie unsere Eltern dies bewerten, ist die Ablösung aus unserer Herkunftsfamilie nicht konfliktbehaftet.

Auch als Erwachsene mit unserer eigenen Familie dürfen wir unseren Eltern selbstbewusst begegnen. Dies sollte ohne Angst vor negativer Bewertung unserer eigenen familiären Entscheidungen möglich sein. Nicht selten erleben wir als erwachsene Kinder unserer Eltern aber genau das Gegenteil und stellen fest, dass dem, was wir uns für uns und unsere Kinder wünschen, wenig bis gar kein Verständnis, sondern stattdessen Vorbehalte und Zweifel an unserer Kompetenz als Eltern entgegengebracht werden. Diese Situation katapultiert uns in ähnliche Lagen wie in der Zeit, als wir Teenager waren, und wir sehen klar, dass die Meinung und die Einschätzung unserer Eltern damals wie heute offenbar mehr Gültigkeit haben als unsere.

Das letzte Wort beziehungsweise die einzig wahre Einschätzung zu einem Thema obliegt vermeintlich den neuen Großeltern. Wir stecken in einer **alten kindlichen Abhängigkeit** und haben argumentativ gegenüber unseren Eltern keine Strategie des konfliktfreien Umgangs lernen können. Wir geraten in Stress, ringen um Autonomie und sind verletzt angesichts der geringen Wertschätzung und der fehlenden Akzeptanz unseres neuen familiären Status.

Dieser innere Kampf wird selten nach außen getragen. Wir blenden diesen Umstand gerne aus und versuchen, gefangen im alten kindlichen Muster, den Eltern weiterhin zu gefallen und um ihre Anerkennung zu buhlen. Oder aber, wenn es zu anstrengend und das Ergebnis für uns zu frustrierend ist, kommen vermeidende, distanzierende Strategien zum Einsatz: Treffen werden kürzer oder seltener, unangenehme Gespräche werden so weit wie möglich umgangen. In manchen Fällen kommt es sogar zu einem vollständigen Kontaktabbruch, um ein selbstbestimmtes Familienleben und Leben führen zu können. Der **Schmerz über diese ungelösten Konflikte** aber bleibt bestehen, da die von sich selbst überzeugten Eltern selten eine ausreichende Kritikfähigkeit an den Tag legen. Gleichzeitig haben die nunmehr erwachsenen Kinder nicht gelernt, sich mit ihren Eltern auf Augenhöhe auseinanderzusetzen.

Wie unsere Herkunftsfamilie uns prägt

Das Konzept der Familie befindet sich stetig im Wandel. Heute wissen wir, dass Familie mehr ist als Mann, Frau und zwei Kinder. **Familienleben ist bunt.** Wir leben mit den Menschen zusammen, die wir lieben und mit denen wir auch tatsächlich zusammen sein wollen. Es gibt Regenbogen- und Patchworkfamilien, Einelternfamilien ebenso wie Pflegefamilien. Neben der Herkunftsfamilie, also der Familie, in die ein*e jede*r von uns hineingeboren wird, suchen sich viele Menschen im Laufe ihres Lebens eine **Wahlfamilie,** zu der z. B. auch Freunde gehören können.

Im Laufe der Geschichte hat sich also nicht nur geändert, wer alles zur Familie dazugehört, sondern auch, welche Bedeutung sie für uns hat. Sie ist nicht mehr nur eine Schicksalsgemeinschaft, die das gegenseitige Überleben sichert.

Der Historiker Edward Shorter beschreibt in seinem Buch *Die Geburt der modernen Familie,* dass familiale Beziehungen sich von Zweckgemeinschaften wegentwickelt haben und die emotionale Beziehung, die stattdessen durch Liebe, Zuneigung und Kontakt auf Augenhöhe geprägt ist, zunehmend an Bedeutung gewonnen hat. Er bezeichnet diesen Prozess als »Sentimentalisierung« der Familienbeziehungen. Die **Familie ist ein zentrales Element im gesamten Leben eines jeden Menschen,** denn sie ist individuelle Absicherung (emotional und materiell), sie bietet gegenseitige Unterstützung und vor allem uns vertraute Beziehungspartner. Dementsprechend haben viele Familienmitglieder in allen Generationen mitunter hohe Ansprüche an das, was Familie jedem einzelnen Mitglied bedeuten und geben sollte.

In Deutschland leben immer seltener mehrere Generationen unter einem Dach. Das zeigen unter anderem Daten des Statistischen Bundesamtes. Diese Form des Zusammenlebens verschwindet schnell, auch wenn die Vorteile von Mehrgenerationenhaushalten auf der Hand liegen: die Betreuungsmöglichkeit der Enkelkinder durch die Großeltern, die gemeinsame Beteiligung an der Miete oder Abtragung einer Immobilie und/oder die Pflege der Großeltern.

Aber ganz gleich, ob wir gemeinsam unter einem Dach leben, uns bewusst für eine räumliche Trennung entscheiden oder aufgrund von Ausbildung und Job in verschiedenen Städten zu Hause sind: Der Einfluss unserer Herkunftsfamilie ist nach wie vor entscheidend für unser Leben. Unsere Familie ist eine Schablone, die die Konturen unseres späteren Lebens vorgibt. **Das Wertegerüst unserer Familie prägt uns.** Um Verhaltensweisen zu ändern und Konflikte verstehen zu können, ist es wichtig, sich dieser Dynamik bewusst zu werden.

In unseren Familien entfaltet alles seine Wirkung, was Menschen beeinflussen kann, besonders Erlerntes und Gefühle. Das soziale Geflecht einer Familie ist eine durch und durch kulturelle Angelegenheit. Sie entsteht nicht nur durch Blutsverwandtschaft, sondern etwa auch durch geltendes Recht oder durch bestimmte Aufgaben und Besitz.

Traditionen bestimmen bewusst und unbewusst das Denken, Handeln und Verhalten aller Familienmitglieder. Wie sollen Geburtstage, Weihnachten oder auch die Geburt eines neuen Familienmitglieds zelebriert werden? Bewusste und unbewusste Erwartungen, die für die einen selbstverständlich sind, für andere aber einem Irrgarten aus versteckten Türen mit richtigem und falschem Verhalten gleichen. Und manchmal beschleicht einen das Gefühl: Ganz gleich, was getan oder gesagt wird – es ist nie das, was die Gegenseite möchte. Es entsteht Frustration auf beiden Seiten, die müde macht, weiterzukommunizieren. Denn auch innerhalb einer Familie geht es allen um den Wunsch, gesehen und angenommen zu werden.

Als »transgenerationale Weitergabe« wird das **Weiterreichen von Einstellungen, Verhaltensweisen oder Lebenschancen von Eltern an ihre Kinder** in der Forschung bezeichnet. Umgangssprachlich meinen wir den »emotionalen Rucksack« an positiven und negativen Erfahrungen unserer Eltern und Großeltern, den wir mit uns durch die Generationen tragen. Sehr frühe Erfahrungen sind der späteren Erinnerung oft entzogen. Sie können zu Selbstverständlichkeiten werden und sind kaum reflektier- und hinterfragbar.

Ein Stück weit vererbt sich Erziehung in einer Familie genauso wie die Augen- oder Haarfarbe, manche Persönlichkeitsmerkmale oder aber auch Hobbys. Als Eltern vererben wir somit nicht nur unsere Gene, sondern auch das emotionale Erleben und Erinnern an unsere eigene Kindheit. Ob wir uns geliebt und angenommen gefühlt haben oder ob wir im Schatten standen. Wir vererben die

Stimmung, in der wir selbst aufgewachsen sind. Haben unsere Eltern viel gestritten oder wurde alles unter den Teppich gekehrt und nach außen eine heile Welt inszeniert? Wie offen wurde über die Gefühle aller Familienmitglieder gesprochen, wurden wir getröstet, wenn es uns nicht gut ging? Unsere Eltern sind unsere ersten und prägendsten Bindungspartner. Ihr Blick auf uns begleitet uns unser Leben lang. Sie sind unsere Vorbilder, wenn es darum geht, zu lernen, den Widrigkeiten des Lebens zu begegnen. Wir lernen von ihnen, wie Beziehungen funktionieren und Konflikte gelöst werden! Wir lernen durch ihr Vorbild, welche Regeln angemessen sind und welche Rolle wir im Familiengefüge einnehmen. Unsere Liebe und Loyalität gegenüber unseren Eltern sind im Kindesalter grenzenlos. Und wir sind stets bemüht, ihre Erwartungen bestmöglich zu erfüllen.

Nicht alles, was Eltern uns mitgeben, ist dazu bestimmt, auch in die folgende Generation getragen zu werden. Wenn wir uns diesen intergenerationalen Transfer und seine Konsequenzen auf unser Denken und Handeln bewusst machen, ist für uns Eltern die wichtigste, aber auch herausforderndste Aufgabe der Umgang mit unseren eigenen kleinen Kindern. Denn **unser Wille zur Reflexion und Neubewertung all dessen, was wir an Erziehung kennengelernt haben, hat einen direkten Einfluss auf die kommenden Generationen.** Was wir unseren Kindern mit auf den Weg geben, beeinflusst auch unsere Enkel und Urenkel.

Soziale Rollen beschreiben, welche Aktivitäten oder Verhaltensweisen andere Menschen in einem bestimmten sozialen Umfeld erwarten. Das heißt, wir sind nicht nur Mann oder Frau, sondern auch Sohn oder Tochter, Bruder oder Schwester, Arbeitskollegin, Freund, Vorgesetzte. Wenn ein Kind geboren wird, geben die Eltern vor, welche Rolle es hat und wie es diese auszufüllen hat. Dieser Prozess orientiert sich an den Werten und Glaubenssätzen, die sich in der Familie festgesetzt haben. **Glaubenssätze**, die wir alle schon einmal gehört haben, sind z. B. »Ohne Fleiß kein Preis«, »Eigenlob stinkt« oder »Erst die Arbeit, dann das Vergnügen«.

Glaubenssätze lassen, ähnlich wie Antreiber, die Peitschen knallen, damit wir schnell durch unser Leben spurten. Wollen wir ein selbstbestimmtes Leben führen, können wir uns durch das Befolgen dieser ererbten Glaubenssätze oft selbst im Wege stehen. Besonders dann, wenn die Glaubenssätze von anderen, z. B. unseren Eltern, zum Dogma erhoben werden: Dieses Dogma verurteilt uns zum Scheitern, wenn wir etwas anders machen oder bewerten als unsere Eltern. Wenn wir einschränkende Glaubenssätze verinnerlicht haben, können wir kaum aus eigener Kraft entkommen. Es fällt uns schwer, uns selbst die Erlaubnis für autonome Entscheidungen zu geben – z. B. erzieherisch vermeintlich vertrautes Terrain zu verlassen oder von Familienregeln abzuweichen.

Und so müssen wir uns immer wieder fragen: Was schränkt mich unbewusst ein? Wonach richte ich mich »schon immer«? Ist das auch meine Vorstellung? Oder habe ich eher die Vorstellung meiner Eltern übernommen?

Viele von uns fühlen sich bei der Erfüllung ihrer Rollen überfordert. Besonders Frauen »sollen« heutzutage finanziell auf eigenen Füßen stehen, topfit und schlank sein, die Kinder auf allen Ebenen fördern und behüten, eine liebevolle Partnerin sein und gleichzeitig den Haushalt tipptopp in Schuss halten. Hinter all diesen Rollen steckt eine ganze Liste von Glaubenssätzen:

»Du musst schön sein, damit du geliebt wirst.«
»Eine gute Mutter sorgt dafür, dass ihr Kind Sport treibt, gesund isst, ein Instrument lernt etc.«
»Hausarbeit ist kaum der Anerkennung wert.«
»In unserer Familie macht man so etwas nicht!«
»Bleib so, wie du bist!«

Sicher erkennst du viele Sätze wieder, die so oder so ähnlich in dir schwingen. Du darfst selbst entscheiden, welche Glaubenssätze dir sinnvoll erscheinen. Die wichtigste Grundhaltung dabei: Du kennst deine inneren Überzeugungen und hinterfragst sie.

Im Laufe des Heranwachsens, besonders in der Pubertät, überprüfen Heranwachsende, ob und inwieweit sie den Rollen und den Glaubenssätzen, die die Familie ihnen zugesprochen hat, entsprechen wollen. Sie schaffen ein eigenes Bild von sich, nicht zuletzt durch den Einfluss von Freunden, der Schule, der Großeltern. Sich von Rollen zu trennen dient auch der Persönlichkeitsentwicklung. Es ist als eine gesunde Form der Abgrenzung zu verstehen, die sagen will: »So bin ich, so sehe ich mich und so möchte ich sein!«

Unser Verhalten und unsere Erziehung gegenüber unseren Kindern ist geprägt von Erfahrungen aus unseren Herkunftsfamilien. Und dennoch setzt sich jede neue Generation in vielen Aspekten von der vorigen ab. Nicht selten kommt es vor, dass Folgegenerationen gänzlich gegensätzliche Lebensentwürfe wählen. **So werden elterliche Erziehungsstile weitergegeben oder aber bewusst durchbrochen.**

Wenn wir selbst Eltern werden, wird uns diese Tatsache bewusst. Nicht wenige stehen der eigenen Erziehungserfahrung und damit auch den Eltern ambivalent gegenüber. Die Fehler unserer eigenen Eltern vermeiden zu wollen ist keine leichte Aufgabe. Denn aus dem Vorsatz muss eine eigene Haltung gegenüber unseren Kindern werden. Der Haken an der ganzen Sache ist oft: Keiner hat uns das je vorgelebt.

Alle in einer Familie lebenden Generationen haben aufgrund ihrer gemeinsamen Sozialisation ähnliche Prägungen. Familienmitglieder teilen somit über Generationen gleiche Werte, Ansichten, Rituale und Glaubenssätze. Dadurch entstehen ein enges Band und ein Zusammengehörigkeitsgefühl, das wir für ein gesundes Leben brauchen. Die wenigsten von uns sind dazu geschaffen, als Einzelkämpfer durch die Welt zu gehen, und die, die sich dazu gezwungen fühlen, sagen zu Recht nicht selten, dass sie sich unverstanden und ausgeschlossen fühlen. Und da jede neue Generation auch einen Wandel im Familiensystem bedeutet, was die Rollen der einzelnen Familienmitglieder genauso betrifft wie die Ansichten zur Erziehung der Kinder, werden Veränderungen nicht immer positiv aufgenommen, sondern vielmehr als Fehlersuche der neuen gegenüber der alten Generation empfunden.

Das ungelebte Leben der Eltern und Großeltern

Unsere neue, selbstgeschaffene Familie soll oftmals vieles wiedergutmachen oder kompensieren, was wir zuvor vermissten. Sind wir ohne intakte Familie groß geworden (Scheidung, Tod eines Elternteils oder beider Elternteile), wird manchmal der Wunsch geweckt, ein eigenes, vermeintlich besseres Familienbild zu erschaffen. Eine Sehnsucht nach etwas, was man selbst nicht kennenlernen durfte, soll gestillt und alte Wunden sollen geschlossen werden.

Aber ist das gut, gesund und zielführend? Haben die Familienmitglieder in dieser neuen Familie dann die Möglichkeit, sich frei zu entwickeln? Oder dienen sie vielmehr als Projektionsfläche für Erwartungen und Wünsche anderer? Sollen sie nach deren Vorstellungen wie Schachbrettfiguren funktionieren? Der Schweizer Psychiater C. G. Jung war sogar der Meinung, diese offenen Wünsche sind der wichtigste Faktor für die Entwicklung der Psyche von Kindern:

> »Nichts hat einen stärkeren psychischen Einfluss auf die Kinder als das ungelebte Leben der Eltern.«
> (C. G. Jung)

Sehr früh spüren Kinder, dass Eltern etwas Bestimmtes von ihnen wollen. Kinder versuchen, diese stillen Aufträge der Eltern zu erfüllen. Oftmals bis ins Erwachsenenalter hinein. **Emotionale Familienaufträge sind als solche nicht gleich zu erkennen, die Kommunikation läuft unterschwellig ab.** Die Beteiligten können dies mitunter nicht benennen. Es sind diffuse und gleichzeitig klare Botschaften, die Menschen seit frühester Kindheit begleiten und die ihre Persönlichkeit formen. Familienaufträge sind subtil, sie werden nicht explizit besprochen. Die Wünsche und Vorstellungen, die Eltern für ihre Kinder haben, und der damit verbundene Auftrag an sie werden durch ein bestimmtes Verhalten erteilt. Statt Vorschriften sind es vielmehr das Vorleben und das Vormachen, die Kinder nachhaltig verinnerlichen. In jeder Familie gibt es Verhaltensweisen, Regeln, Aufgaben und stille Erwartungen, die von einer Generation auf die andere übergehen.

So lernt ein Kleinkind schnell, welches Verhalten ihm die Aufmerksamkeit und Zuneigung der Eltern sichert und welches Verhalten wiederum eine Zurückweisung zur Folge hat. Toxisch können sich diese Familienaufträge auswirken, wenn Kinder das Leben der Eltern nicht nur bereichern, sondern auch einen alten Schmerz oder eine alte Sehnsucht heilen sollen. Unausgesprochen lauten diese Aufträge dann:

> »Mach uns glücklich, mach uns stolz!«
> »Durch dich habe ich jetzt eine Familie, wie ich sie mir immer gewünscht habe!«

Auch die Wahl des Namens des Kindes kann mit einem emotionalen Familienauftrag zusammenhängen. Beispielsweise kann der Name der zu früh verstorbenen eigenen Mutter ein nicht zu unterschätzender Ballast für ein Kind sein, das seine Persönlichkeit entfalten will und gleichzeitig das Erbe der zu früh verstorbenen und vielleicht nie gekannten Großmutter mit sich trägt. In den Namen des Kindes legen Eltern nicht selten alle eigenen (unerfüllten) Träume.

Und was geschieht im Familiensystem, wenn z. B. das Kind mit dem besonderen Namen sich nicht so entwickelt, wie die Eltern es sich ausgemalt haben? Wenn es stattdessen seiner existenziellen Entwicklungsaufgabe nachgeht, herauszufinden, was die eigenen Bedürfnisse sind, was es zufrieden macht und wie es sein Leben leben möchte? Wenn es sich gemäß einer gesunden Entwicklung Schritt für Schritt von familiären Regeln oder Stimmen distanziert?

Nicht selten tauchen im Leben dieses Kindes Lebensthemen der Vorfahren auf – sie werden über Generationen weitergegeben. Es geht da z. B. um das ungelebte Leben der Eltern, um unerledigte Geschäfte der Großeltern, um familiäre Träume und Enttäuschungen, aber auch um traumatische Erfahrungen wie Gewalt, Krieg, Flucht, schwere Ungerechtigkeiten oder unabgeschlossene Trauerprozesse.

Sind wir selbst geprägt von solchen Wünschen, die nicht unsere eigenen sind? Oder besteht womöglich die Gefahr, dass wir unsere Kinder aufgrund unverarbeiteter Traumata selbst zu stark beeinflussen? Sich diese Dynamiken bewusst zu machen ist ein erster Schritt, den Kreislauf zu durchbrechen. Denn alles, was in der vorherigen Generation nicht verarbeitet wurde, hat Auswirkungen auf die Folgegeneration.

Können wir unseren Erinnerungen trauen?

Wenn wir uns mit unserer Kindheit auseinandersetzen, vertrauen wir auf unsere Erinnerungen und die unserer Eltern. Hierbei ist Vorsicht gefragt, denn **Erinnerungen können trügerisch sein.** Das autobiografische oder auch episodische Gedächtnis speichert unsere Erinnerungen, die uns helfen, uns in der Gegenwart und in der Zukunft zurechtzufinden. Es umfasst weniger Fakten als vielmehr Gefühle – in Zusammenhang mit Erinnerungen – und Erkenntnisse über uns selbst. Darüber hinaus unterliegt es einem natürlichen Prozess des Vergessens. Somit prägt es unsere Identität und Persönlichkeit, indem es unsere subjektiv erlebte Lebensgeschichte widerspiegelt.

Wie wir uns erinnern

Unsere **frühe Kindheit** bis zum ca. 3. Lebensjahr fehlt im Gedächtnis meist vollständig. Man nennt dieses Phänomen auch »infantile Amnesie«. Erinnerungen aus dieser Zeit sind nicht unsere eigenen, sondern werden uns durch die Erzählungen unserer Eltern und Großeltern übermittelt.

Unsere **Jugend** haben wir oft am lebhaftesten vor Augen, vor allem die Zeit zwischen dem 15. und dem 25. Lebensjahr.

Aus der sogenannten **Rushhour des Lebens**, der Zeit, in der wir unsere Kinder bekommen und arbeiten, behalten wir vergleichsweise wenig im Gedächtnis.

Die **letzten Jahre** vor der Gegenwart sind uns in den meisten Fällen in der zweiten Lebenshälfte noch relativ deutlich präsent.

Die Forschung spricht bei dieser Verteilung von der sogenannten »Erinnerungskurve«. Diese ist charakteristisch für fast alle Menschen. So spiegelt die Tatsache, dass wir alle aus unserer jüngeren Vergangenheit am meisten Erlebnisse vor Augen haben, uns mit größerem zeitlichem Abstand aber an immer weniger erinnern können, den ganz **normalen Prozess des Vergessens** wider – einen Vorgang, der wichtig ist, um unser Gedächtnis nicht mit Ballast zu überfrachten. Unser Gedächtnis ist kein Aufnahmegerät. Wir erinnern uns also nicht an ganze Episoden in unserem Leben, sondern nur an Bruchstücke, aus denen wir ein Erinnerungsbild formen. Diese Bilder sind mehr oder weniger stark durch die Menschen unterfüttert, die daran beteiligt waren. Alle Menschen erinnern sich auf diese Weise.

Unsere Erinnerungen beeinflussen unseren Blick auf Kindheit und Erziehung

Forscher auf diesem Gebiet, wie die amerikanische Psychologin Elizabeth Loftus, konnten in zahlreichen Studien über das menschliche Gedächtnis nachweisen, dass **Erinnerungen stark manipuliert werden können.** Diese Manipulationen können so weit gehen, dass man sich sogar an Ereignisse erinnert, die niemals stattgefunden haben. Es kann also durchaus sinnvoll sein, sich mit den Erinnerungen an die eigene Kindheit und Jugend zu beschäftigen, um diese aus einer anderen Perspektive zu betrachten, sie ggf. anders zu gewichten. Durch neue Informationen oder Kommentare von anderen werden Erinnerungen nachträglich oft verzerrt.

Typische Sätze unserer Eltern über unsere eigene Baby- und Kleinkindzeit lauten etwa:

»Du hast als Baby immer durchgeschlafen!«
»Du warst immer brav und hast auf uns gehört!«
»Du wolltest gar nicht so oft gestillt werden, sondern hast friedlich in deinem Bettchen gelegen!«

Wir können mit großer Sicherheit davon ausgehen, dass die Erinnerungen unserer Eltern im Hinblick z. B. auf unsere Babyzeit nicht vollständig sind, weil natürlich auch unsere Eltern sich nicht mehr vollständig erinnern können. Unser Gedächtnis ist kein Archiv unverfälschter Dokumente, im Gegenteil: Es ist extrem lückenhaft und birgt auch Fehlinformationen. Denn jedes Gedächtnis interpretiert die Eindrücke subjektiv und versucht, einen erzählbaren Lebenssinn herausarbeiten. Wenn uns Eltern also sagen, dass sie nur das Beste für ihre Kinder wollten und dies auch umgesetzt haben, entspricht dies durchaus ihrem authentischen Anspruch, aber nicht zwingend der tatsächlichen Realität.

Gerade mit Blick auf die Erziehung unserer Kinder ist es lohnenswert, die Erinnerung an unsere eigene Kindheit noch einmal zu hinterfragen. Die subjektiven, vielleicht verfälschten Erinnerungen bergen zum einen die Gefahr, unsere Ansprüche und unsere Haltung in Erziehungsfragen zu beeinflussen. Zum anderen stellen wir dadurch womöglich auch die falschen Ansprüche an unsere Kinder, die deren Individualität nicht entsprechen.

Unsere Erinnerungen beeinflussen unseren Blick auf uns selbst als Eltern

Unsere subjektiven Erinnerungen formen auch unseren Blick auf uns selbst. Sie werden – z. B. durch unsere Eltern an uns herangetragen – zur inneren Wahrheit über uns, unser Leben und unser Wesen. Als Kinder nehmen wir dies unreflektiert in uns auf, sind unsere Eltern in diesem Alter doch die, die uns besser als wir selbst kennen. Erst in der Pubertät hinterfragen wir diesen Blick auf uns und formen unsere Persönlichkeit nicht nur aus der Wahrnehmung unserer Eltern, sondern auch durch Freunde, die Schule, und andere soziale Interaktionen, die wir pflegen. **Aber der Blick unserer Eltern prägt uns wie kein anderer.**

Man geht davon aus, dass sich unser Selbstbild – von dem Psychologen Carl Rogers auch »Selbstkonzept« genannt – idealerweise zu gleichberechtigten Teilen aus unserer eigenen Bewertung über uns und jener von anderen Personen zusammensetzt. Nur wenn diese eine vereinbare Einheit bilden, kann sich ein nachhaltiges Selbstwertgefühl entwickeln. Zum Selbstkonzept gehört unser Wissen über unsere persönlichen Eigenschaften, also unsere Fähigkeiten, Vorlieben, Gefühle und unser Verhalten. Geformt wird unser Selbstbild auch durch unseren sozialen Status und unsere Rollen, die wir innehaben (Mann, Frau, Sohn, Tochter, Ehemann, Ehefrau etc.), also durch unausgesprochene, gesellschaftliche Einflüsse. Durch Austausch und durch Verinnerlichung von Urteilen anderer Menschen in unserem Umfeld über uns steht unser Selbstbild permanent unter äußerem Einfluss. Jede Rolle hat bestimmte soziale Anforderungen an uns, nach denen wir uns meistens unbewusst verhalten, wodurch wir uns der Rolle anpassen.

Wenn wir eine neue Rolle annehmen wie die der Elternschaft versuchen wir, auch diese im Sinne unseres Selbstbildes auszufüllen. Dabei treffen automatisch die bruchstückartigen, vielmehr emotional geprägten Erinnerungen aus unserer Vergangenheit auf die neuen Erkenntnisse der Gegenwart. Entstehen hier größere Unvereinbarkeiten, ist unser Selbstbild in der Rolle der Elternschaft in Gefahr. Insbesondere in Auseinandersetzungen mit unseren Eltern treten dann schnell Unsicherheiten und Unzulänglichkeitsgefühle zutage, die den Umgang mit Konflikten erschweren.

Gleichzeitig liegt darin auch eine Chance. Denn üblicherweise erinnern wir uns nicht mehr direkt an ein Erlebnis aus unserer Kindheit, wohl aber an ein zurückbleibendes, authentisches Gefühl. Dieses Gefühl kann schön sein oder aber auch störend. **Mithilfe unserer erinnerten Gefühle können wir für uns bestimmen, was wir aus unserer erlebten Erziehung an unsere Kinder weiterge-**

ben wollen. Wir unterziehen unsere selbst erlebte Erziehung und die damit verknüpften Erinnerungen einer Art Qualitätskontrolle. Einiges behalten wir bei, nehmen da auch gern den Ratschlag unserer Eltern an, anderes wollen wir tatsächlich anders machen – nicht um zu rebellieren, sondern weil wir uns unserer Verantwortung als Eltern bewusst sind und neue Erkenntnisse in die Erziehung unserer Kinder einfließen lassen möchten.

Der lange Arm unserer Eltern

Untersuchungen zeigen, dass die Paarbeziehungen unserer eigenen Eltern, aber auch unserer Großeltern und anderer Verwandten für uns als Vorbilder bedeutsam sind. Haben wir konflikthafte oder distanzierte Paarbeziehungen in unseren Herkunftsfamilien erlebt, fehlt es uns nicht selten an positiven Strategien zur partnerschaftlichen Konfliktbewältigung. Wir kennen dann aus unseren Herkunftsfamilien eher destruktive Umgangsweisen, die wir mangels Alternativen in unserer Beziehung wiederholen. Im Rahmen von Forderungs-Rückzugs-Spiralen stellen vor allem Frauen Forderungen und Männer wählen den Rückzug, was umso stärkere Forderungen der Frauen nach sich zieht.

Wie schützen wir unsere Paarbeziehung im Loyalitätskonflikt mit unserer Herkunftsfamilie?

Hier spielen auch die unterschiedlichen Nähe- und Distanzbedürfnisse von Männern und Frauen eine Rolle. In einigen Studien zeigte sich, dass Männer sich bei Konflikten mangels Verhaltensalternativen öfter und schneller überfordert und emotional überflutet fühlen, ganz besonders, wenn dies bereits bei ihren Vätern der Fall war.

Manche Frauen kennen das männliche Rückzugsverhalten bereits von ihren Vätern, was den aktuellen Partnerkonflikt zusätzlich verschärfen kann.

Sind wir als erwachsene Söhne und Töchter immer noch in enger Bindung mit unseren Eltern verstrickt, spüren wir den Loyalitätskonflikt besonders stark. **Wie flexibel und losgelöst sind wir zu dem Zeitpunkt, an dem unsere eigene Elternschaft beginnt?** Je mehr Einfluss unsere Herkunftsfamilie auf uns nimmt, je weniger wir abgelöst sind, desto mehr Konfliktpotenzial ergibt sich – ein Loyalitätskonflikt zwischen unserer Partnerschaft und den Großeltern beider Seiten. Dies gilt für Mütter wie Väter gleichermaßen. Oft stellen die betroffenen Eltern fest, dass sie zwischen den Stühlen sitzen, wenn sich die Fronten auf beiden Seiten unnachgiebig verhärtet haben. Wem gilt meine Loyalität? Meiner Herkunftsfamilie mit ihren über Generationen weitergetragenen Glaubenssätzen und Traditionen oder meinem Partner und dem gemeinsamen Kind/den gemeinsamen Kindern?

Florian und Sabine mit Nele (drei Wochen alt). Das freudig erwartete Enkelkind ist geboren und die Großeltern kommen zu Besuch. Sie treffen den Sohn mit Augenringen an der Tür an. Die Schwiegertochter liegt im Bett und stillt. Es empfängt sie kein gedeckter Kaffeetisch, sondern eine Wohnung, in der aus einem Paar eine Familie geworden ist und der Fokus auf dem Baby liegt. »Wir hatten eine anstrengende Nacht. Nele hat viel geweint und wollte immerzu an die Brust. Sabines Brustwarzen sind wund und wir sind ganz schön müde.«
»Na, vermutlich wird das Kleine nicht satt«, meint die frischgebackene Großmutter und setzt noch nach: »Aber eine Flasche wollt ihr ja um Gottes willen nicht geben.«
»Stimmt«, erwidert der Sohn.
»Ja, glaubst du denn, wir hätten damals mit dir alles falsch gemacht?

Ich hatte auch zu wenig Milch und du hast die Flasche bekommen. Und sieh dich an, war das so schlimm? War ich so eine schlechte Mutter?« Die Eskalation ist fast vorprogrammiert, ganz gleich wie die Antwort ausfällt. Der Loyalitätskonflikt zwischen dem Sohn, seiner Mutter und seiner Frau, die jedes Wort hört, ist offensichtlich. Das hat Florian nicht kommen sehen. Wie reagieren? Er möchte seine Mutter nicht vor den Kopf stoßen, sie hat es sicher nicht so gemeint. Oder etwa doch? Und Sabine wird sicher erwarten, dass er sie verteidigt. Er muss sich für eine Seite entscheiden. Aus Überforderung und eigener Unsicherheit fällt es ihm schwer, klar Stellung zu beziehen.

Hier kann es hilfreich sein, wenn wir uns vorab mit unserem Partner aussprechen und abstimmen. Denn es geht nicht immer darum, die richtige Antwort auf jede Situation zu haben, sondern für uns als Paar um das Gefühl, sich aufeinander verlassen zu können. Wenn wir in einem geschützten Moment den Loyalitätskonflikt ansprechen, nehmen wir bereits eine große Erwartungslast von unseren Schultern, für uns und unseren Partner.

Glaubenssätze, Antreiber und Erlauber

Wenn wir von Glaubenssätzen sprechen, meinen wir das Kind von damals, das mit uns in den Dialog tritt, um uns als Erwachsene dazu zu bringen, wieder so zu leben oder zu handeln, wie wir es in der Kindheit bereits getan haben. So beschreibt es der Psychiater W. Hugh Missildine. Indem wir uns alte, vertraute Angewohnheiten und Situationen in den bestehenden Alltag zurückholen, schaffen wir uns Sicherheit und eine gewünschte Routine. Hier sprechen wir auch von »**positiven Glaubenssätzen**«.

Schwierig sind die »**negativen Glaubensätze**«, die uns nachhaltig in unserem Denken und Handeln beeinflussen und einschränken können. Diese Stimme des Kindes von damals wird nicht müde, uns zu ermahnen und auch zu be- und vor allem zu verurteilen. Das Kind von damals hat mitunter keine gute Meinung von sich selbst. Und wann immer man uns im Hier und Jetzt kritisiert, gängelt oder anderweitig in die Ecke drängt, fühlt es sich für uns unangenehm vertraut an. Wir kennen das aus unserer Kindheit. Auch wir selbst werden immer wieder zu unserem schärfsten Kritiker, der unerbittlich über uns richtet, wann immer es vermeintlich Grund dazu gibt. **Wir ziehen unser Selbstwertgefühl aus den ersten Jahren mit unseren Eltern.** Hier werden existenzielle Weichen gestellt: »Wer bin ich? Bin ich wertvoll? Kann ich anderen Menschen oder auch mir selbst vertrauen?« Unser Selbstbild ist ein Mosaik aus all diesen unterschiedlichen Gefühlen, Erlebnissen und Interpretationen der Interaktionen mit unseren Eltern. So schaffen wir Fakten, die uns durch unser weiteres Leben lang begleiten.

Dieser Fahrplan des Lebens kann gute und wichtige Optionen beinhalten, wie z. B. sich bei Kälte warm anzuziehen, im Straßenverkehr aufmerksam zu sein oder sich gesund zu ernähren. Wir nehmen aber auch unbewusst vermittelte Glaubenssätze auf, die tückisch sein können. **Um heute prüfen zu können, ob unsere Glaubenssätze noch sinnvoll oder sogar schädlich für uns sind, ist es gut, zu wissen, wann und wie sie zustande gekommen sind und ob sie mit den Konflikten, die wir im Umgang mit unseren Eltern haben, in Zusammenhang stehen.** Wir lernen früh, was unsere Eltern von uns erwarten und was es braucht, um ihre Anerkennung zu erlangen. Danach streben alle Kinder vom ersten Moment an. Wir wollen gesehen, geliebt und anerkannt werden. Und diesen Wunsch tragen wir auch als Erwachsene weiterhin in uns, was den Umgang mit den tief in uns verankerten Glaubenssätzen zusätzlich erschwert.

Wir brauchen die Einschätzungen anderer, um ein (gesundes) Selbstbild zu entwickeln. **Das, was unsere Eltern in uns sehen, ist**

aber nicht immer wahr und richtig. Worte unserer Nächsten können uns gleichermaßen stärken wie entmutigen. Die Brille, durch die unsere Eltern uns sehen, wird zu unserer inneren Wahrheit über uns selbst.

»Du bist so brav. Mach es allen recht.«
»Du bist so klug, sei fleißig.«
»Du bist so schüchtern, such doch mehr Freunde.«
»Warum bist du nicht wie …?«

Aus unseren Glaubenssätzen entstehen innere Antreiber, die unser Verhalten steuern und damit einen direkten Einfluss auf unser Leben nehmen. Wie Glaubenssätze können auch diese Antreiber positive und negative Effekte haben.

Der Glaubenssatz »Ich muss mich anstrengen« kann den Antreiber »Sei schnell« nach sich ziehen. Negativ betrachtet, könnten wir glauben, wir müssten mehr leisten als andere, müssten erfolgreicher sein und dürften uns keine Pause leisten. Positiv betrachtet, sind wir eine Persönlichkeit, die Ideen hat und dynamisch ist, die flexibel und offen ist für Neues.

Den inneren Antreibern können wir die sogenannten Erlauber gegenüberstellen. Durch sie gestatten wir es uns, Pausen zuzulassen und mit unseren Ergebnissen zufrieden zu sein. Haben wir uns selbst zu Höchstleistungen getrieben, ist es gut, einen Erfolg feiern zu können. Abhängig von unserem Selbstbild kann es sein, dass wir stärker von inneren Antreibern und weniger von den Erlaubern gelenkt sind. Es herrscht ein Ungleichgewicht. Und das wiederum nimmt Einfluss auf unser Denken und Handeln, auch und besonders in unserer Familie. **Das eigentliche Ziel ist es, eine Balance zwischen Glaubenssatz, Antreiber und Erlauber zu schaffen.**

Dem Antreiber »Sei schnell« können wir so den Erlauber »Ich darf mir die Zeit geben, die ich brauche« oder »Ich darf meinen eigenen Rhythmus finden« entgegenstellen.

Werden Enkelkinder in die Familie geboren, empfinden nicht wenige Eltern sich dem Antreiber »Ich muss perfekt sein« ausgesetzt. Wir haben diesen Wunsch nicht nur an uns selbst – denn wir möchten ja, dass unsere Kinder glücklich und gesund aufwachsen –, sondern wir spüren auch die Erwartungen durch die Gesellschaft und die Familie. Dass wir unseren Alltag und unser Handeln starken Antreibern unterwerfen, wird uns meistens erst bewusst, wenn wir in der Lage sind, die vorherrschenden Gefühle einzuordnen. Gerade im Umgang mit unseren Eltern und mit unseren eigenen Kindern wird dies deutlich.

Unsere Mutter kritisiert uns im Umgang mit unserem Kind. Vielleicht sind wir in ihren Augen zu sanft, zu nachgiebig, und es weckt ein altes, unangenehmes Gefühl in uns. Eine Erinnerung an unsere Zeit mit unserer Mutter in ähnlicher Situation. War sie ungeduldig, laut oder bestimmend? Schlagartig fühlen wir uns wie damals – klein und hilflos – und können dem nichts entgegensetzen.

Wir wissen heute aus der Hirnforschung, dass (negative) Kindheitserinnerungen nachhaltigen Einfluss auf unseren Umgang mit Kritik und Konflikten nehmen. Stress, Misstrauen oder Angst melden sich zuverlässig immer wieder. Und auch die Glaubenssätze und Antreiber werden aktiv.

»Ich bin nichts wert«, wenn wir Liebeskummer haben.
»Ich muss perfekt sein«, wenn wir Eltern werden.

Diese Gefühle sind immer da gewesen und treten in Belastungssituationen erneut zutage. Oft erleben Außenstehende und auch wir selbst, dass unsere Emotionen nicht zum Geschehen passen: Wir reagieren empfindlicher, lauter, gegebenenfalls angriffslustiger, als es vielleicht notwendig wäre. Oder aber wir werden ganz leise sagen: »Es geht schon«, oder: »Ist nicht so schlimm.« Dann versuchen wir, uns in der für uns Stress auslösenden Situation unsichtbar zu machen, statt für uns einzustehen. Unser Geist arbeitet ausgeklügelt, wenn es darum geht, uns neue Angewohnheiten einzuprägen. Aber uns die schlechten wieder auszureden gelingt nur mit von uns bewusst gesteuerten Gegenmaßnahmen. Deshalb geraten wir wiederholt leicht in für uns stressige Situationen. Um das zu verhindern, müssen wir bewusst gegensteuern.

1977 definierte Taibi Kahler folgende innere Antreiber:[1]

Sei stark.
Sei perfekt.
Mach es allen recht.
Streng dich an.
Beeil dich.

Dem entgegensetzen können wir jeweils individuelle, unserer Persönlichkeit entsprechende »Erlauber«:

Ich darf mir Unterstützung und Zuwendung holen.
Ich darf Fehler machen und aus ihnen lernen – niemand ist perfekt.
Ich darf es auch nur mir recht machen!
Ich darf es auch leicht haben und Dinge auf mich zukommen lassen.
Ich darf mein eigenes Tempo haben und Pausen machen.

Diese Erlauber können von uns selbst formuliert werden. Inspiriert ist die Unterteilung in Antreiber und Erlauber von der Transaktionsanalyse nach Eric Berne. **Wenn wir aktiv diese Denkprozesse begleiten und immer neu bewerten, können wir in der jeweiligen stressigen Situation unsere Gedanken und Gefühle und die damit einhergehenden erlernten Impulse umlenken.** Wenn sich dieser neue Denkprozess noch nicht etabliert hat, können auch gute Freunde oder der Partner unser Denken und Fühlen gemeinsam mit uns überprüfen und bewerten.

Der Antreiber, in dem sich unglaublich viele Mütter, aber auch Großmütter, wiederfinden, lautet: »Sei perfekt!« Dieser Antreiber ist zu Beginn einer jeden Elternschaft aufgrund der neuen und ungewohnten Alltagssituation mit einem Baby sehr stark. Wir sagen uns:

> »Mach bloß keine Fehler, immerhin geht es hier um die Versorgung eines Babys. Alle anderen können das auch und noch viel besser, mein Kind verdient eine perfekte Mutter!«

Wir streben nach einem imaginären Perfektionismus, wir wollen nicht 100 %, sondern am besten noch mehr erreichen. Elternschaft wird zu einem Wettbewerb, den wir auf jeden Fall gewinnen wollen. Und gerade weil wir so perfektionistisch sind, nehmen wir Vorschläge, ganz gleich welcher Art, nur schwer an. Kritik und Fehler können wir noch weniger akzeptieren. Stattdessen verschärfen sie die Selbstzweifel und das Gefühl, unzureichend zu sein.

Dieser Antreiber ist uns als Müttern seit Generationen bekannt: »Sei die perfekte Hausfrau, sei die perfekte Ehefrau, sei die perfekte Mutter.« Wir haben es als Kinder selbst erlebt, wie unsere Mütter vielleicht mit dem einen oder anderen Selbstideal gekämpft haben. Mit dem Spagat, den das Vereinbaren von Beruf und Familie bedeutete und der auch unsere Generation noch immer begleitet. Es handelt sich um den bereits beschriebenen Mental Load (s. Glossar), den auch unsere Mütter und Schwiegermütter mit sich getragen haben. Sie hatten und haben vielleicht – genauso wie wir – auch heute noch einen hohen Anspruch an sich selbst, nun aber als Großmutter!

Unreflektierte Antreiber können zu Spannungen in der Familie führen. Sie bescheren uns Sätze wie:

> »Hier sieht's ja aus, als wäre eine Bombe eingeschlagen!«
> »Ich kann den Kleinen gerne nehmen, wenn du dich um den Haushalt kümmern willst!«
> »Ich war schon lange vor dir Mutter und habe drei Kinder großgezogen, ich weiß, was ich zu tun habe!«

Auch die neuen Großmütter waren zuerst einmal selbst Mütter und wünschten sich Anerkennung für die Erziehungsarbeit, die sie leisteten. Ihre inneren Antreiber sorgen daher auch heute dafür, dass sie sich diese Anerkennung als Großeltern wünschen. Sie möchten vielleicht der Verwandtschaft und den Freunden stolz ihre Enkel präsentieren, was uns sauer aufstößt. Sie möchten ihr Wissen mit uns teilen und fühlen sich schlecht, wenn sie von uns zu hören bekommen, dass »man das heute anders macht«.

Wenn wir selbst in uns gehen und überprüfen, ob und wie gut wir mit einem solch kritischen Satz leben könnten, können wir vielleicht ein Stück weit besser verstehen, warum solche Unterhaltungen konfliktbeladen sein können. Das Muster der Kritik, die wir wiederum erhalten, kann ihren Ursprung in der frühen Elternschaft unserer Eltern haben. **Statt auf ihre Vorwürfe einzugehen, können wir vielmehr fragen, wie sie selbst ihre Zeit mit Baby in Erinnerung haben und welche Erlebnisse sie verunsichert haben.** Wie hat die Schwiegermutter oder Mutter der neuen Großmütter reagiert. Waren sie vielleicht ebenso übergriffig in ihrem Verhalten oder ihren Äußerungen?

Ein mangelndes Selbstwertgefühl führt nicht selten zu einem starken, hohen Anspruch an sich und andere, etwa den Partner, die Kinder, die Partner der Kinder und an die Enkelkinder. Auch unterschiedliche Lebensentwürfe zwischen den Generationen können dazu führen, dass Erziehung unterschiedliche Bedeutung beigemessen wird. Solche Gespräche können spannend sein und uns direkt eine Erklärung liefern, warum wir die gleiche Kritik erfahren wie die neuen Großmütter in ihrer früheren Rolle als Mütter.

Wir halten fest, dass wir unsere Sicht auf unsere Erziehungsideale haben dürfen, aber die Großmütter natürlich auch. Es ist nicht notwendig, beide Vorstellungen auf einen gemeinsamen Nenner zu bringen. Wir haben das Recht, unsere Meinung zu vertreten und dafür zu sorgen, dass unsere Grenzen respektiert und nicht überschritten werden.

Was wir vielleicht in diesem Zusammenhang manchmal nicht sehen wollen: Wenn wir nicht dafür sorgen, tut es niemand sonst. Wie dies umgesetzt werden kann, wird im Kapitel »Dialog suchen, Konflikte meistern« beispielhaft beschrieben.

Heute sind wir selbst Eltern eines kleinen Kindes und wir können es so begleiten, wie wir es für gut und richtig erachten. Dem alten Gefühl können wir im Hier und Jetzt seine betäubende Kraft nehmen. Das braucht Geduld mit sich selbst und im ersten Schritt ein Bewusstsein dafür, wo unsere Gefühle ihren Ursprung haben. **Wenn wir also verstehen, was die vorangegangenen Generationen erlebt haben, können wir Auseinandersetzungen besser einordnen,** von uns loslösen und so immer wiederkehrende Konflikte abschließen. Damit können wir der Anfang von Veränderung in unserer Familie sein.

Keine Familie kann das Schild heraushängen:
»Hier ist alles in Ordnung!«
(Chinesisches Sprichwort)

Sich selbst gegenüber der größte Empath sein

Unser Selbstwertgefühl funktioniert wie ein Schutzschild. Erfahren wir positive Bewertungen durch andere, kann es seelische Verletzungen verhindern oder mildern. Oft glauben wir auch noch im Erwachsenenalter, dass unser Selbstwert an die Meinung anderer gekoppelt ist. Dabei können wir uns selbst jeden Tag Gutes tun und uns selbst zeigen, wie viel wir wert sind. Zum Beispiel, weil wir unsere Kinder zum Lachen gebracht oder ihre Tränen getrocknet haben. Wir dürfen stolz sein, wir dürfen müde sein, wir dürfen uns eine Pause wünschen. Wir tragen viele Talente und Fertigkeiten in uns, die wir manchmal als völlig selbstverständlich oder sogar wertlos erleben. Dass wir telefonieren können, ohne uns anmerken zu lassen, dass wir nebenher eine dicke, volle Windel beseitigen, ist im hohen Maße professionell und zeugt von gekonnter Routine. **Elternsein ist alles andere als einfach und schon gar nicht wertlos.**

Wenn unser Weg uns gut und richtig erscheint, dürfen wir ihn gehen. Elternschaft ist kein Leistungssport oder Wettkampf. **Es führt nicht zwangsläufig zu einem Familienstreit, wenn wir klar formulieren, was wir uns wünschen.** Es ist wichtig, sich selbst zu fragen, ob man das überhaupt getan hat oder tun würde – und wenn nicht, sollten wir uns überlegen, warum nicht. Was ist unsere Angst? Glauben wir, die Reaktionen unseres Gegenübers zu kennen? Was glauben wir zu verlieren, wenn wir für uns und unsere Familie einstehen?

Die Auseinandersetzung mit der eigenen Kindheit und mit manch unwiderruflicher Kränkung ist für viele von uns sehr schmerzhaft. Nicht selten suchen wir auch als Erwachsene noch die Schuld bei uns selbst. Hätten wir ein besseres Kind sein können? Und wenn wir es damals nicht waren, sollten wir es vielleicht heute sein? Gleichzeitig spüren wir bei diesen Fragen vielleicht einen inneren Widerwillen. Eine Frustration, die sagt: »Ich bin der, der ich bin. Reicht das nicht?« Dann bekommen wir das Gefühl, ungenügend zu sein und die Dinge nicht richtig zu machen. Und das kommt ganz besonders im Zusammenhang mit unseren eigenen Kindern zum Vorschein.

Unsere Geschichte mit unseren Eltern prägt uns. Sie hat uns zu dem gemacht, was wir sind. Uneingestandene Sehnsüchte und das tiefe Bedürfnis nach Nähe, Verständnis und Schutz spielen für uns als erwachsene Kinder unserer Eltern oft eine immer noch wichtige Rolle und können ein Grund für schmerzhafte Enttäuschungen sein, wenn diesen Gefühlen zu wenig Beachtung geschenkt wird. Ganz besonders in dem Moment, in dem wir selbst Eltern werden, treten diese alten Wunden zutage. Denn die Sehnsüchte verschwinden nicht einfach, nur weil wir erwachsen sind. **Wir können diesen familiären Umbruch als Chance verstehen, indem wir unsere Kinder so groß werden lassen, wie wir uns das für uns selbst gewünscht hätten.** Und allein das sorgt in manchen Fällen für Konfliktpotenziale.

So kann eine Konfliktsituation aus dem Wunsch heraus entstehen, dass unsere Eltern eine alte Schuld begleichen sollen. Sie sehen uns und unsere Kinder und sollen nun verstehen, was sie damals anders – in unseren Augen schlechter oder falsch – gemacht haben. Wir wünschen uns, dass sie unseren Schmerz erkennen, ohne dass wir ihn groß benennen müssen. Diese Sicht wurzelt in dem tiefen Wunsch, akzeptiert und angenommen zu sein. Oft erleben wir dann aber das genaue Gegenteil und das hat für uns eine tiefe Verzweiflung, Wut und Frustration zur Folge. In diesem Gefühl laufen wir nicht selten in den Konflikt. Wir fühlen uns angegriffen und in die Zeit unserer Kindheit zurückgeworfen – schlagartig und ohne Vorwarnung. Die Anerkennung bleibt aus. Stattdessen hören wir Worte des Unverständnisses, Hohn oder Spott. Unser Blick auf unsere Kinder wird nicht nur nicht respektiert, er wird offen infrage gestellt. Wir hören Sätze wie »Früher gab es so was nicht, früher haben wir nicht so einen Zirkus veranstaltet«. Der Groll und die Wut bringen uns nicht weiter. Wir rennen immer wieder gegen eine Mauer in der Erwartung, dass sich etwas ändert.

Vielleicht ist unser Blick auf uns selbst zu stark darauf ausgerichtet, wie andere uns sehen. Wie andere Menschen uns beurteilen in dem, was wir tun oder denken. Dies gilt besonders für unsere Eltern, und wir versuchen, diesem Bild zu entsprechen. Denn es bietet Anerkennung und Akzeptanz. Dieses Bild entspricht aber nicht unbedingt unserer Persönlichkeit – wenn wir plötzlich nicht mehr so agieren, denken und fühlen, wie andere es von uns erwarten, kann dies zu Unverständnis fühlen.

Wenn wir uns dieser Mechanismen bewusst sind, muss sich nicht zwangsläufig ein Konflikt daraus ergeben. Diese Mechanismen zu durchbrechen ist allerdings nicht leicht. **Es braucht die ehrliche Auseinandersetzung mit unserer Kindheit, unseren Eltern und der gemeinsamen Geschichte, um diese als einen Teil von uns zu akzeptieren.** Das ist nicht immer ohne Schmerz möglich und es braucht Zeit. Das Eingeständnis dieser Tatsache und deren Verarbeitung bergen aber in sich die Freiheit, nicht mehr bewusst oder unbewusst so zu handeln, wie unsere Eltern es von uns erwarten.

Sich selbst gegenüber der größte Empath zu sein bedeutet also im Kern, zuzulassen, dass diese Erwartungen, die an uns gestellt werden, nicht das Maß aller Dinge sind. Dass wir lernen, für uns selbst zu entscheiden und damit auch für unsere Familie.

Auch müssen wir lernen zu akzeptieren, was mit unseren Eltern in ihrer Rolle als Großeltern umsetzbar ist und was nicht. Denn wenn wir ehrlich zu uns selbst sind: Auch wir machen als Eltern im Umgang mit unseren Kindern nicht immer alles richtig. Es gibt keinen allgemeingültigen Maßstab im Umgang mit Kindern, der sich auf alle Menschen, die mit ihnen zu tun haben, gleichermaßen übertragen ließe. Der dänische Familientherapeut Jesper Juul schrieb dazu einmal sehr richtig:

»Betrachten Sie Ihre Familie als neues, spannendes Projekt,
dessen einzelne Teilnehmer nicht
von vornherein bestens qualifiziert sind!«
(Jesper Juul)

Somit wird deutlich: Schwarz-Weiß-Denken bringt uns hinsichtlich einer Konfliktbewältigung schlichtweg nicht weiter. Um von uns selbst andauernde Belastung und Stress abzuwenden, gilt die erste Frage im Falle eines drohenden Konfliktes immer zuerst mir selbst und meiner Motivation:

»Warum will ich nicht, dass das passiert?«
»Warum bin ich so verletzt?«
»Warum beharre ich so starr auf meiner Regel und fordere, dass diese umgesetzt wird?«, und: »Gibt es eine Alternative, mit der es sich gut leben ließe?«

Es gibt für uns alle klare Grenzen im Umgang mit unseren Kindern, die nicht verhandelbar sind. Hierzu zählen körperlicher und seelischer Druck und Gewalt jeder Art. Sicherlich gibt es aber auch Regeln, die verhandelbar sind. Und diese Regeln, sollten wir mit den Großeltern genauso klar kommunizieren wie die, die nicht zu verhandeln sind. Oft setzen wir unausgesprochen voraus, dass alle das Gleiche wissen, denken und fühlen. Das muss aber nicht so sein. **Es kann für die Großeltern tatsächlich hilfreich sein, wenn wir ihnen erzählen, was für uns harte, also unverhandelbare, oder auch weiche, also verhandelbare, Grenzen sind.**

Wir haben also die Wahl, wenn wir zu den Großeltern sagen:

> »Nein, bei uns zu Hause gibt es keine gezuckerten Erdbeeren und auch keine Schlagsahne. Und ich möchte, dass das auch bei euch so bleibt!«

Oder ob wir sagen:

> »Bei uns zu Hause gibt es keine gezuckerten Erdbeeren und auch keine Schlagsahne. Ich weiß, dass sie das gerne bei dir isst. Sag es mir nur bitte, damit ich am Abend die Zähne einfach noch etwas gründlicher putze. Einverstanden? Das ist mir wichtig.«

Schulden wir unseren Eltern Dank?

Die Philosophin Barbara Bleisch geht in ihrem Buch *Warum wir unseren Eltern nichts schulden* der Frage nach, ob und was wir Kinder unseren Eltern schulden. Schulden wir ihnen Zeit, Aufmerksamkeit, Verständnis oder Geduld? Müssen wir ihre Kommentare hinsichtlich unserer Vorstellungen von Erziehung aushalten? Dürfen wir uns klar abgrenzen und ist das Unverständnis seitens unserer

Eltern gerechtfertigt? Verpflichten Familie und Verwandtschaft uns auf direkte oder indirekte Weise?

Diese Sichtweise scheint antiquiert, wenn man bedenkt, wie bunt Familienleben heute ist. Die blutsverwandte Kernfamilie ist schon lange nicht mehr die einzige Realität in unserer Gesellschaft. Natürlich ist für uns alle das Wissen um die eigene Herkunft von großer Bedeutung, denn es hilft zu verstehen, wer wir eigentlich sind. Haben wir keinerlei Wissen über unsere Wurzeln und die Menschen, von denen wir abstammen, fehlen uns gewisse Puzzleteile auf unserem Weg der Selbstfindung. Dabei geht es selten um die Frage der DNA, es ist vielmehr der Wunsch, zu wissen, wie und wo wir aufgewachsen sind, wer unsere Eltern und Verwandten sind, wie sie leben, denken und fühlen.

Nicht wenige erleben eine Kindheit und ein Verhältnis zu ihren Eltern, die es ihnen unmöglich machen, dankbar zu sein. **Eine Pflicht zur Dankbarkeit kann so per se ausgeschlossen werden.**

Ermahnen wir uns und andere, ihren Eltern gegenüber dankbar zu sein, ist damit implizit die Erwartung verknüpft, die Erziehungsleistung unserer Eltern in ein positives Licht zu rücken. Wir sollen einsehen, dass vieles doch besser war, als wir es in Erinnerung haben. Und wie wir über die Funktionsweise des Gedächtnisses bereits wissen, ist jede Erinnerung eben auch subjektiv.

Dennoch: Unser Erleben als Kind und die Erinnerung daran als grundsätzlich falsch abzutun entbehrt jeder Grundlage. Umgekehrt sind ja auch unsere Eltern aus unserer Sicht mitunter nicht in der Lage, ihren Umgang mit uns ausreichend zu reflektieren. Im Zweifelsfall hören wir dann den Satz »Wir haben unser Bestes getan!« – der schon fast wie ein Schuldeingeständnis klingt.

Nicht selten ist es genau dieser Vorwurf, den Eltern ihren erwachsenen Kindern machen, wenn diese z. B. den Kontakt abbrechen: Sie seien undankbar, wüssten nicht zu schätzen, was ihre

Eltern für sie getan hätten. Nur müssen wir bei diesem Vorwurf auch immer eine wichtige Tatsache bedenken: Kinder haben nicht darum gebeten, geboren zu werden. Wenn sie geboren werden, sind sie völlig von der Pflege und Liebe der Personen abhängig, die sich ihrer annehmen. Überspitzt kann man fragen: **Wie kann man also einem Kind und – im weiteren Verlauf – einem erwachsenen Kind, das keine Wahlfreiheit hatte, Dankbarkeit abverlangen?**

Schlussendlich geht es auch gar nicht nur um die Frage, ob wir dankbar sein sollen, sondern vielmehr, ob wir es können, ob unsere Eltern uns Grund dazu geben oder ob es nicht vielmehr eine rein moralische Vorstellung ist, wie Eltern und Kinder im besten Fall miteinander umzugehen haben. Familiäre Bande sind untrennbar. Ganz gleich, von wem die Initiative ausgeht: Wenn wir uns entschließen, den Kontakt zu reduzieren oder gar abzubrechen, bleiben wir zeitlebens Sohn, Tochter, Bruder, Mutter oder Vater. Familie bindet uns einfach anders als Freundschaften. Diese tiefen Beziehungen machen uns stark, aber auch sehr verletzlich. Das gilt für Eltern wie für Kinder, ganz gleich welchen Alters.

Nicht wenige Kinder sind aus Angst, ihre Eltern zu enttäuschen, nicht in der Lage, ihnen zu offenbaren, dass sie ein anderes Leben planen als das, was sich ihre Eltern für sie wünschen. Dabei steht nirgendwo geschrieben, dass Kinder Traditionen übernehmen und weiterführen müssen. Solche Themen auf Augenhöhe besprechen zu wollen, in vielen Fällen aber nicht zu können, zeigt, dass Familie nicht mit Freundschaft vergleichbar ist.

»Bei der Verwandtschaft kann die gegenseitige Zuneigung fehlen, bei der Freundschaft aber nicht.«
(Cicero)

Zwischen Rebellion und dem Wunsch nach einem eigenen Lebensentwurf liegen Welten. Können Eltern schon kleinste Abweichungen der Kinder nicht wertfrei begleiten, kommt es früh zu Vorwürfen, Kritik oder dem Gefühl, die Kinder seien undankbar. Dann kann sich zwischen Eltern und Kindern über Jahre hinweg ein kommunikativer Graben entwickeln, der nicht leicht überquert werden kann. Alles, was die dann erwachsenen Kinder in ihrem Leben planen und umsetzen, durchläuft die gleiche kritische Prüfung wie in der Kindheit. Dabei gehört es zum Erwachsenwerden dazu, enge Fesseln zu sprengen und sich weiterzuentwickeln. Geschieht dies im familiären Kontext, fällt schnell das Wort des Undanks der Kinder gegenüber den Eltern, wenn diese Entwicklung nicht deren Vorstellungen entspricht. So bleiben auch Erwachsene immer Kinder ihrer Eltern, infantil, ohne ein selbstbewusstes Rückgrat und ohne die Möglichkeit, gelernt zu haben, für sich selbst einzustehen. Das Ergebnis ist ein familiäres Beziehungsmuster der nicht enden wollenden Bewertungen all dessen, was wir als erwachsene Kinder tun oder planen.

Eltern haben kein Anrecht darauf, durch ihre Kinder nicht verletzt zu werden. Wenn für uns als erwachsene Kinder Gewichtiges auf dem Spiel steht – und die Erziehung des eigenen Nachwuchses zählt da ganz klar dazu –, dürfen wir sehenden Auges in Kauf nehmen, dass Großeltern gekränkt sind, wenn wir sie nicht um Rat bitten oder Ratschläge im Zusammenhang mit unseren Kindern ablehnen. Wir müssen auch keine Kommentare ertragen, die unsere Integrität als Eltern infrage stellen, ganz gleich, wie jung unsere Kinder sind.

Es liegt vielmehr in der Hand jeder*s Einzelnen und der Familiengemeinschaft, die Familie auch nach dem Auszug der erwachsenen Kinder als einen Ort zu erhalten, der sich nach einem Zuhause anfühlt. Ein Ort, der Geborgenheit vermittelt und in dem sich auch erwachsene Kinder noch angenommen und in ihrer Individualität gesehen und verstanden fühlen. Ein Ort, zu dem man auch gern mit den Enkelkindern zurückkommen möchte. Es heißt ja auch so passend »in den Schoß der Familie zurückkehren« – **dafür braucht es keine Dankbarkeit, von keiner Seite, sondern die innere Haltung, die eigenen Kinder als gleichwertige Erwachsene wahrzunehmen, die mit ihren Kindern wiederum den erzieherischen Weg gehen wollen, der sich für sie gut und richtig anfühlt.**

Die Familiengeschichte selbstbestimmt weiterschreiben

Wir möchten als Eltern autonom und integer sein und gute Entscheidungen im Sinne unserer Familie eigenverantwortlich fällen. Wir schreiben die Geschichte unserer Familie weiter. Das bedeutet auch, dass Altes überschrieben wird und durch neue Erkenntnisse und unsere eigene Sicht geprägt ist. Jede Familie schreibt ihre eigene Geschichte. Über Generationen werden so direkte und indirekte Botschaften weitergegeben, geändert und gelöscht. Unsere »Familienbücher« vereinen sowohl Glaubenssätze als auch Ratschläge, Rituale und Wertvorstellungen. Sie sind unser moralischer Kompass, mit allen Dos and Don'ts der vergangenen Jahrzehnte. Diese Geschichte ist Teil unseres emotionalen Erbes, das auch unsere Kinder und Enkelkinder weiter begleiten wird.

Vieles hat seit langer Zeit Bestand (»Das haben wir schon immer so gemacht«). Kein Wunder, dass es uns dann schwerfällt, als Eltern diese »Familienbücher« zu überschreiben oder zu ergänzen. Dabei lebt die Entwicklung der Menschheit eben von diesen Veränderungen und Neuerungen. **Es ist unser Recht und unsere Pflicht, die Geschichte unserer Familie für die neue Generation fortzuführen und neu zu schreiben.** Alles Neue birgt Chancen. Veränderung muss aber nicht immer positiv aufgenommen werden. Wir erinnern uns: Es gibt nicht »die eine Wahrheit«. Und das bringt uns zurück zum Konflikt, der in nicht wenigen Familien aufgrund unterschiedlicher Auffassungen hinsichtlich der Erziehung unserer Kinder herrscht.

Und auch, wenn es mühselig, anstrengend und kräftezehrend ist: **Der regelmäßige Austausch hilft, die unterschiedlichen Sichtweisen zusammenzubringen.** Je früher wir dies erkennen und umsetzen, desto routinierter und gelassener können wir auf etwaige Diskussionen eingehen. Wenn wir uns einig sind, dass wir uneinig sind, und uns dies auch wertschätzend spiegeln können, ist ein wichtiger Schritt gemacht.

Wir brauchen nicht die Erlaubnis unserer Eltern für die Entscheidungen, die wir fällen. Wir müssen auch nicht direkt oder indirekt darum bitten, diese Erlaubnis zu erhalten. Nicht alle Themen unserer Familie müssen den Weg zu unseren Eltern finden. Da fragen sich einige zu Recht: Muss ich mir jetzt selbst einen Maulkorb anlegen? Soll ich mich nicht über alles, was mir wichtig ist, mit meinen Eltern austauschen können?

Diesen Wunsch zum regen Austausch tragen viele in sich, aber dazu braucht es ein offenes, wertfreies Gegenüber. Eines, das nicht alles als Angriff oder Kritik versteht und in der Lage ist, mit seinen Überzeugungen und Standpunkten zurückzutreten. Kurz: ein Gegenüber, das uns die Seiten des »Familienbuches« überlässt, damit wir die Geschichte auf unsere Weise weiterschreiben können. Und das bedeutet, dass manches auf den Seiten der Großeltern im Familienbuch mit dem heutigen Wissen mit Fragezeichen versehen wird oder als Aussage nicht stehen gelassen werden kann.

Ist es unser Ziel, die Großeltern über ihre überholten, erzieherischen Irrtümer aufzuklären, braucht es unsererseits in der Kommunikation Fingerspitzengefühl. Oder wollen wir sie vielleicht vorführen und unbedingt von ihnen hören, dass sie Fehler gemacht haben? Dann dürfen wir uns über den darauffolgenden Konflikt nicht wundern.

Ganz gleich, ob die Wissenschaft oder unser Bauchgefühl uns recht gibt: Dass die Großeltern sich vorgeführt fühlen, ist keine Basis dafür, neue Erkenntnisse in die Familie zu tragen, und nicht jedes Großelternteil wird dieses neue Wissen für sich annehmen wollen oder können. Das gilt es zu akzeptieren. **Denn letztlich geht es für uns darum, mit unseren Kindern so umzugehen, wie wir es uns wünschen, und nicht nach den Vorstellungen der Großeltern zu handeln.** Familienleben ist dynamisch. Es gilt für uns auch immer wieder zu überprüfen, was uns persönlich wirklich schadet, einschränkt oder behindert. Dafür lohnt es sich dann auch zu streiten.

Wenn wir streiten, um »recht zu bekommen«, kostet uns das viel Energie, die uns im Alltag dann an anderer Stelle mit unseren Kindern vielleicht fehlt. Unterschiedliche Werte prägen unsere Familien, deshalb hilft es vielleicht auch, zu sagen: »Meine Werte müssen nicht deine Werte sein – und umgekehrt«. Es muss nicht immer einen Konsens geben.

Warum Veränderung so schwierig ist

Das Miteinander der Generationen ist eine sehr empfindliche und vor allem eine emotionale Sache. Unterschiedliche Charaktere, Wünsche und Vorstellungen verlangen von allen Beteiligten eine gehörige Portion Aufmerksamkeit, Geduld und die Bereitschaft, beieinanderzubleiben. Kommt es in unserer Familie zu fundamentalen Konflikten und in schlimmen Fällen zu Distanzierungen oder Kontaktabbrüchen, nehmen wir dies als bleibenden Trennungsschmerz wahr, der nie so ganz vergehen möchte.

Fakt ist: Die Menschen, die wir lieben, haben den größten Einfluss auf uns. Das trifft im besonderen Maße auf unsere Eltern zu. Sie sind unser Kompass. Ihr Einfluss hat uns lange begleitet und unsere Sicht auf unser Selbstbild nachhaltig geprägt. Wenn wir in ihren Augen nicht genügen, gerät unser Bild von uns selbst ins Wanken.

Kränkungen sind allgegenwärtig. Wir erleben sie am Arbeitsplatz im Kollegium, in Paarbeziehungen und im familiären Umfeld. Sich gekränkt zu fühlen ist eine normale menschliche Reaktion. Kränkungen sind oft eine Mischung aus verschiedenen emotionalen Zuständen. Wir fühlen uns ohnmächtig. Wir sind empört, dass der andere so mit uns umgeht. Wir sind oftmals traurig, weil wir nicht anerkannt werden. Kränkungen können Züge von Angst, Schmerz und Scham tragen: Angst, weil ein Gefühl von Bedrohung vorliegt. Oft ist dabei nicht ganz klar, worin diese Bedrohung genau besteht. Sie geht aber – anders als bei Angst – mit einem tatsächlichen

Schmerz einher. Daraus wiederum kann Scham resultieren. Denn wie soll man seinem Gegenüber erklären, dass etwas schmerzt, was für den anderen nicht da ist?

Wenn die Verlustangst ins Spiel kommt

Ausgeprägte Verlustängste wurzeln meist in der Kindheit. Frühkindliche Traumata wie der Tod einer nahestehenden Person oder die Trennung der Eltern können sie auslösen – vor allem dann, wenn die Erfahrung nicht verarbeitet und ein gesunder Umgang damit nicht gelernt werden konnte.

Es müssen jedoch nicht immer traumatische Erlebnisse hinter den Verlustängsten stecken. Auch der jeweilige Erziehungsstil kann dazu beitragen. So können etwa überängstliche Eltern, die möglicherweise selbst unter Verlustängsten leiden, ihre Angst auf ihr Kind projizieren. Das geht oft Hand in Hand mit der Erziehung zur Unselbstständigkeit, die die Angst, allein zu sein, beim Kind fördert.

Ebenso kann natürlich auch Vernachlässigung in der Kindheit ein ungesundes Bindungsverhalten im Erwachsenenalter zur Folge haben und Verlustängste hervorrufen. Negative Beziehungserfahrungen und die Angst vor einer erneuten Trennung können aber auch dazu führen, dass Betroffene Nähe-Distanz-Probleme und eine Bindungsangst entwickeln. In manchen Fällen setzt sich die Störung aus der Kindheit im Erwachsenenalter fort. Hier spielen der Bindungs- und Erziehungsstil sowie Interaktionen, Konflikte und individuelle Persönlichkeitsmerkmale eine entscheidende Rolle.

In der Beziehung zu ihren Eltern zeigen daher auch erwachsene Kinder oft den Wunsch nach viel Bestätigung und Anerkennung durch ihre Eltern, um sich ihrer Liebe sicher sein zu können. Ihre

Angepasstheit lässt sie Diskussionen aus dem Weg gehen. Sie sind nachgiebig und können schlecht »Nein« sagen. Kommt es zum Streit, reagieren sie mitunter kopflos und panisch, da die Situation sie überfordert.

Die **pathologische Verlustangst** kann unterschiedliche Ausprägungen haben. So kann z. B. mit einer übermäßig strengen Erziehung eines Kindes beabsichtigt werden, über dessen Leben umfassend zu bestimmen, damit es nicht eines Tages eigene Wege geht. Die Angst vor einer Trennung kann zudem Eifersucht auf den Partner oder die Partnerin hervorrufen, die sich in irrationalen Verdächtigungen, Klammern und übertriebenem Kontrollverhalten ausdrückt. Auch die Unfähigkeit, sich als erwachsenes Kind von seinen Eltern zu trennen und ein eigenes Leben zu beginnen, kann als Ausdruck von Verlustangst angesehen werden.

Aber auch abseits der pathologischen Verlustangst: Als die sozialen Wesen, die wir sind, brauchen wir das Leben in der Gemeinschaft und deren Anerkennung. Bleibt diese aus und finden wir kein Gehör, fühlen wir uns gekränkt und ausgeschlossen. Auch als erwachsene Kinder können wir uns deshalb von Verlust- und Trennungsängsten bedroht fühlen. Dies betrifft insbesondere die Beziehung zu unseren Eltern. In jedem Konflikt steckt deshalb mehr oder weniger Potenzial, Verlust- oder Trennungsängste hervorzurufen. **Diese möglicherweise unbewusste Angst nimmt Einfluss auf unser Verhalten in einem Konflikt.** Letztlich besteht dabei immer eine gewisse Gefahr, aus Angst vor dem Verlust den eigenen Standpunkt weniger stark zu betonen.

Dabei ist dieses Vorgehen – evolutionär betrachtet – durchaus ein Erfolgsmodell, und auch heute schützt uns ein gesunder Respekt vor der Trennung eben genau davor. Jedoch sollten wir uns selbst hierbei immer fragen, inwieweit wir noch bei uns und unseren Wünschen und Vorstellungen sind. Müssen wir feststellen, dass wir regelmäßig zurückstecken, ist es Zeit zu handeln und professionelle Hilfe zu suchen.

Wenn wir etwas falsch verstehen

Wir interagieren stets verbal und nonverbal mit unserer Umwelt. Das heißt, die Art, wie wir sprechen, aber auch die Art, wie wir uns verhalten, haben Einfluss auf das Sprechen und Verhalten unseres Gegenübers. Wir kommunizieren ständig, auch wenn wir gar nicht sprechen. Paul Watzlawick bringt zum Ausdruck, dass wir in jedem Moment kommunizieren und uns dem auch nicht entziehen können:

> *»Man kann nicht nicht kommunizieren, denn jede Kommunikation (nicht nur mit Worten) ist erhalten und genauso wie man sich nicht nicht verhalten kann, kann man nicht nicht kommunizieren.«*
>
> Paul Watzlawick, Psychotherapeut und Kommunikationswissenschaftler

Wir können aus Freude oder Schmerz Tränen weinen und ein Lächeln kann Sympathie oder Verachtung ausdrücken. **Analoge Kommunikation ist immer mehrdeutig und kann unterschiedlich entschlüsselt werden.** Mögliche Fehlinterpretationen können der Nährboden für Konflikte sein. Vermeintlich gut gemeinte Hinweise der Großeltern können wir als Eltern nicht immer wertfrei annehmen. Manchmal liegt es am eigenen Anspruch, dass wir die Kritik lauter raushören, oder aber die Art und Weise fühlt sich übergriffig an. Der Psychologe Friedemann Schulz von Thun hilft uns mit seinem Kommunikationsquadrat,[1] besser zu verstehen, wie unterschiedlich wir Nachrichten interpretieren. Es zeigt, dass wir mit jeder Äußerung auch unbewusste Botschaften senden. Jede Nachricht umfasst demnach folgende vier Ebenen:

1. **Sachlicher Inhalt einer Nachricht (Sachinformation)**
2. **Informationen über den Sender (Selbstkundgabe)**
3. **Informationen über das Verhältnis zwischen Sender und Empfänger (Beziehungshinweis)**
4. **Informationen darüber, was der Sender beim Empfänger erreichen möchte (Appell)**

Sender und Empfänger können jeweils die Nachricht entsprechend diesen Ebenen gewichten. Schulz von Thun spricht hier von vier unterschiedlichen »Schnäbeln« und vier unterschiedlichen »Ohren«.

Wenn Schulz von Thun von Ohren spricht, meint er, dass wir Nachrichten unterschiedlich hören. **Mitteilungen, die uns emotional nicht stark betreffen, hören wir anders als solche, die einen unmittelbaren Einfluss auf uns haben.** Dieser Einfluss kann in der Nachricht als solcher liegen oder aber durch die Person, die zu uns spricht, verursacht werden.

Die unterschiedlichen Ebenen zu kennen und zu verstehen, hilft uns, eine Nachricht in ihrer Ganzheit zu erfassen. Wir können uns dann selbst fragen: Mit welchem Ohr empfange ich stärker? Höre ich rational und erfasse das Thema, oder höre ich stärker auf der Beziehungsebene? Der am Ende stehende Appell stellt uns auf die Probe und wir fragen uns: Was soll ich jetzt tun? Was wird von mir erwartet? Was soll ich denken oder fühlen?

Mit einem Appell ist eine Erwartung des Senders verknüpft. Dieser verbindet also mit seiner Nachricht bestimmte Wünsche, Ratschläge und/oder Handlungsanweisungen. Gerade Eltern geraten mit den Großeltern in diesem Zusammenhang in ein oftmals stressiges Kommunikationsmuster. **Hier kann es hilfreich sein, weniger auf der Beziehungsebene zu hören und mehr auf den Sachinhalt zu achten, um entspannter auf den Appell reagieren zu können.** Niemand soll sein Gesicht verlieren. Allen ist so die Möglichkeit gegeben, in Kontakt zueinander zu bleiben.

Nun hören wir als Eltern oft mehr Appelle, als uns lieb ist. Ungefragt prasseln Meinungen und Einschätzungen auf uns ein und unser Leben als Familie wird einer Bewertung unterzogen. Sei es, dass das Kind vermeintlich zu viel oder zu wenig schläft, dass es zu oft gestillt, zu früh getröstet oder zu lange in den Schlaf begleitet wird.

All unser Tun findet unter einer psychosozialen Lupe statt, wird bewertet und manchmal verurteilt. Gemeint sind die Erwartungen an Eltern, die durch Kinderärzt*innen, Betreuer*innen, Lehrer*innen, Nachbar*innen, Menschen im Supermarkt etc. subtil an sie herangetragen werden. Je nachdem, wie wir in Beziehung zu den appellgebenden Personen stehen, ist es uns nur schwer möglich, auf einer sachlichen Ebene zuzuhören – ganz besonders, wenn wir uns in einer Art Dauerfeuer befinden.

Doch nicht jede Anmerkung ist als Übergriff gemeint oder als solcher zu verstehen. Und selbst wenn, liegt es an uns, ob wir diese vermeintliche Provokation annehmen oder verpuffen lassen. Abzuwägen, ob ein Konflikt sinn- und zielführend ist, kann darüber mitentscheiden, wie der Besuch bei den Großeltern oder einem Familienfest in Erinnerung bleibt.

Großmutter: »Du stillst ja die ganze Zeit, ich glaube die Milch reicht nicht, um das Baby satt zu machen.«

Sachinhalt: »Das Kind hat Hunger.«
Selbstkundgabe: »Ich habe schon Kinder großgezogen, ich weiß, wie das geht.«
Beziehungshinweis: »Ich habe Zweifel, dass du das richtig einschätzt.«
Appell: »Gib ihm mehr oder etwas anderes zu essen.«

Je nachdem, wie (dem Modell von Schulz von Thun zufolge) unsere Ohren für das entsprechende Thema ausgeprägt sind, entscheidet sich, wie wir mit dieser Nachricht umgehen. In Erziehungsfragen sind hier unser Selbstbild und unsere eigene Einschätzung unserer Kompetenz als Eltern entscheidend.

Wenn der Stress nicht unserer ist

Wir alle erleben Stress, wenn unser Selbstwert bedroht ist, wenn wir Angst haben, zu versagen, oder wir von wichtigen Menschen emotional getrennt sind. Kommen wir also in Stress oder Angst auslösende Situationen, werden die Nervenzellen der Amygdala aktiviert. Dieser kleine, mandelkernförmige Komplex unseres Gehirns sitzt im limbischen System. Dort sitzen auch unterschiedliche Hirnstrukturen im Verbund, die wiederum eine große Rolle bei unserer individuellen Verarbeitung von Emotionen spielen. Zu diesen Emotionen gehören auch die Angst und Stress auslösenden Gefühle, nicht zu genügen oder im Hinblick auf Elternschaft und Kindererziehung in negativer Kritik zu stehen.

Sowohl das sympathische Nervensystem als auch der Hypothalamus, unsere Schaltzentrale zwischen Hormon- und Nervensystem, setzen Hormone frei, die uns in Stresssituationen in einen Flucht- oder Kampfmodus versetzen. Diese Hormone liefern unserem Körper mehr Sauerstoff und Energie, um schnell handeln zu können. Dazu müssen wir wissen, dass das limbische System ein sehr alter Teil unseres Gehirns ist. Es steuert neben der Verarbeitung von Emotionen das Gedächtnis, den Antrieb, das Lernen, aber auch vegetative Funktionen wie die Nahrungsaufnahme und die Verdauung. Das zeigt sich besonders deutlich an den körperlichen Begleiterscheinungen, wenn wir in Stress geraten: eine beschleunigte Atmung, ein steigender Puls und Verspannungen. Ein erhöhter Muskeltonus führt nicht selten zu Zittern oder Zähneknirschen. Auch unsere Verdauung verläuft schleppender. So spart unser Körper im Stress Energie.

Die Amygdala ist eng mit dem Hippocampus, der zentralen Schaltstation unseres limbischen Systems, verbunden. Sie veranlasst diesen, sich die Stress auslösende Situation gut zu merken. **Unser Gehirn hat also ein Stressgedächtnis, damit wir lernen, Stressoren besser zu erkennen und uns vor ihnen in Acht zu nehmen.** Dazu braucht unser Gehirn aber auch Pausen. Verfallen wir in chronischen Stress, schädigen wir die Zellen im Hippocampus, die für die Aufnahme von Informationen zuständig sind. Dies wirkt sich negativ auf unser Gedächtnis und unsere Stressresilienz aus.

Der präfrontale Kortex in unserer Großhirnrinde kontrolliert unsere Emotionen und hilft uns in der Bewertung, ob Stressoren für uns zu bewältigen sind oder nicht. Empfinden wir den Stress als chronisch, verändert dies auch den präfrontalen Kortex, was es uns wiederum erschwert, sinnvolle rationale Entscheidungen zu fällen oder adäquat zu reagieren.

Andauernde Ratschläge oder Diskussionen in Erziehungsfragen können unser Stresssystem belasten. Je öfter wir in diese Situation geraten, desto schneller und emotional unkontrollierter reagieren wir auf unser Gegenüber. Nach Schulz von Thun hören wir dann mehr auf der Beziehungsebene und weniger auf der rationalen Sachebene.

Aber auch **unsere über die Jahre erlernten Strategien zur Stressbewältigung kommen nun zum Tragen** und decken auf, wie stark uns Stress belastet. Wie reagieren wir, wenn Vorgesetzte uns kritisieren oder wir mit Freunden streiten? Haben wir in unserer eigenen Kindheit früh Stress erleben müssen, so beeinflusst dieser Umstand unsere Reaktion. Stresshormone werden schneller und intensiver ausgeschüttet. In Tierversuchen mit Mäusen konnte nachgewiesen werden, dass dieser Effekt durchaus lebenslang bestehen bleiben kann.

Damit wir also gut für uns als Eltern und für unsere Kinder sorgen können, ist es wichtig, zu wissen, was uns wann in Stress versetzt. **Wenn wir besser verstehen, wie wir auf Stress reagieren, können wir unser eigenes Rettungssystem gegen Stress entwickeln.** Es hilft uns, besser zu kommunizieren und das, was an uns an Meinungen und Ratschlägen herangetragen wird, wertfreier anzunehmen und nicht in einen familiären Konflikt zu tragen.

Nicht selten fühlen wir uns gestresst, obwohl es eigentlich unser Gegenüber ist, das in einer stressigen Lage ist. Dass die Großeltern gestresst wirken, kann viele Gründe haben: **Nicht selten reagieren Großeltern gestresst auf unsere Art, zu erziehen.** Grund kann Besorgnis sein, oft ist es aber vielmehr die Überforderung mit einer Erziehungshaltung, die ihnen fremd ist. Wir kennen alle das Gefühl, in neuen Situationen gestresst zu sein, ob es nun die neue Arbeitsstelle mit den neuen Kollegen betrifft oder ob wir ein Fest besuchen, auf dem wir so gut wie niemanden kennen. Solange wir noch nicht dazugehören, an den Gesprächen kaum teilnehmen können, weil uns Informationen fehlen, dominiert in uns das Gefühl, ausgeschlossen zu sein. Im Streben nach Akzeptanz und Verbundenheit wünschen wir uns, dazuzugehören.

Auch Großeltern haben ihre eigenen Erinnerungen an ihre Zeit mit einem Baby. Wenn sie ihre Enkelkinder besuchen, rechnen sie damit, das zu erleben, was sie selbst noch in Erinnerung haben: ein Kinderwagen, ein Stubenwagen, ein Babybett im Kinderzimmer. Dass viele von uns heute den Kinderwagen oft nur nutzen, um unsere Einkäufe sicher nach Hause zu transportieren, während wir unser Baby im Tragetuch tragen, und das Babybett Ablageort der Schmutzwäsche geworden ist, das Kind aber im Tuch oder auf dem Arm eines Elternteils schläft, können sie nicht immer nachvollziehen. Wenn sie dann sehen, wie wir während des dreistündigen Besuchs »durchgehend« unser Baby stillen, ist die Verunsicherung groß.

»Früher haben wir das nicht so gemacht, und ihr seid auch groß geworden.«

Eine solche Aussage könnten wir zunächst als Anklage verstehen. Möglicherweise entspringt sie aber lediglich der Unsicherheit der Großeltern. Je nach Persönlichkeit kann sich dieser fremde Stress aktiv oder passiv im Miteinander zeigen. Hören wir eher Vorwürfe und kommen wir auch immer wieder in die unangenehme Situation, uns rechtfertigen und erklären zu müssen?

Unsere Stressmuster, unsere Art, zu kommunizieren und einen Konflikt zu bewerten bzw. zu bewältigen, hängen mit den generationenübergreifenden Erfahrungen zusammen, die unsere Elterngenerationen gemacht haben. Mark Wolynn beschreibt in seinem Buch *Dieser Schmerz ist nicht meiner,* wie unverarbeitete Familiengeschichte von Generation zu Generation weitergegeben wird und nicht selten für andauernde Konflikte und Kontaktabbrüche verantwortlich sein kann. Hiermit ist nicht nur gemeint, dass Familien Leid durch Krieg, Vertreibung oder Gewalt erlebt haben. Auch Vernachlässigung, existenzielle Ängste oder das Gefühl, nicht erwünscht zu sein, können sich auf diese Art generationenübergreifend verstetigen. Dieser Schmerz kann für uns und die Generationen vor uns körperliche und seelische Folgen mit sich bringen, die maßgeblich unsere Beziehungs- und Konfliktfähigkeit prägen.

Diesen Stress müssen wir nicht zu dem unseren machen. Wir können ihn nachfühlen, weil wir ähnliche Situationen kennen und uns in unser Gegenüber hineinversetzen können. Dieses Verständnis bedeutet aber nicht, dass wir uns in unserer Haltung beirren lassen müssen. Nicht nur für uns, sondern auch für die Großelterngeneration können wir eine neue Art der Beziehung prägen, und die Geschichte zeigt uns, wie nötig wir dies alle haben.

Wenn die Eskalation zu weit fortschreitet

Vergangene Konflikte prägen uns und beeinflussen auch nachfolgende Konfliktsituationen – oft in einem solchen Maße, dass die Lösung eines Konflikts erschwert wird. Dadurch ergibt sich **ein immer wiederkehrendes Muster, das letztlich zur Eskalation führen kann.** Um dem zu entgehen, tendieren viele Menschen zur Konfliktvermeidung, sie thematisieren ein Störgefühl schlichtweg nicht. Diese Strategie ist aber nicht in der Lage, Konflikte zu lösen. Stattdessen raubt sie uns – aufgrund der angespannten Vermeidungshaltung – Ressourcen und bedeutet Stress und Stillstand auf der familiären Beziehungsebene.

Nicht immer treten Konflikte offen zutage. Sie brodeln in uns und unserem Gegenüber. Und jedes weitere Wort, jede weitere für uns konfliktbehaftete Situation machen es schwieriger, in Kontakt zu treten und das Thema anzusprechen.

Um zu verstehen, welcher Dynamik Konflikte auf dem Weg der Eskalation folgen, kann man **Eskalationsmodelle** heranziehen. Das

Modell des österreichischen Konfliktforschers Friedrich Glasl zeigt deutlich, dass Auseinandersetzungen, die einen gewissen Punkt auf der Skala der Konflikteskalation überschritten haben, sowohl nicht mehr ohne Hilfe von außen als auch nicht ohne schmerzhafte Rückschläge gelöst werden können.

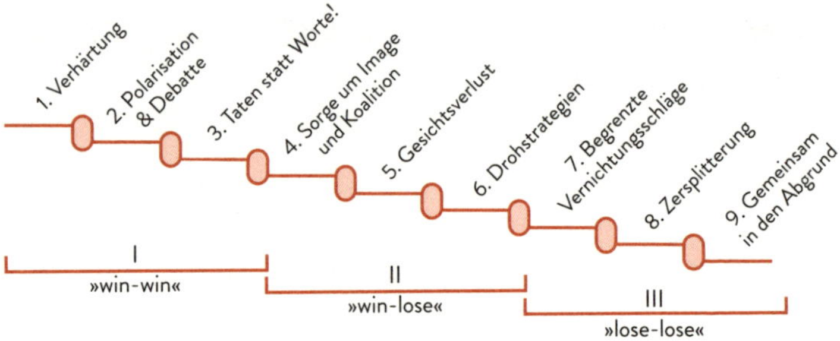

3 Ebenen und 9 Stufen der Konflikteskalation nach Glasl (Zeichnung nach Vorlage aus: Konfliktmanagement. Friedrich Glasl, 2010, S. 237).

Auch in den ersten Phasen eines drohenden Konfliktes kann es für uns eine enorme Herausforderung sein, für uns klar und eindeutig zu kommunizieren, was wir uns von unseren Eltern wünschen und was nicht, denn mit unserem Denken oder Handeln ist oft auch die Sorge verbunden, unsere Eltern gegebenenfalls zu enttäuschen. Enttäuschung ist ein unmittelbar menschliches Gefühl – müssen wir es womöglich auch unseren Eltern zugestehen? Dass uns unsere Eltern aber nicht verstehen, ja vielleicht sogar enttäuscht sind, verletzt uns natürlich enorm. Das ist das Pulverfass eines jeden familiären Konfliktes: Beide Seiten sind verletzt und beide Seiten erwarten, dass der andere seinen Fehler einsieht und sich entschuldigt. Beide Seiten fühlen sich im Recht, wollen ihre Argumente anbringen und Gehör finden.

Besonders kennzeichnend für viele Konflikte ist, dass sich alle Beteiligten als Opfer fühlen. Sie haben die Kontrolle über die Situation verloren und sind »Getriebene«, die nur noch auf die Angriffe der Gegenseite reagieren. Das Denken, Fühlen und Wollen der Familienmitglieder, die in einem Konflikt stehen, sind verändert. Die jeweils andere Partei wird zur Ursache aller Probleme. Jede weitere negative Entwicklung wird vermeintlich durch »die anderen« verursacht. Um die eigene Position zu stärken und die andere Seite vielleicht doch noch zu überzeugen, neigen wir dazu, immer mehr Themen und Argumente zusammenzutragen. Auf der anderen Seite verschließen sich die Betroffenen ihrerseits immer weiter.

Die Situation wird dadurch immer unübersichtlicher und komplexer. Als Reaktion auf diese Unübersichtlichkeit suchen die beteiligten Familienmitglieder subjektiv nach der Ursache allen Übels und finden sie in stereotypen Vereinfachungen. »Mit dir kann man nicht reden!« oder »Du bist immer gleich so empfindlich!« sind nur zwei Beispiele für diese Stereotype, die den Konflikt schnell eskalieren lassen können. **Der Blick auf die eigenen Anteile am Konfliktverlauf ist den Familienmitgliedern dann nicht mehr möglich.** Sie betrachten das eigene (Fehl-)Verhalten nur noch als Reaktion auf das Verhalten der Gegenseite: »Ich kann gar nicht anders, ich muss auf diese Vorwürfe/Behauptungen reagieren und mich wehren!« Schreitet der Konflikt dann weiter voran, zeigt sich, dass die betroffenen Familienmitglieder auf Verhaltensmuster zurückgreifen, die nicht ihrer wirklichen Reife entsprechen, sondern an frühkindliche oder pubertäre Muster erinnern, bis sich zum Schluss keines der Familienmitglieder mehr für den Verlauf des Konfliktes verantwortlich zeigen kann oder will.

Es gilt also, es gar nicht erst so weit kommen zu lassen. Mit Blick auf das vorgestellte Modell von Friedrich Glasl sollte demnach die Win-win-Phase nicht überschritten werden, da es hier noch möglich ist, den Konflikt ohne Gesichtsverlust einer Partei beizulegen. Hilfreich dafür ist es, sich zunächst rational, z. B. im Austausch mit Unbeteiligten, **über den eigenen Standpunkt klar zu werden.** Im Umgang mit den Konfliktbeteiligten helfen wiederum **verschiedene Kommunikationstechniken,** von denen im Folgenden eine kurze Auswahl vorgestellt wird. Sehr sinnvoll ist immer auch der therapeutisch begleitete Austausch mit allen Beteiligten in Form von Mediationen, der aber in sehr hohem Maße die Akzeptanz voraussetzt, eine außenstehende Person einzuweihen. Häufig stehen einer Mediation auch irrationale Ängste entgegen, sich einem Fremden zu weit offenbaren zu müssen.

Wenn Wertschätzung fehlt und der innere Kritiker zu laut ist

Uns Menschen liegt viel daran, anerkannt und wertgeschätzt zu werden. Den Ursprung sehen Forschende in unserer frühen Menschheitsgeschichte. Vor Jahrmillionen entwickelten die ersten Primaten die Fähigkeit, über die reine Fortpflanzung hinaus soziale Bindungen einzugehen. Das verschaffte ihnen nicht nur einen signifikanten Vorsprung bei der Jagd nach Beute, sondern führte auch zu mehr Sicherheit und Schutz der Einzelnen in der Gruppe. Und somit wurde es überlebenswichtig, in dieser Gruppe akzeptiert zu sein. Forschungen zeigen, dass unser Streben nach sozialer Anerkennung also ein evolutionsbiologisches Grundbedürfnis ist und uns bis heute genetisch bestimmt.

Unsere soziale Gruppe ist heute die Familie, neben Freundinnen und den Kollegen auf der Arbeit. Von unseren Eltern angenommen, versorgt und geliebt zu werden ist für unser Überleben heute noch genauso wichtig wie z. B. für die Jäger und Sammler der Steinzeit. Aber soziale Akzeptanz ist nicht nur für das gesunde Aufwachsen von Kindern wichtig, sondern ebenso für Erwachsene. Andere Menschen sind für uns wie ein Spiegel, der unsere Identität mit formt. Wenn wir angenommen werden, wirft uns das ein positives Bild von uns selbst zurück.

Den meisten von uns ist es nicht bewusst – aber unsere verbale wie nonverbale Kommunikation ist darauf ausgelegt, wohlwollend wahrgenommen zu werden: Das kann ein Blick oder ein leichtes Kopfnicken sein. Die Transaktionsanalyse nennt es Streicheleinheiten oder auch »Strokes«. Für Eric Berne, den Begründer der Transaktionsanalyse, sind Strokes für das physische und psychische Überleben eines Menschen unbedingt notwendig, und er vergleicht das Bedürfnis danach mit dem physischen Hunger. Besonders Babys und Kindern ist es wichtig, viele positive Strokes zu bekommen. Sie richten ihr Verhalten so aus, dass sie möglichst positive Anerkennung bekommen. Auch im Erwachsenenalter spielt dieses Mittel für die Anpassung in einer Gruppe eine große Rolle, denn indem wir für unser Verhalten, unsere Persönlichkeit und unsere Eigenschaften Zustimmung erhalten, wissen wir, dass wir uns den Werten der Gruppe gemäß verhalten. Wir machen also »alles richtig« und unsere Umgebung versichert uns: »Du gehörst dazu und du bist uns wichtig.«

Im Kern bedeutet das: Es kann uns nicht völlig gleich sein, was andere von uns denken. Wir alle brauchen das positive Feedback der Menschen, die uns wichtig sind. In welchem Maße wir dies brauchen, ist wiederum sehr unterschiedlich ausgeprägt und wir tun gut daran, in uns zu gehen und zu erforschen, ob wir uns eher viel oder weniger Anerkennung wünschen. **Denn mit dem Wunsch nach Anerkennung steigt auch die Wahrscheinlichkeit der Kränkung und der Konflikte, wenn wir diese Anerkennung nicht in dem Maße erfahren, wie wir es zu brauchen glauben.** Ein hohes Bedürfnis nach Anerkennung beeinflusst unser Verhalten stark. Wenn wir unser Glück und unser Selbstbild von der Zustimmung anderer abhängig machen, verfolgen wir nicht unbedingt die Dinge, die uns entsprechen und interessieren, sondern das, was andere für richtig halten.

Es ist sinnvoll, dass wir uns persönlich mit den Ursachen unseres großen Bedürfnisses nach Wertschätzung und Anerkennung auseinandersetzen. Haben wir als Kinder vielleicht selbst erfahren müssen, dass die Liebe unserer Eltern an Leistungen gekoppelt war (gutes Benehmen, gute Noten) ist das ein Muster, das wir über Jahre tief verinnerlicht haben. Oder wir hörten oft, dass wir nichts wirklich gut können und unsere Eltern enttäuschen. Dahinter steht oft die Angst der eigenen Eltern, von der älteren Generation oder der Gesellschaft kritisiert und nicht akzeptiert zu werden. Und wir übernehmen dieses Muster in unser Erwachsenenalter. Oft hoffen wir, mit der Geburt unserer eigenen Kinder beweisen zu können, dass wir gute Eltern sind – bessere, als unsere Eltern es in unseren Augen oft waren. Die Erziehung unserer Kinder verknüpfen wir mit dem Wunsch, Anerkennung zu bekommen.

Wenn wir in frühen Jahren kein stabiles Selbstbewusstsein entwickeln konnten, versuchen wir häufig, im späteren Erwachsenenalter einen Ausgleich zu schaffen. Durch einen tollen Job, viele Reisen, einen Freundeskreis, der uns die Bestätigung gibt, die wir uns wünschen. Das ist gar nicht falsch und hilft uns, negative Erfahrungen durch positive zu ersetzen und die emotionale Lücke ein Stück weit zu schließen. Und trotzdem können wir tief fallen, wenn wir merken, dass sich unser Wunsch nach Anerkennung durch unsere Eltern nicht erfüllt. Dass keiner uns auf die Schulter klopft und sagt: »Du machst das toll!« Denn auch, wenn wir im Leben viel erreicht haben und stolz auf uns sind – die Anerkennung unserer Eltern bleibt, wenn wir selbst Eltern werden, trotzdem enorm wichtig. **Unser intensives Streben nach Anerkennung ein Stück weit loslassen zu müssen kann sich wie Versagen anfühlen.** Wir haben Sätze im Kopf, die wir vielleicht schon lange kennen:

> »Ich habe es nicht geschafft, dass meine Eltern stolz auf mich sind!«
> oder:
> »Nie mache ich in den Augen meiner Eltern etwas richtig!«

Es ist wichtig, dass wir uns bewusst machen, dass unser Wert und unsere Kompetenz als Eltern nicht von der Rückmeldung unserer Eltern abhängen. Dass wir unser Streben nach Anerkennung loslassen können. In einem zweiten Schritt können wir uns fragen, wie wir agieren würden, wenn uns diese Anerkennung nicht mehr so enorm wichtig erscheinen würde. Wären wir mutiger, entspannter, vielleicht auch experimentierfreudiger im Umgang mit unseren Kindern? Würden wir uns andere Menschen suchen, die ähnlich »ticken« wie wir und den dort stattfindenden Austausch als bestärkend und anerkennend empfinden? Es geht dabei nicht darum, die Großeltern aus unserem Leben zu streichen. Sie sollen ihren Platz haben, mindestens für unsere Kinder. Jedoch brauchen wir sie nicht mehr, damit sie unseren Wert als Tochter oder Sohn oder unsere Qualität als Mutter oder Vater bestätigen.

Ein guter Vorsatz ist schon mal die halbe Miete, wäre da nicht die kleine Stimme in unserem Kopf, die in stressigen Situationen gern mal Dinge flüstert, die wir so gar nicht brauchen können: »Das Baby schreit die ganze Zeit. Du bist so unfähig, dass du nicht einmal dein eigenes Kind beruhigen kannst!« In einem solchen Moment trifft unser Blick den der Großmutter, ihre Augenbraue geht hoch. Und unser innerer Kritiker brüllt, dass uns schwindelig wird: »Siehst du, sie findet auch, dass du keine gute Mutter bist!« In diesem Moment wird aus unseren Selbstzweifeln Realität. Wir sind nicht mehr in der Lage, so zu handeln, wie wir es als richtig empfinden. Denn wir nehmen die Aussagen unseres inneren Kritikers als unumstößliche Wahrheit hin. Dabei wiederholt diese Stimme nur das, was wir in jungen Jahren aufgenommen haben, als sich unser Selbstbild maßgeblich formte und wir die guten wie schlechten Sichten auf uns verinnerlichten. Der Boxweltmeister Max Schmeling fasste den Zusammenhang zwischen Kritikfähigkeit und Selbstzweifeln einmal so zusammen:

> »Die Kritik der anderen hat mich so tief getroffen,
> weil sie meinen eigenen Zweifeln entsprach.«
> (Max Schmeling)

Diesem inneren Kritiker weniger Beachtung zu schenken, sollten wir uns zur Aufgabe machen. Denn er ist mitverantwortlich für die Konfrontationen, die wir mit unserer Familie erleben. Er hatte schon unsere Eltern fest im Griff – und unsere Großeltern. Er wird von Generation zu Generation vererbt; nicht durch eine bewusste Entscheidung, sondern durch vorgelebte Verhaltensweisen. Die »Geburt« des inneren Kritikers in uns erfolgt in dem Lebensalter, in dem wir als Kind massiv mit den Normen und Werten der Gesellschaft konfrontiert werden:

> »Das tut man nicht.«
> »Was sollen denn die Leute denken?«
> »Schämst du dich denn gar nicht?«

Als Kinder kommen wir in diesem Alter unweigerlich in Konflikt mit diesen ungeschriebenen Gesetzen, und die Zurechtweisung durch die Eltern und andere ist äußerst schmerzhaft. Also entwickeln wir Strategien, damit uns so etwas in Zukunft nicht mehr passiert. Eine dieser Strategien ist es, uns bei der nächsten brisanten Situation genügend mutlos zu machen, damit wir gar nicht erst in die Falle tappen. **Es ist also nicht übertrieben, zu sagen, dass der innere Kritiker in seinem Ursprung ein gebranntes inneres Kind ist, das Schaden von uns abwenden will, und zwar um jeden Preis.**

Um mit dem inneren Kritiker umgehen zu können, müssen wir uns erst einmal dessen bewusst werden, dass er jetzt da ist. Wir erkennen ihn daran, dass wir oft sagen: »Ich muss …«, oder: »Ich soll …« Und dass wir uns in konfliktreichen Situationen mit unseren Eltern klein und hilflos fühlen. Nicht selten gehen wir auch davon aus, dass unser Gegenüber eine schlechte Meinung von uns hat, und wagen es nicht, uns zu erkundigen, ob das auch tatsächlich der Fall ist. Das ist für uns Eltern mit kleinen Kindern eine oft schmerzhafte Erfahrung – der Glaube, nicht zu genügen und nur Fehler zu machen, die wir uns selbst nur schwer verzeihen können. Nicht selten neigen wir auch dazu, Aussagen und Situationen zu dramatisieren.

Vielleicht fällt uns dabei auch auf, dass unser innerer Kritiker sehr oft wie unsere Mutter oder unser Vater oder unsere Schwiegereltern klingt. Das ist nicht verwunderlich, wenn man sich in Erinnerung ruft, wie alt die Glaubenssätze sind, die der innere Kritiker immer wieder wiederholt.

Wann immer wir also in die Situation kommen, dass unser innerer Kritiker sich meldet, müssen wir mit etwas antworten, was uns selbst auch wirklich überzeugt. Also: wenn unser Baby sich nicht beruhigen lässt, wir es nicht schaffen, es zu stillen, wenn wir müde sind, weil unser Kind so schwer in den Schlaf findet, und wir uns selbst sagen hören, wie unfähig wir doch sind. Und wenn wir vielleicht noch die Stimme der Großeltern hören, die fragen, ob wir denn auch mal wieder zum Kaffeetisch zurückkommen …, dann erinnern wir uns an die schönen Momente, in denen unser Baby friedlich in unserem Arm eingeschlafen ist, wir es problemlos auf der Parkbank gestillt haben oder es bei der Geburtstagsfeier, die wir kürzlich besucht haben, tapfer durchgehalten hat, während wir genüsslich ein alkoholfreies Bier getrunken haben. Denn wir können das: diese Eltern sein, die wir sein möchten.

Eine gute Übung in diesem Zusammenhang kann sein, eine passende Antwort für den inneren Kritiker aufzuschreiben oder sich vom Partner oder einer lieben Freundin als Sprachnachricht schicken zu lassen – zum bestärkenden Immer-wieder-Anhören.

Ja, es ist anstrengend, die eigenen Gedanken ständig zu kontrollieren, es verlangt uns nicht selten gehörig Disziplin ab. Der Lohn jedoch sind **neue Denkmuster und vor allem ein neuer, gefestigter Blick auf uns selbst.**

Wenn wir zu gekränkt sind und verstummen

Wir wünschen uns als die Person, die wir sind, ehrliches Interesse an dem, was wir denken, fühlen und erleben. Das andauernde Negieren dieser Gefühle kann auf längere Zeit zu einem bewussten oder unbewussten Rückzug führen. Themen, die uns vielleicht am Herzen liegen und die wir gern mit unseren Eltern erörtern würden, nicht um eines Ratschlags willen, sondern der bloßen Anteilnahme wegen, sprechen wir dann einfach nicht mehr an. Ein anhaltendes Schweigen breitet sich nach und nach aus – für alle offensichtlich und trotzdem schwer greifbar.

Nicht jede*r von uns ist gleichermaßen schnell und stark gekränkt. Die Psychologie hat hierfür ein passendes Wort gefunden:

die »Kränkungserfahrung-Kompetenz«. **Dass wir uns gekränkt fühlen, kann viele Gründe haben.** Den Eindruck zu haben, dass uns in einem Gespräch nicht richtig zugehört wird, kann ebenso eine Kränkung verursachen wie die negative Bewertung unserer Kochkünste. Kränkungserfahrungen machen wir alle, wir erleben sie mit unseren Freunden, mit Kolleginnen und eben auch in der eigenen Familie. Kritik, die unsere eigene Unsicherheit widerspiegelt, empfinden wir oft als besonders unangenehm. Kränkung wird individuell empfunden. Wir können uns von Worten oder vom Tonfall genauso gekränkt fühlen wie von Handlungen oder von Handlungen, die nicht erfolgen, obwohl wir sie uns wünschen.

Halten Kränkungen an oder finden sie in immer wiederkehrenden Situationen statt, stellen sich nicht selten Verhaltensmuster ein, die auf den Selbstschutz abzielen. Warum sollten wir Zeit mit einem Menschen verbringen, der uns nicht nur nicht versteht, sondern sogar verletzt? Dieser soziale Rückzug ist jedoch nicht immer so einfach möglich und gerade im familiären Kontext für uns schwerer umsetzbar als gegenüber Freundinnen oder Kollegen. **Anhaltende Kränkungen führen nicht selten zum Kontaktabbruch,** einfach weil wir uns nicht verstanden fühlen und sich eine große Sprachlosigkeit zwischen uns und der Person, die uns gekränkt hat, breitmacht. Ein offener Dialog kann hier helfen. Ein Dialog, der nicht zum Ziel hat, herauszufinden, wer wen durch was gekränkt hat, sondern der vielmehr die persönliche Gefühlsebene beschreibt.

> »Als du vorhin vermutet hast, dass unser Baby vom Stillen nicht satt wird, hat mich das sehr traurig und unsicher gemacht.«

Eine Kränkung fühlt sich für uns bedrohlich an, sie überwältigt uns wie eine Welle. Danach aufzustehen und selbstbewusst für sich einzustehen erfordert Übung. **Wenn wir in unserer Herkunftsfamilie**

nicht lernen konnten, Kränkungen zu benennen und aufzuarbeiten, fällt es uns als Erwachsene umso schwerer.

Nicht selten erkennen wir bei genauer Betrachtung auch unser persönliches Kränkungsmuster: Immer wenn unsere Erziehungsarbeit im Fokus steht, fühlen wir uns gekränkt. Oft geht es uns auch so, wenn unsere Arbeit von Kolleg*innen oder Vorgesetzten kritisiert wird oder wenn andere Personen, deren Meinung für uns Wichtigkeit hat, sich abfällig oder übergriffig äußern. Stellen wir bei uns eine wiederkehrende Empfindlichkeit fest, können wir auch mithilfe fachkundiger Personen daran arbeiten, uns nicht alles gleich zu Herzen zu nehmen, was an uns herangetragen wird.

Wenn wir eine Kränkung offen ansprechen, muss uns bewusst sein, dass auch unser Gegenüber seine emotionale Wahrheit aussprechen darf. Das heißt, derjenige, der gekränkt hat, hatte auch eine Botschaft an uns, die ihm wichtig war. Daher ist es entscheidend, dass wir uns – so gut wie möglich – zeitnah und unmittelbar auf die jeweilige Kränkung beziehen und nicht erst Wochen später damit rausrücken. **Je aktueller die Situation im Kopf aller Beteiligten ist, desto besser kann man sie besprechen.** Natürlich kostet es uns nicht selten große Überwindung, unsere Kränkung zu offenbaren. Aber das Hineinfressen von Zorn und Enttäuschung helfen uns nicht weiter, und es vergrößern sich die Gräben, ohne dass die Beteiligten tatsächlich erfassen können, was das eigentliche Problem ist. So entstehen in Familien die »Sonderlinge«, die vermeintlich nicht mehr ins familiäre Gefüge passen, die sich absondern. Oft wird ihnen unterstellt, sie hielten sich für etwas Besseres oder Besonderes, wenn sie sich mehr und mehr zurückziehen.

Wenn wir uns vor Augen führen, wie angespannt wir als Eltern manchmal durch den Alltag gehen, von Termin zu Termin hetzen, oder wenn wir uns an die erste Zeit im Wochenbett mit unserem Baby zurückerinnern, wird uns deutlicher, wie sehr wir in solchen

Momenten für Kränkungen aller Art empfänglich sind. Wie solcher Stress unseren Körper und unsere Kommunikationsfähigkeit beeinflusst, wird im vorhergehenden Kapitel »Wenn der Stress nicht unserer ist« ausführlich beschrieben.

Natürlich dürfen wir uns im Fall einer Kränkungserfahrung erst einmal unserer Trauer und Wut zuwenden – das müssen wir auch, damit wir im zweiten Schritt in der Lage sind, die Kränkung mit demjenigen zu besprechen, der uns verletzt hat. Und auch derjenigen, die nun vielleicht pessimistisch denkt: »Das bringt doch eh nichts«, sei geraten, es dennoch zu versuchen. Wir können durchaus Überraschungen erleben, wenn wir unsere Wünsche emotional an Eltern oder Schwiegereltern richten.

> »Es ist doch alles gerade ein bisschen schwierig zwischen uns, aber du bist mir wichtig, und ich möchte, dass das gut zwischen uns funktioniert. Können wir uns darüber unterhalten?«

Es kann diesen Versuch wert sein, eine Basis für das weitere Zusammenleben zu schaffen. Wenn sich unsere Eltern ihrerseits dann nicht ebenfalls um eine gute Beziehung zu uns bemühen, ist dies natürlich eine sehr schmerzliche und weitreichende Erkenntnis. Denn anhaltende Ausgrenzungserfahrung oder kontinuierliche Kränkungen in der Familie können umfassende Folgen für uns haben: weniger (emotionale) Unterstützung, Nachteile in der finanziellen Unterstützung oder gar beim Erbe. Für die Enkelkinder bedeutet es nicht selten weniger oder gar keine Zeit mit den Großeltern zu verbringen.

Nicht wenige Kinder im Erwachsenenalter, die sich um Abgrenzung bemühen, spüren einen Entfremdungsprozess, der den Eltern selten bewusst ist. Wenn wir das Gefühl haben, nicht zu genügen, und unser Wunsch nach Autonomie nicht anerkannt wird, vollzieht sich in uns eine innere Kündigung. Obwohl wir nach wie vor den Kontakt zu unseren Eltern halten, wir an Weihnachten und zum Geburtstag zu Besuch kommen, gerade auch, damit unser Kind Kontakt zu seinen Großeltern hat, geben wir immer weniger von uns persönlich preis. Es findet kein echter emotionaler Austausch statt. Großeltern ist oft nicht bewusst, dass ihr Verhalten der Grund für diesen Rückzug ist. Zum einen sicherlich, weil die Gespräche tendenziell um das Enkelkind kreisen, aber auch, weil es Dutzende andere Gründe geben kann, weshalb die erwachsenen Kinder kurz angebunden sein könnten (Stress auf der Arbeit, schlaflose Nächte wegen des Babys).

Die wenigsten Eltern bringen das Verhalten ihrer erwachsenen Kinder mit sich selbst in Zusammenhang. Dieses erste Schweigen würden unsere Eltern, wenn wir sie fragten, als Bestrafung ansehen, während wir es vielmehr als Ausdruck unserer Resignation sehen. Denn wenn wir spüren, dass wir einerseits den Erwartungen nicht gerecht werden und andererseits statt einer konstruktiven Aussprache Diskussionen und Eskalationen befürchten müssen, scheint Schweigen für uns eine adäquate Alternative zu sein. Oft ist mit dem Schweigen aber der Wunsch verknüpft, dass unsere Eltern merken, dass etwas nicht stimmt und wir so die Möglichkeit bekommen, einen Dialog aufzunehmen, der unsere Gefühle und Empfindungen zum Thema hat.

Würden unsere Eltern uns also bei einem Besuch mal auf die Seite nehmen und sagen: »Mein Schatz, du bist so still und redest kaum. Hast du schlecht geschlafen? Was ist denn los? Kann ich etwas für dich tun?« – vielleicht würden wir dann tatsächlich sagen, was uns bedrückt. Unser Schweigen nutzen wir als Selbstschutz.

Nicht wenige erwachsene Kinder berichten, dass sie immer wieder versucht haben, mit ihren Eltern zu sprechen:

Sabrina, Mutter eines 4 Monate alten Babys, die oft mit ihrer Mutter darüber streitet, warum sie ihr Kind bei jedem Weinen beruhigend im Arm wiegt, sagt dazu:
»Ich habe immer wieder versucht, mit meiner Mutter zu sprechen, bis ich gemerkt habe, dass mit ihr einfach keine Kommunikation möglich ist. Sie will meine Beweggründe nicht verstehen. Sie hat so große Vorbehalte gegen das Herumtragen, dass ich mittlerweile gar nicht mehr darauf reagiere, wenn sie etwas dazu sagt. In ein Ohr rein, aus dem anderen gleich wieder raus. Aber dadurch ist sie mir auch fremd geworden – vielleicht war sie das schon immer? Eigentlich hatte ich mir gewünscht, dass sie mich in meinem Muttersein unterstützt, stattdessen soll ich so werden, wie sie als Mutter war – und das möchte ich nicht. Diese Tatsache empfindet sie als Angriff auf ihre Person. Dabei geht es doch gar nicht um sie oder mich oder meine Zeit als Baby. Es geht um mich heute und meine Art, mein Kind im Leben zu begleiten.«

Schweigen kann – wie das Beispiel zeigt – dem Selbstschutz vor Kränkungen und Überforderung dienen. So werden offener Streit und Eskalation verhindert. Der Preis dafür ist eine **immer größer werdende Sprachlosigkeit zwischen Mutter und Tochter,** die viel Raum für Spekulation und weiteren Unmut lässt. Frei nach Paul Watzlawick: Wir können nicht nicht kommunizieren – auch im Schweigen steckt Kommunikation, und zwar eine, die missverstanden werden kann. Mit Schweigen können wir keine Konflikte lösen, wir vertagen sie lediglich.

Geben wir uns also selbst die Möglichkeit zum Dialog, können wir erfahren, welche Intention hinter der Kränkung stand, und eine Lösung finden, die allen hilft, weiterhin gut miteinander auszukommen. Die Themen können sich durchaus immer wieder wiederholen und verlangen unsererseits einiges Durchhaltevermögens, um den Großeltern uns gegenüber Verständnis oder wenigstens Toleranz im Hinblick auf die für uns wichtigen (Erziehungs-)Themen abzuringen. Der Lohn dieses Einsatzes ist im besten Fall ein familiäres Zusammensein, in dem jeder weiß, wofür der andere steht, was ihm wichtig ist und wo seine persönlichen Grenzen liegen.

Denn wenn ein Dialog nicht zustande kommt und das Schweigen nicht hinterfragt wird, kommt es nicht selten zu einer Kontaktsperre. Um uns selbst seelische Entlastung zu verschaffen, verordnen wir dem Miteinander mit unseren Eltern eine Pause – nicht zuletzt auch, um die Eltern zum Nach- oder Umdenken zu bringen.

Jutta, Mutter eines 3-jährigen Kindes und eines Säuglings von 6 Wochen, berichtet:
»Ich habe versucht, meine Eltern durch eine Kontaktsperre zum Umdenken zu bewegen. Ich war es so leid, dass sie mir ständig in die Erziehung reingeredet haben. Es gab kein Treffen, kein Telefonat, bei dem die Erziehung nicht Thema war. Während der zweiten Schwangerschaft empfand ich es emotional noch anstrengender und habe für mich die Reißleine gezogen. Tatsächlich hat das auch recht gut funktioniert. Mein Rückzug hat ihr Verhalten mir gegenüber geändert, und als das Baby dann da war, haben sie sich sehr gefreut, als wir sie zu uns eingeladen haben. Die alten Themen, wie unsere Kinder erzogen werden sollten, fallen jetzt unter den Tisch, und das Miteinander ist deutlich entspannter. Vermutlich hatte ich da auch einfach großes Glück.«

Jutta hatte tatsächlich Glück, dass ihre Eltern auf diesen stillen Hilferuf reagiert, die Distanz akzeptiert und sich gefreut haben, als sie wieder zueinandergefunden haben.

Wenn es aber weiterhin bei der emotionalen Entfremdung bleibt, fühlen wir einen tiefen Schmerz über die Nichterfüllung unserer Bedürfnisse und das Nicht-gesehen-Werden durch unsere Eltern. Wir bleiben in ihren Augen ein Kind, das sich unmöglich verhält. Manche brauchen therapeutische Unterstützung, um sich mit diesem Zustand auszusöhnen. Die Eltern bleiben für uns immer die Eltern, aber unser Bild von ihnen müssen wir manchmal neu gestalten.

Wenn es den Großeltern nicht gut geht

Wie wir gesehen haben, kann die Zeit unserer eigenen Elternschaft uns in die Situation versetzen, uns mit Personen unserer Herkunftsfamilie auseinanderzusetzen und uns von ihnen abgrenzen zu müssen. Damit wir wachsen, reifen und lernen können, ist ein Separieren nötig, ein Sich-selbst-neu-finden – ein Prozess, den viele neue Eltern kennen und durchlaufen. Es ist diese erste Zeit mit unserem Baby, in der alles Bekannte und Vertraute im Alltag auf den Kopf gestellt wird, alte Strukturen aufgebrochen und neu zusammengesetzt werden. Ein gesunder, wichtiger Prozess, damit eine neue Familie entstehen kann, aber ein bisweilen schmerzhafter Prozess für unsere Eltern.

Nicht wenige Eltern erwachsener Kinder sind mit deren Separation überfordert. So sehen die meisten Eltern bereits dem Tag, an dem ihre Kinder »flügge werden« und eigenständig in die Welt hinausgehen, mit gemischten Gefühlen entgegen. Neben dem Stolz sind da auch eine gewisse Angst und ein mulmiges Gefühl diesem wichtigen Schritt ihrer Kinder gegenüber. Diese Phase des Lebens, die auch als »Empty Nest« bezeichnet wird, ist nicht immer leicht für Eltern. Im schlimmsten Fall kann es zum »Empty-Nest-Syndrom« kommen.

Der Alltag der Eltern wird auf den Kopf gestellt, Abläufe verändern sich, Aufgaben fallen weg oder müssen neu koordiniert werden. Man ist nur noch zu zweit. Diese **Empty-Nest-Phase** erstreckt sich meist über 18 Monate bis hin zu 2 Jahren. Dieser Zeitraum kann stark variieren und hängt auch von der Anzahl der Kinder in einer Familie ab. Eine Rolle spielt ebenso die Form des Auszugs – also ob die Kinder eventuell noch an den Wochenenden zu Hause sind.

Schmerzhafter Prozess der Ablösung

Begleitet wird dieser fremde Alltag oft durch ein Gefühl der Niedergeschlagenheit, manche beschreiben oft auch Einsamkeits- und Verlassenheitsgefühle, Trauer, Leere und Schmerz, die sich auch in körperlichen Symptomen wie mangelndem Appetit, Ruhelosigkeit, Ein- und Durchschlafproblemen und Gedankenkreisen bemerkbar machen können. Das Haus scheint zu groß und zu aufgeräumt. Hat man sich früher noch darüber beklagt, keine Zeit für sich zu haben, kann man der neu gewonnenen Freiheit nun doch nichts abgewinnen. **Die Paarbeziehung muss wiederbelebt werden und das fällt nicht jedem leicht.** Nicht wenige Paare schaffen diesen Übergang nicht und gehen getrennte Wege. In diesem Fall ist der Auszug der Kinder nur als Auslöser für die Scheidung zu verstehen und nicht als Ursache. Paare, die bereits seit mehreren Jahren nur noch als Eltern funktioniert haben und nicht mehr als Paar, müssen sich stärker wieder in das Gefühl der Zweisamkeit einfühlen. Die Verantwortung für die Kinder und finanzielle Abhängigkeiten haben zusammengeschweißt. Es gab gemeinsame Ziele und ausreichend Kommunikation über Familienthemen.

Dieser nachhaltige Veränderungsprozess als Paar findet bestenfalls zu zweit und unter Ausschluss der Kinder statt, damit die Leere nicht erneut an die nun außerhäuslich lebenden Kinder gekoppelt wird. Denn wenn Eltern es nicht schaffen, ihr Leben mit neuen Aktivitäten und Hobbys zu füllen, tut es der erwachsenen Eltern-

Kind-Beziehung nicht gut. **Die folgende Großelternschaft kann dann davon geprägt sein, dass die Sorge für die Enkelkinder als Weiterführung der eigenen Elternschaft verstanden wird** und man die Erziehung, die man seinen eigenen Kindern hat zuteilwerden lassen, auf die Enkelkinder überträgt. Dies geschieht nicht in böser Absicht, sondern folgt einem unbewussten Muster und mit besten Absichten.

Was allerdings für Großeltern das Wiederbeleben der Erinnerungen an die eigene Elternschaft bedeutet, fühlt sich für die Eltern im schlimmsten Fall übergriffig und besserwisserisch an. Dabei geht es den Großeltern und vorrangig den Großmüttern hauptsächlich um das Gefühl, in eine geliebte, vertraute Rolle zurückzukehren, die sie vermissen. Es kann ein Prozess des Lernens sein. Oft fällt es Eltern schwer, zu realisieren, dass ihre Kinder schon so »groß« sind. Die Zeitspanne zwischen dem kleinen Baby und dem Auszug eines erwachsenen jungen Menschen ist im Rückblick oft schnell vergangen und nun kommt alles so plötzlich und scheint unwiederbringlich. Manche Eltern hätten das ein oder andere auch gern besser gemacht oder sie spüren den Wunsch, ihren Kindern noch mehr mit auf den Weg zu geben. **Ein Enkelkind kann der Katalysator für diese schlummernden Bedürfnisse sein.**

Wie eingangs beschrieben, ist in der neuen Familie ein Umbruch im Gange. Die erwachsenen Kinder gehen einen weiteren großen Schritt in ihrem Leben als Erwachsene. Indem sie die Verantwortung für ihre eigene Erziehungshaltung übernehmen, separieren sie sich oft von Normen und Verhaltensmustern ihrer Herkunftsfamilie. Die dadurch aufflammenden Konflikte sind für die Großeltern manchmal nicht nachvollziehbar.

Auch wenn es nur wenige Untersuchungen dazu gibt, zeigen die Aussagen von Therapeut*innen zu diesem Thema, dass **besonders Mütter anfällig für das Empty-Nest-Syndrom** sind. Statistisch sind sie im Alltag stärker in die Betreuung der Kinder involviert gewesen und spüren das unvermittelte Wegbleiben der damit verbundenen Tätigkeiten stärker als die Väter. Unabhängig davon, ob und in welchem Umfang die Mütter berufstätig waren. Durch den Auszug der Kinder können überdies tiefer liegende innere Konflikte wieder hochkommen, da durch das plötzliche Fehlen einer als sinnvoll empfundenen Tätigkeit die Frau plötzlich mit sich und ihren verdrängten seelischen Nöten konfrontiert ist.

»Das Thema der Ablösung markiert auch für die Eltern einen Zeitpunkt, zu dem es darum geht, sich mit eigenen, existenziell berührenden Fragestellungen auseinanderzusetzen. Für sie geht es um Rückschau und Abschied, um eine Auseinandersetzung mit den verbleibenden Perspektiven, letztlich um Altern und Tod.«

Herausforderung Lebenslage. Thomas Hutter (Hg.), 2003, S. 203.

Erwachsene Kinder, die Schwierigkeiten haben, sich abzugrenzen und ihr Leben ohne den Einfluss der Eltern, speziell der Mutter, zu gestalten, beschreiben diese in ihrer Persönlichkeit als emotional stark abhängig. Diese Mütter ordnen ihre eigenen Bedürfnisse denen anderer Personen, zu denen eine Abhängigkeit besteht, unter. Das schließt die Kinder oft mit ein. Darüber hinaus haben sie, neben anderen abhängigen Eigenschaften, häufig Angst, verlassen zu werden, allein zu sein und auf sich selbst angewiesen zu sein.

Den meisten Müttern gelingt es aus eigener Kraft, die unsichere Zwischenphase des Empty Nest zu überwinden und ihre innere Stabilität wiederzufinden, um sich neuen Herausforderungen und Lebensinhalten zuzuwenden. Sie bewältigen die Trauer über das Ende der Familienphase zugunsten des neu gewonnenen Freiraums, verbunden mit der Gewissheit, dass die Trennung von ihren Kindern zwar schmerzhaft, aber normal und richtig ist. Es gibt jedoch auch Mütter, bei denen der Auszug der Kinder aus dem elterlichen Heim eine derart heftige Lebenskrise auslöst, dass sie sich selbst nicht daraus »befreien« können. Sie verfallen in tiefe Trauer, sind psychisch instabil bis verzweifelt, stellen den Lebenssinn infrage, sind von Angstzuständen betroffen, isolieren sich von ihrem sozialen Umfeld und werden im schlimmsten Fall depressiv.

Die Geburt der Enkelkinder als Anker

Wenn die Krise des Empty Nest nicht adäquat verarbeitet werden konnte, empfinden nicht wenige Frauen die Geburt eines Enkelkinds als sinnstiftend. Dieser Neuanfang versetzt sie zurück in die Zeit, als in ihren Augen alles schön war. An diese Erinnerungen geknüpft sind für sie wichtige Schlüsselmomente: der erste Spaziergang mit dem Kinderwagen, das erste Bad des Babys oder wie sich die erste Zeit zu Hause mit einem Baby anfühlte. Aus diesen Erinnerungen schöpfen sie Kraft und einen Lebenssinn.

Erleben diese Mütter, die diese Erinnerungen für sich wachhalten wollen, bei ihren Kindern und Enkelkindern einen erzieherischen Alltag, der sich in weiten Teilen von dem unterscheidet, was sie selbst erlebt haben, kann das ein Störgefühl auslösen, das den Boden für Konflikte bereiten kann. Eine Frau, die ohnehin aufgrund des Auszugs ihres Sohnes oder ihrer Tochter mit Selbstzweifeln zu kämpfen hat und den Erinnerungen an damals mehr Bedeutung beimisst als dem Hier und Jetzt, kommt nicht selten in die Situation, sich selbst zu fragen, ob sie etwas falsch gemacht hat. Damals, als sie den Kinderwagen schob, damals, als sie alle vier Stunden ein Fläschchen fütterte und ihr Baby im Stubenwagen schlafen legte – wie es so viele Mütter ihrer Generation getan haben. Dies kann neben Ohnmacht auch Frustration und Wut auslösen – den Treibstoff für Konflikte und Diskussionen über das Stillen, Tragen oder das Familienbett.

Ein Empty-Nest-Syndrom, das sich so zeigt, kann mit entsprechender fachlicher Begleitung behandelt werden. Eltern – vor allem Mütter –, die mit Selbstvorwürfen und Unsicherheiten gegenüber der Erziehung ihrer eigenen Kinder sich und andere Familienmitglieder belasten, tun gut daran, diese Gedanken und inneren Konflikte professionell aufzuarbeiten. Besonders gut kann diese Aufarbeitung mit der emotionalen Unterstützung der nun erwachsenen Kinder gelingen.

Grundsätzlich hilft es den Eltern erwachsener Kinder, sich diese Fragen zu stellen, wenn sich Nachwuchs ankündigt:

Wie soll die Beziehung zu meinem erwachsenen Kind künftig aussehen?
Was wünsche ich mir?
Wie wollen wir unseren Kontakt gestalten?
Wer besucht wen? Und wann?
Möchte die junge Familie nach der Geburt erst einmal in Ruhe gelassen werden oder wünscht sie sich Unterstützung?
Wie stellt er/sie sich das genau vor?
Was möchten sie auf gar keinen Fall?

Auch in Bezug auf die Kontakthäufigkeit ist es für diese Mütter wichtig, zu verstehen, dass ihr erwachsenes Kind das Recht hat, sich zurückzuziehen oder den Kontakt vorübergehend abzubrechen, wenn es das für seine weiteren Entwicklungsschritte braucht. **In der Regel wollen junge Erwachsene den Kontakt gar nicht abbrechen, sondern nur anders gestalten.** Es geht also darum, die gemeinsamen Regeln, die Kommunikations- und Umgangsformen neu zu justieren, sie auf eine gleichberechtigte – auf eine erwachsene – Ebene zu stellen.

Wie gehen Großeltern mit der neuen Freiheit ihrer Kinder um?

Sich gegen den Mainstream durchzusetzen erfordert viel Kraft und Selbstsicherheit. Seit den 1960ern haben Eltern in immer größerem Maß versucht, ihren Kindern diese Selbstsicherheit durch Erziehung mitzugeben. Stand bis dahin noch die Gemeinschaft an oberster Stelle, wurde in der Folge immer mehr Wert auf Individualität und Selbstverwirklichung gelegt.

Dieser Plan ging auf. Wir haben heute wesentlich mehr Freiheiten als unsere Eltern, von unseren Großeltern ganz zu schweigen. Wir haben außerdem weniger Hemmungen, unseren eigenen Weg auch wirklich zu gehen und durchzusetzen. Doch der Plan ging für unsere Eltern gewissermaßen auch nach hinten los, was deutlich wird, wenn sie sagen: »Ihr wisst ja gar nicht, wir gut ihr es habt.« Denn für uns ist Entscheidungsfreiheit selbstverständlich geworden und: Wir setzen diese auch *gegen unsere Eltern* durch.

Unsere Eltern wollten, dass wir es besser haben. Nun ist es besser, und das ist auch wieder nicht richtig. Denn im Hinblick auf ihre Vorarbeit stehen unsere Eltern unserer – vermeintlichen – Ablehnung der eigenen Erziehung verständnislos gegenüber. »Wir haben doch immer alles für dich getan«, sagen sie und wünschen sich Anerkennung, erfahren aber Ablehnung. Das hinterlässt eine Kränkung ihrer Gefühle.

Unsere Eltern konnten sich nicht ohne Repressionen gegen ihre eigenen Eltern auflehnen. Ihre Kinder, also uns, – dachten sie – erzögen sie so, dass wir uns nicht gegen sie würden auflehnen müssen. Deshalb fehlen ihnen nun jegliche Erfahrung und die notwendigen Fähigkeiten, um mit dieser Konfliktsituation umgehen zu können.

Auch wenn es Generationenkonflikte schon seit Ewigkeiten gibt, so sind wir doch heute in der besonderen Lage, dass unsere Generation mehr Ressourcen, mehr Wissen und mehr Druckmittel hat als jede andere zuvor. Wir sitzen am längeren Hebel. Dadurch sieht die Generation unserer Eltern ihre Stellung in der Gesellschaft bedroht und reagiert wie ein verwundetes Tier mit Angriff.

Zwei konträre Herangehensweisen beim Überwinden von Hindernissen sehen wir bei den Großeltern besonders häufig:

»Ich hatte es schwer und es wäre ungerecht, wenn andere es leichter hätten.«
»Ich hatte es schwer und ich will das anderen ersparen.«

Jede*r kann mal zu der einen und mal zu der anderen Gruppe gehören. Wie wir reagieren, hängt von unserer Resilienz und der persönlichen Kränkung ab. Diese sind nicht nur von Person zu Person, sondern auch von Situation zu Situation unterschiedlich.

Altersdepression erkennen – auch bei Männern

Obwohl die Depression weiblich zu sein scheint (Frauen erkranken doppelt so oft in ihrem Leben an einer Depression) sind auch viele Männer betroffen. Von Kind auf erlernen und verinnerlichen Jungen und Mädchen unterschiedliche Verhaltensmuster, auch wenn sich diese im Wandel befinden und Unterschiede heute weniger stark ausgeprägt sind als früher. Sich verletzlich zu zeigen ist immer noch eine Eigenschaft, die eher Mädchen als Jungen zugestanden wird. Jungen müssen hingegen oft schon als Kinder »Stärke« beweisen. Und die neue Großelterngeneration entspricht ebenfalls diesen starken Stereotypen.

So geschieht es nicht selten, dass betroffene Männer depressive Symptome bisweilen nicht als solche wahrnehmen und versuchen sie zu ignorieren oder zu überspielen. Auch nehmen Männer die Symptome einer Depression anders wahr und suchen sich entsprechend auf anderen Wegen als Frauen Hilfe: Sie erleben häufig zunächst körperliche Leiden wie Müdigkeit, Schlafstörungen oder Konzentrationsprobleme.

Nicht wenige Männer zeigen in ihrer Depression eine hohe Reizbarkeit und Aggressivität. Ärger- oder Wutanfälle, aber auch Feindseligkeit gegenüber guten Freunden und der Familie sowie ein verstärktes Suchtverhalten sind möglich. Damit einher geht ein starkes Bedürfnis, in Ruhe gelassen zu werden. Kummer und Niedergeschlagenheit tragen sie nicht nach außen, sie versuchen ihr Leiden vielmehr zu verstecken.

Der Auszug der Kinder aus dem Familienverbund kann Vätern ein Gefühl von Verlust vermitteln, wenn sie das Gefühl haben, das Leben ihrer Kinder verpasst und ihre Rolle als Vater nicht ausreichend wahrgenommen zu haben. Eine Kompensierung dieser Gefühle können Männer nachträglich in der Betreuung der Enkelkinder finden und so mit ihnen nachholen, was sie bei den eigenen Kindern verpasst haben. Soziale Verlustängste in Bezug auf die Kinder, negative Lebensbilanzierung mit fehlender Zukunftsperspektive sowie Frustration bei der Neubestimmung der Ehe begünstigen eine Altersdepression zusätzlich.

Erleben wir die Großeltern unserer Kinder also als streitlustig oder desinteressiert, kann dies auch auf depressive Phasen hindeuten. Dies zu wissen hilft uns, gewisse Äußerungen, Desinteresse oder Streitlust besser einzuschätzen und nicht als tatsächlichen Angriff auf uns zu werten. Vielmehr ist es ein Hilferuf, für den wir

Verständnis aufbringen können. Wir können den Dialog suchen, entsprechende Anlaufstellen zu diesem Thema kontaktieren und unsere verständnisvolle Unterstützung anbieten.

Wenn Großeltern nicht lieben können

Charakteristisch für die meisten Narzisst*innen ist, dass andere Menschen für sie nur dann wichtig sind, wenn sie eine Funktion erfüllen. Auch die Sorgen und Gefühle anderer spielen für sie keine Rolle. Kinder narzisstischer Eltern haben keine Chance, ihre eigene Persönlichkeit zu entfalten. Stattdessen sollen sie abhängig bleiben und weniger schön, weniger klug, weniger erfolgreich sein als ihre Mutter oder ihr Vater. Dieses Muster bleibt oft auch bestehen, wenn die Kinder erwachsen geworden sind.

Narzisstische Eltern beschäftigen sich mehr mit sich selbst als mit den Bedürfnissen ihrer Kinder. Diese beschreiben jene als bevormundend und dominant. Viele betroffene erwachsene Kinder berichten, dass sich in ihrer Kindheit alles um die Bedürfnisse der Mutter oder des Vaters drehte. Deren hohe Ansprüche können die Kinder oft kaum erfüllen. Manche werden zwar in den Himmel gelobt, wenn sie in der Schule oder beim Spielen eines Instruments hervorragende Leistungen erzielen, dieses Lob kann aber auch genauso schnell in Kälte und Zurückweisung umschwenken, wenn der nächste erwartete Erfolg der Tochter ausbleibt.

Kinder brauchen das Gefühl, geliebt zu werden, und beständige positive Rückmeldung, um ein gesundes Selbstwertgefühl zu entwickeln. Narzisstische Eltern jedoch beschäftigen sich so sehr mit sich selbst, dass für die Liebe zu den Kindern kaum Platz bleibt. Die Kinder solcher Eltern können sich im Grunde nie sicher sein, dass sie um ihrer selbst geliebt werden, und entwickeln so den Automatismus, sich der Liebe und Anerkennung ihrer Eltern immer wieder zu vergewissern, indem sie alles tun, um ihnen zu gefallen. Denn **narzisstische Eltern benutzen ihre Kinder vorrangig zur Befriedigung ihrer eigenen Bedürfnisse.** Sie sind manipulativ und kränkend. Oft werden Tochter oder Sohn auch als Feind angesehen. Die Kommunikation mit ihnen ist immer ein Zweikampf, den das Kind, und später auch das erwachsene Kind, nicht gewinnen kann. Sich vom elterlichen Einfluss loszulösen gelingt ihnen bisweilen schwer bis gar nicht. Den Druck, den Wünschen und Anforderungen der Eltern entsprechen zu müssen, und die systematische Bürde, für das Glück oder Unglück ihrer Eltern verantwortlich zu sein, tragen die Kinder oft ein Leben lang mit sich herum.

Nach außen hin werden diese Menschen oft als freundliche, an ihrem Kind interessierte Eltern wahrgenommen, wenn man sie auf Feiern und Veranstaltungen trifft. Das gilt, solange sie sich im Erfolg ihrer Kinder sonnen und sich die wärmende Bestätigung anderer abholen können, gute Eltern zu sein. Die demütigende Seite des Narzissmus findet für die Kinder meist in den heimischen vier Wänden statt. Denn es geht ihren Eltern nicht darum, ein glückliches und beschauliches Familienleben zu gestalten. Nur nach außen hin soll eine perfekte Familie präsentiert werden.

Vorrangig sind es die Mütter, die die Symptome einer narzisstischen Persönlichkeitsstörung aufweisen. Eine deutsche Studie ermittelte, dass 9,4 % der Bevölkerung von Persönlichkeitsstörungen betroffen sind. Narzisstische Persönlichkeitsstörungen treten bei bis zu 0,4 % der Bevölkerung auf. Diese ungenauen Zahlen kommen dadurch zustande, dass die meisten Betroffenen ihre Symptome nicht als solche wahrnehmen. Sie erleben meist nur die Folgen als problematisch. Daher holen sich Menschen mit narzisstischer Persönlichkeitsstörung nur selten Hilfe.

Narzisstische Eltern ändern ihre schädigenden Verhaltensweisen auch als Großeltern nicht, sondern neigen dazu, diese tendenziell noch zu verstärken. Zum einen lassen kleine Kinder sich leicht als Quelle narzisstischer Zufuhr missbrauchen, weil sie vorbehaltlos Zuneigung ausdrücken und für Zuwendung dankbar sind. Zum anderen neigen narzisstische Großeltern nicht selten dazu, ihre Enkel gegen die Eltern auszuspielen, um sich als besser und geliebter zu erleben. Da narzisstische Eltern ihren Kindern nicht selten erfolgreich vermittelt haben, dass diese ohne sie hilflos und nicht lebensfähig seien, fühlen sich die erwachsenen Kinder weiter auf sie angewiesen. Sie haben den Schritt in die Selbstständigkeit nicht gewagt oder fallen durch die Geburt der eigenen Kinder und die daraus entstehenden Belastungen wieder in die Rolle des Abhängigen zurück.

Narzisstische Großeltern akzeptieren keinerlei Abgrenzungen der Eltern oder der Enkelkinder. Sie fordern Küsse und Umarmungen ein und arbeiten mit dem schlechten Gewissen: »Das macht die Oma aber traurig, dass du sie nicht ordentlich begrüßt!« Wird dies seitens der erwachsenen Kinder angesprochen, reagieren sie mit Kritik und Vorwürfen. Hier hilft es, sachlich zu bleiben, nicht nachzugeben und weiterhin klar zu kommunizieren, was man als Elternteil möchte und was nicht. Den Kontakt auf ein Minimum zu beschränken kann ebenfalls hilfreich sein.

Als erwachsene Kinder von narzisstischen Eltern stehen wir oft vor der Herausforderung, unsere Kinder selbstbewusst zu erziehen, und dazu zu ermutigen, Nein zu sagen. Denn die meisten Kinder durchschauen früher oder später ihre narzisstischen Großeltern, stellen fest, dass es ihnen nur um sich selbst geht, und wenden sich von ihnen ab.

Narzisstische Großeltern können die seelische Gesundheit von Eltern und Kindern sowie ihr Verhältnis untereinander stark beeinträchtigen. Nicht selten können sie auch Beziehungen und Ehen scheitern lassen, wenn sich ihre Manipulationen gegen den eingeheirateten Elternteil richten. Abstand ist das beste Mittel, um ihre Wirkung möglichst gering zu halten und die Familie vor ihrem Einfluss zu schützen.

Dialog suchen, Konflikte meistern

In unserer Rolle als Eltern – in all ihren Facetten – anzukommen ist mühsam. Wir lernen jeden Tag neue Situationen mit unserem Kind kennen. Als Familie, als Elternteil zu wachsen ist eine dynamische Herausforderung, und oft gleicht kein Tag dem anderen! Wir sehnen uns nicht selten nach dem Alltag zurück, den wir einmal kannten und schätzten, seiner Struktur und seiner Planbarkeit. Auf manch wiederkehrende Frage oder Aussage reagieren wir dann sehr empfindlich:

> »Warum stillst du dein Baby denn schon wieder, es ist wohl nicht richtig satt geworden?«
> »Du verwöhnst es nach Strich und Faden!«
> »Dein Kind wird nie in seinem eigenen Bett schlafen!«

Jede Kritik birgt die Gefahr der Kränkung. Wie schaffen wir es, Kritik wertfrei anzunehmen? Wie kann ein konstruktiver Umgang mit Kritik aussehen?

Vorsicht bei Hilfsangeboten aus dem virtuellen Dorf

Besonders im Internet wird täglich deutlich, dass die Kluft zwischen den Generationen zu einer regelrechten Spaltung führt. Wir sehen Adultismus, Vorwürfe, Vorurteile, Rollendenken usw. Das ist zwar alles nichts Neues, doch gerade das Zusammenfinden Gleichgesinnter, das das Internet so einfach gemacht hat, führt dazu, dass die Fronten sich verhärten. Täglich sehen wir in Elternforen, wie sehr viele unverarbeitete Kränkungen aus unserer Kindheit an die Oberfläche kommen. Das trägt mit zur Spaltung bei.

In unseren virtuellen Dörfern haben wir nämlich mitunter das Problem, dass eine harte Linie gegen alle anderen gezogen wird, die (noch) nicht dasselbe Wissen haben wie wir. Der Mensch neigt dazu, Entwicklungsstufen, die er persönlich gerade hinter sich gelassen hat, besonders stark abzulehnen. Wenn beispielsweise eine junge Mutter vor der Geburt noch dachte, sie würde ihr Baby in seinem eigenen Zimmer schlafen lassen und sich selbstverständlich nicht von ihm »auf der Nase herumtanzen« lassen, und dann im tatsächlichen Zusammenleben mit dem Kind ihre Meinung ändert, tendiert sie besonders stark dazu, andere Eltern, die ein Schlafprogramm mit ihrem Baby auch nur ausprobiert haben, scharf zu kritisieren.

In einer Umgebung, in der eine derartig starke Ablehnung veralteter Erziehungsmethoden vorherrscht, fallen üblicherweise die Reaktionen auf Knatsch mit den Großeltern verheerend aus. Die Ratschläge gehen dann in die Richtung knallharter Konfrontation oder direkten Kontaktabbruchs. Am anderen Ende des Spektrums sind diejenigen, die raten, die Probleme mit den Großeltern einfach zu ignorieren. Selten gibt es in solchen Internetforen konstruktive Vorschläge zur besseren Verständigung zwischen den Generationen. Oder zur besseren Verständigung mit anderen Eltern.

Die eigenen wunden Punkte kennen

Wir alle tragen in unserem emotionalen Rucksack aufgrund von gemachten Erfahrungen und Erlebnissen alte Konflikte mit uns herum, die uns in der Gegenwart beeinträchtigen, die uns meistens aber nicht mehr im Bewusstsein sind. Frühe Verletzungen sind unserem bewussten Erinnern für gewöhnlich nicht zugänglich, da sie der kindlichen Amnesie unterliegen. Das Nichterinnern erleichtert uns das Weiterleben und die gesunde Entwicklung unserer Psyche. Es bleibt aber die Verletzlichkeit durch die nicht verarbeitete frühe Verwundung bestehen. Unbearbeitete seelische Wunden tendieren also dazu, sich schließen zu wollen, auch ohne dass wir uns um sie gekümmert haben. Manches schmerzt uns so sehr, dass wir uns bisher nicht darum kümmern konnten. Andere Themen sind uns unangenehm und wir möchten sie vergessen. Oder aber wir dachten, sie seien nicht so wichtig. Dabei bündeln sie leider zu viel unserer wertvollen Energie, die wir z. B. für uns und unsere Kinder brauchen. Sie lähmen uns in unserer persönlichen Entfaltung und beschneiden unseren Freiraum.

Deshalb lohnt es sich, genauer hinzuschauen. **Kritik, Ablehnung oder Zurückweisung können nur dann eine Kränkungsreaktion auslösen, wenn sie einen »wunden Punkt« in uns treffen** – eine nicht verheilte Wunde, die bei entsprechendem Anlass aufbricht. Sie entsteht durch frühere verletzende Erfahrungen oder Entbehrungen, die unser Selbstwertgefühl angegriffen haben. Diese Ereignisse bleiben für uns oft unverarbeitet bestehen. Die Chance besteht in einem bewussten Umgang mit den Kränkungen, der uns hilft, unsere wunden Punkte zu kennen. Leider ist es nicht immer möglich, diese manchmal schmerzhafte Auseinandersetzung ohne externe Hilfe zu meistern.

Wenn wir uns klar machen, dass es an uns liegt, zu entscheiden, wer oder was uns kränken kann, geben wir diesem Umstand der Kränkung eine neue Bedeutung. Wir erkennen unseren erzieherischen Weg, den wir mit unseren Kindern gehen, weiterhin an. Wir sind in der Lage, Unterstellungen durch Gegenargumente richtigzustellen. Wir sind bereit, aus einer Kritik auch lernen zu wollen. Wir entwickeln ein Verständnis für unsere Scham, versagt zu haben, und die Angst, in den Augen des anderen als schlecht zu erscheinen, und geben uns aktiv Zuspruch. Je mehr Unterstützung wir uns selbst geben, umso schneller werden wir unser inneres Gleichgewicht wiederfinden.

Den Perspektivwechsel wagen

Hand aufs Herz! Auch wir haben unsere ganz eigenen Vorstellungen davon, wie sich Großeltern unserer Meinung nach verhalten sollten. Dass sie sich darüber freuen, Großeltern zu werden, dass ihnen das Geschlecht des Kindes nicht wichtig ist, dass sie Zeit mit dem Enkelkind verbringen wollen, von der wir bereits wissen, wie diese aussehen soll. Vielleicht wünschen wir uns persönliche Unterstützung in der Betreuung oder solche finanzieller Art. Wenn bereits Enkelkinder in der Familie sind, wünschen wir uns, dass unsere Kinder genauso angenommen und geliebt werden wie die anderen. Oder wir erinnern uns an unsere Zeit mit unseren Großeltern und wünschen unseren Kindern ein genauso inniges Verhältnis, wie wir es kennenlernen durften. Oder aber wir haben eine solche Beziehung schmerzlich vermisst und wünschen uns für unsere Kinder ein enges Band zu den Großeltern.

Nicht selten kommt es vor, dass unsere Erwartungen enttäuscht werden. Dass die Freude nicht so ausfällt, wie wir es uns vorgestellt haben, dass es tatsächlich Kommentare zum Geschlecht des Kindes gibt (»Ach, schon wieder ein Junge – eine Enkeltochter wäre ja schön gewesen!«). Die heutige Großelterngeneration ist darüber hinaus auch noch einige Zeit erwerbstätig und hat Pläne für den Ruhestand, die nicht unbedingt damit vereinbar sind, ihre Enkelkinder regelmäßig zu sehen oder gar zu betreuen. Nicht selten gehen wir unausgesprochen davon aus, dass unsere Erwartungen an die neuen Großeltern selbstverständlich und gerechtfertigt sind. Dabei fällt eine Großeltern-Enkelkind-Beziehung nicht einfach vom Himmel. Sie erfordert auch unseren Einsatz, damit Großeltern und Enkelkind zueinanderfinden, wenn die Enkelkinder noch sehr klein sind.

Nicht jeder Erwachsene, der ein Großelternteil wird, fühlt sich in dieser Rolle wohl. Darüber sind wir uns oft nicht im Klaren. **Diese neue Rolle weist frischgebackenen Großeltern einen neuen Platz in der Familie und Gesellschaft zu, den sie manchmal schlicht nicht ausfüllen können oder wollen.** Mit dem Großelternsein assoziieren manche Menschen auch das persönliche Altwerden. Gedanken an die eigene Vergänglichkeit und den Tod können ebenso eine Rolle spielen wie die Überforderung angesichts der Erwartungen, die von außen an sie herangetragen werden. Manchmal fühlen sich neue Großeltern in ihrer neuen Rolle genauso überfordert wie Eltern von Neugeborenen.

Eine Klientin berichtete einmal, sie empfinde die alte Generation als sehr kinderfeindlich, und erzählte, dass sie mit ihrem dreijährigen Sohn mit der Bahn unterwegs gewesen sei, um die Großeltern übers Wochenende zu besuchen. Sie wie auch ihr Junge seien voller Vorfreude gewesen, und er begann, im Abteil die Passagiere nach »Oma« und

»Opa« einzuteilen, je nachdem, ob die Person älter war, graue Haare hatte oder bestimmte Kleidung trug. Auch die Frau, die neben ihnen saß, nannte er »Oma«, worauf er scharf von ihr angesprochen wurde: »Ich bin aber noch lange keine Oma!«, was ihn zum Weinen brachte und der Dame missbilligende Blicke der Mitreisenden einbrachte.

Wir wissen nicht, was hinter dieser Äußerung stecken könnte, wir können es nur vermuten, je nachdem, wie positiv oder negativ wir diese Aussage verstehen wollen. Vielleicht wünscht sich diese Frau, Großmutter zu werden. Vielleicht wird sie nie in die Lage kommen, weil sie selbst keine Kinder hat – oder aber, sie fühlt sich nicht so alt, wie sie aussieht, und empfindet das Wort »Oma« in diesem Zusammenhang als Beleidigung. Wir können es nicht wissen, sollten aber auch nicht vorschnell urteilen, wenn wir Menschen nicht so erleben, wie wir es von ihnen in ihrer Rolle erwarten.

Manche Eltern werden Großeltern, ohne eine Idee davon zu haben, wie sie diese neue Rolle ausfüllen wollen oder was von ihnen erwartet wird. Nicht wenige haben auch das Gefühl, dieser Rolle nicht gerecht zu werden. Überforderung wird selten bereitwillig zugegeben. Viele Gefühle, die wir als Eltern empfinden, kennen die neuen Großeltern ebenso. Offen darüber zu sprechen und zu fragen: »Wie fühlst du dich als Großmutter?«, »Geht es dir gut damit, hast du es dir so vorgestellt?«, oder: »Gibt es etwas, das dich am Oma- oder Opa-Sein stört?«, kann uns helfen zu verstehen, wie unsere Eltern sich fühlen.

Im Konflikt eine Chance sehen

Konflikte können Veränderung bedeuten. Sie geben uns die Möglichkeit, Grenzen aufzuzeigen. Der Dialog hilft, Ängste, Vorurteile und Zweifel zu beseitigen. Sich einem Konflikt zu stellen und für sich einzustehen stärkt das Selbstvertrauen, stärkt die familiären Bindungen und bringt uns in die Lage, Probleme neu zu betrachten und konstruktiv anzugehen. In diesem Zusammenhang inspiriert eine Aussage des Schriftstellers Max Frisch zu einer neuen Sichtweise:

»Krise ist ein produktiver Zustand. Man muss ihr nur den Beigeschmack der Katastrophe nehmen.«
(Max Frisch)

Konflikte müssen keine Sackgasse sein, sondern dürfen als Chance verstanden werden. Denn auch wenn die Großeltern- und die Elterngeneration konträre Erziehungsansätze gutheißen, so teilen viele doch die gleichen Wünsche und Gefühle gegenüber den Kindern. Es soll ihnen gut gehen, sie sollen glücklich und zufrieden sein. Großeltern wünschen sich für ihre Kinder und Enkelkinder Gesundheit, Wohlstand und eine Verankerung in der Gesellschaft.

Und das kann die Basis sein, auf der wir uns treffen. Im Dialog können wir uns vergewissern, was unsere Ziele, Rollen und Wünsche als Eltern und Großeltern sind – nicht zur Vermeidung von Meinungsverschiedenheiten, sondern für mehr Augenhöhe, Verständnis und zukünftig weniger Konflikte.

Die Kunst der Kommunikation besteht oftmals darin, den bevorstehenden Konflikt nicht auszuweiten, sondern ihn frühzeitig zu erkennen und offensiv damit umzugehen. **Nicht immer ist ein**

Vorwurf auch als solcher gemeint. Es hängt mit dem Blickwinkel zusammen, ob man eine Aussage, eine Aktion oder ein Geschehen mit einem Vorwurf oder einem Wunsch verknüpft.

Thomas Gordon, ein US-amerikanischer Psychologe und Autor hat sich viele Jahre mit dem Thema Familie, Kommunikation, Beziehung und Erziehung beschäftigt. Der Schlüssel zu einem konstruktiven Umgang mit anderen Menschen liegt seiner Meinung nach in der Haltung, den anderen so anzunehmen, wie er ist:

»Wenn ein Mensch imstande ist, einem anderen gegenüber echte Annahme zu empfinden und sie ihn spüren zu lassen, besitzt er die Fähigkeit, dem anderen ein mächtiger Helfer zu sein. Seine Annahme des anderen, so wie er ist, stellt einen wichtigen Faktor in der Pflege einer Beziehung dar, in der der andere Mensch wachsen, sich entfalten, konstruktive Veränderungen durchmachen, seine Probleme lösen lernen, sich psychologischer Gesundheit nähern, produktiver und schöpferischer werden und seine ganzen Möglichkeiten verwirklichen kann.«

Familienkonferenz. Thomas Gordon, 2012, S. 50.

In erster Linie ist eine Meinungsverschiedenheit eine Möglichkeit für uns und andere, Bedürfnisse zu benennen und sich in dem Wunsch nach Erfüllung an den anderen anzunähern. Und erst wenn diese Annäherung nicht erfolgt, entsteht tatsächlich ein Konflikt. **Ein Konflikt stellt eine Situation dar, in der unterschiedliche Bedürfnisse unmittelbar aufeinandertreffen.** Ob dieser Konflikt lösbar ist oder nicht, hängt von der Ursache, der Art, der Intensität des Konflikts und ganz besonders natürlich auch von der Konfliktfähigkeit der beteiligten Personen ab. Das konstruktive

Konfliktverhalten nimmt die Lösung des Konflikts in den Fokus und hat zum Ziel, ohne Verletzung oder Demütigung des Gegenübers auszukommen. Diese Haltung beschreibt Thomas Gordon als »Sprache der Annahme«, also die empfundene Akzeptanz des Gegenübers sowohl auf verbale als auch nonverbale Weise. Das destruktive Konfliktverhalten dagegen zielt auf eine Besiegung des Gegenübers und auf das vehemente Durchsetzen der eigenen Bedürfnisse ab. Es führt schlussendlich zur Verhärtung der Fronten und zur Eskalation des Konflikts statt zu dessen Lösung, wie in den vorhergehenden Kapiteln bereits geschildert.

Rollenkonflikte entschärfen

Wenn es darum geht, zu definieren, was einen guten Vater, eine gute Mutter oder auch gute Großeltern ausmacht, haben wir, je nach persönlicher Erfahrung, sehr unterschiedliche Vorstellungen. Diese Vorstellungen spielen eine große Rolle in der Art und Weise, wie unsere eigenen Ansprüche an unser Elternsein aussehen sollten.

Zugleich haben wir es auch mit vielen anderen Menschen zu tun, die ihrerseits eine eigene Vorstellung davon haben, wie wir welche Rolle ausfüllen sollten. Es kann z. B. sein, dass wir als Vater oder Mutter gern und häufig mit unserem Kind spielen, unser Partner sich aber gleichzeitig mehr Engagement von uns im Haushalt wünscht. Unsere Eltern oder Schwiegereltern wiederum sind der Meinung, dass nichts davon wichtig ist, solange nur genug Geld nach Hause kommt. Und unsere Kolleg*innen und Vorgesetzten wünschen sich den Mitarbeiter von früher zurück, der kein Meeting vorzeitig verlässt, weil er sein Kind aus dem Kindergarten abholen muss.

Diese unterschiedlichen Erwartungen und Ansprüche an die Rollen, die wir als Eltern ausfüllen sollen, können immer wiederkehrende Spannungen und Konflikte zur Folge haben: Zum einen einen Konflikt in uns selbst, das heißt, unterschiedliche Ansprüche, die wir an uns stellen, kämpfen gegeneinander: einerseits Geld zu verdienen, um damit gut für die Familie sorgen zu können, und andererseits viel Zeit mit unseren Kindern zu verbringen. Beides ist zeitlich nicht immer miteinander vereinbar.

Zum anderen aber auch Konflikte zwischen uns und anderen Personen: Manchmal sind auch die Ansprüche von verschiedenen Personen, die an uns gerichtet werden, eine Herausforderung. Dazu kommen oft weitere Ansprüche von den Kindern selbst, den Freunden, den Eltern oder Schwiegereltern. Unser Bestreben ist es, möglichst niemanden zu enttäuschen. Nicht unsere Familie und auch nicht unseren Arbeitgeber. Aber nicht jede Rolle, die andere uns zuschreiben, müssen wir auch annehmen. Denn nicht jede Rolle passt zu uns. Ganz gleich, was andere vielleicht in uns sehen wollen.

Damit wir die Eltern sein können, die wir sein möchten, dürfen wir uns selbst folgende Fragen stellen:

Welche meiner Rollen möchte ich verändern oder für mich anders ausfüllen?

Welche Rolle möchte ich für mich behalten?

Welche Rolle kann ich nicht ändern und warum?

Welche Rolle ist neu hinzugekommen?

Wenn ich sage, dass ich die Rolle als Sohn oder Tochter behalten und verändern möchte, hilft mir für meine persönliche Abgrenzung die Definition des erwachsenen Sohns oder der erwachsenen Tochter. **Durch die Neudefinition unserer Rollen innerhalb und außerhalb unserer Familie können wir als Eltern freier agieren.** Gleichzeitig vollzieht sich dieser Wandel nicht immer so leicht, wie wir es uns wünschen.

Stress mildern durch Versachlichung

Die Gene, die an unseren Stressreaktionen beteiligt sind, werden von frühester Kindheit an stimuliert. Intensiver frühkindlicher Stress führt dazu, dass Stresshormone auch später im Leben schneller und vor allem intensiver ausgeschüttet werden. Durch Tierversuche an Mäusen konnten Wissenschaftler des Max-Planck-Instituts für Psychiatrie diesen Effekt nachweisen und in ihrer Studie belegen, dass dieser Stress lebenslang bestehen bleibt.[1]

Stressresilienz können wir lernen, indem wir negative Erfahrungen nach und nach durch positive ersetzen. Denn unser Gehirn ist durchaus in der Lage, aus positiven Ereignissen zu lernen, resilient zu werden. Diesen Prozess können bestimmte Methoden aktiv fördern. Aktive Imagination nach C. G. Jung oder auch »Heilung durch Visualisierung«, manchmal auch »Fantasiereisen« genannt, können beispielsweise hilfreich sein, um Stress und Angst abzuwenden.

Der Neuropsychologe Donald Hebb definiert dieses Prinzip folgendermaßen: »Neurons that fire together, wire together.« Übersetzt bedeutet das so viel wie: »Neuronen, die gemeinsam feuern, verbinden sich.« Wenn wir also immer wieder positive Gefühle und Erfahrungen sammeln, füttern wir unser Gehirn mit Wohlfühl-Neurotransmittern. Serotonin, Dopamin und auch Oxytocin werden freigesetzt. Dies wiederum nimmt Einfluss auf unserer Gene, die bei Stress beteiligt sind. Sie lernen buchstäblich, besser zu funktionieren. Anhaltende angenehme und positive Erfahrungen stimulieren unseren präfrontalen Kortex, der für die Integration neuer Erfahrungen zuständig ist. Die neu geschaffenen Strukturen geben uns die Möglichkeit, neue Gedanken, Gefühle und Verhaltensweisen an den Tag zu legen. Mit diesem Wissen können wir anders mit Konfliktsituationen umgehen. Wir sind aufgeklärter, besonnener und aufgeräumter.

Unsere gelernten Stress- und Bewältigungsstrategien haben ihren Ursprung in unserer Eltern- und Großelterngeneration. Wie wir auf Konfrontationen reagieren und welche Strategien wir dann wählen, entzieht sich also in den meisten Fällen unserem bewussten Handeln. **Wenn wir uns dazu imstande fühlen, können wir jedoch mithilfe einer achtsamen Kommunikation dazu beitragen, dieses Muster zu durchbrechen und eine neue Form des Miteinanders zu etablieren.** Hierzu kann es hilfreich sein, die Diskussion von einer emotionalen auf eine sachliche Ebene zu verlagern. Dabei kommt es darauf an, die Beziehungsebene nicht völlig zu verlassen, sondern sie vielmehr zu nutzen, um eine Meinungsverschiedenheit nicht zu einem Grundsatzkonflikt auszuweiten.

Beispiel für einen Dialog mit dem Ziel der Versachlichung:

Schwiegermutter: »Wenn du dein Kind bei jedem Laut auf den Arm nimmst oder tröstest, verwöhnst du es.«

Mutter: »Du meinst, ich verwöhne es?«

Schwiegermutter: »Ja natürlich, das sagte ich doch.«

Mutter: »Wie kommst du darauf?«

Schwiegermutter: »Man liest doch überall von tyrannischen, verwöhnten Kindern. Also, ich möchte kein tyrannisches Enkelkind haben.«

Mutter: »Verstehe ich das richtig? Du sagst, alle Kinder, die getröstet werden, werden Tyrannen?«

Schwiegermutter: »Na ja, vielleicht werden nicht alle Tyrannen. Aber sie glauben, dass sie alles bekommen, was sie wollen.«

Mutter: »Verstehe ich das richtig? Du nimmst an, wenn ich mein Kind jetzt tröste, glaubt es, dass es auch ein Eis und Spielzeug von mir bekommt?«

Schwiegermutter: »Na ja, so habe ich das nicht gemeint.«

> **Mutter:** »In Ordnung. Kannst du mir erklären, was du meinst? Du machst dir Sorgen, das sehe ich. Und ich würde diese Sorgen gern ernst nehmen, wollen wir uns in Ruhe darüber unterhalten?«

Diese Art der Gesprächsführung ist inspiriert durch den »sokratischen Dialog«, der heute auch in der kognitiven Verhaltenstherapie Anwendung findet. **Durch konsequentes Hinterfragen von Aussagen sollen mögliche Widersprüche aufgedeckt und widerlegt werden, sodass die Gesprächspartnerin eigenständig zu neuen Überzeugungen gelangen kann, die dann sehr nachhaltig wirken.**

Viele von uns werden sich beim anfänglichen Kommentar der Schwiegermutter an Gespräche erinnern, die sie schon einmal ganz ähnlich geführt haben. Allerdings müssen sie erkennen, dass sie an einen solchen Punkt wie am Ende des Dialoges nie gekommen sind. Meist sind sie schon nach dem Hinweis auf das Verwöhnen innerlich so aufgebracht gewesen, dass ihnen jede weitere Auseinandersetzung als Überforderung erschienen ist.

Wir erkennen an diesem Beispieldialog: **Indem wir darauf achten, nicht auf unserer Meinung zu beharren, bereiten wir den Boden für ein konstruktives Gespräch.** Durch direktes Nachfragen öffnen wir das Fenster zu Dialog und Austausch, ohne die Meinung unseres Gegenübers anzunehmen. Wir bleiben in Beziehung, lenken den Blick aber gemeinsam auf das vorherrschende Gefühl, das hinter der anklagenden Aussage stecken kann: Unsicherheit, Sorge, Angst, individuelle Vorstellungen, wie Kinder erzogen werden sollen.

Wenn wir für uns das Wort »übergriffige Provokation« ersetzen durch »Unsicherheit«, »Angst«, »Wunsch nach Akzeptanz« oder auch einfach »Wunsch nach Austausch«, nehmen wir dem Thema für uns die emotionale Schärfe. Aus dem Konflikt kann ein Dialog werden. Es sollte uns dabei nicht darum gehen, die Gegenseite davon zu überzeugen, dass wir im Recht sind. Die Großeltern dürfen ihre Meinung und Sicht auf die Dinge haben, aber uns ist wichtig, dass sie uns die unsere lassen.

Eines müssen wir uns auch immer wieder bewusst machen: Es gibt immer nur unsere Interpretation einer Situation. Vorangegangene, ältere Verletzungen fußen auf unseren Interpretationen. Es gibt nicht die eine Wahrheit. Aufgrund unserer Erfahrungen und Verletzungen sind unsere Einschätzungen, ob und inwieweit sich eine Situation als Konflikt darstellt, immer subjektiv.

»Jeder Mensch nimmt die Welt auf eine ganz subjektive und individuelle Weise wahr, d. h. stets in Ausschnitten, Verzerrungen, Verkleinerungen, Vergrößerungen usw., und erst durch eine Interpretation dieses Ausschnitts werden die Daten der Umwelt zu Informationen.«

Werner Stangl, https://lexikon.stangl.eu/1708/selektive-wahrnehmung.

Unser Bild von unseren Eltern ist idealisiert. Wir wünschen uns, dass unsere Eltern auf eine bestimmte Art »sind«. Reflektiert, offen, zugewandt. Oft übersehen wir dann, ob sie dazu tatsächlich in der Lage sind. Unsere Eltern und unsere Beziehung zu ihnen unterziehen wir in Konfliktsituationen einem Realitätscheck und sind (zu Recht?) entsetzt, wenn wir uns das Ergebnis ansehen. **Was unsere Eltern sind oder eben nicht sind, können wir nicht ändern. Beeinflussen können wir zu unserem eigenen Wohl nur unsere Sicht auf die Dinge.** Wir können nichts einklagen, was unsere Eltern uns nicht geben können. Diese Erkenntnis ist schmerzhaft und wir haben jedes Recht, darüber zu trauern.

Unsere Eltern waren und sind nicht perfekt. Wir sind die neue Generation, die die Werte in der Erziehung unserer Kinder neu definieren kann. Und es ist nicht unsere Aufgabe, dies unseren Eltern als gut oder sinnvoll zu verkaufen. Wo wir auf Unverständnis oder Kritik von ihnen stoßen, ist es wichtig, sich von dem »kindlichen Reflex« freizumachen, ihr Okay für unser Anderssein einzuholen. **Wir müssen und können oft die Ansichten unserer Eltern nicht ändern, aber unsere Kommunikation ihnen gegenüber.** Familien sind kein in Stein gemeißeltes System, auch wenn dessen emotionale Regeln oft als unverrückbar erscheinen.

Das überzeugende Positivbeispiel sein

Wenn wir uns mit der Familie, den Freundinnen oder Kollegen über politische Themen, Sport oder eben auch Erziehung austauschen, geschieht dies immer mit dem Vorsatz, unser Gegenüber zu beeinflussen und von unseren Argumenten zu überzeugen – einfach, weil es unser Anliegen ist, ein Bewusstsein für die Themen zu schaffen, die uns wichtig erscheinen. Schnell unterliegen wir dabei der Annahme, es brauche nur gut recherchierte, unwiderlegbare Fakten aus wissenschaftlichen Studien, um einen Konflikt zu entschärfen. Doch im Grunde wissen wir – und erleben es immer wieder –, dass das so leicht nicht funktioniert.

Wenn wir versuchen, Einfluss zu nehmen, haben wir zuallererst uns selbst im Blick. Wir bauen auf das, was für uns logisch und einleuchtend ist. Und gerade in einem Konflikt schießen wir dann schnell und viel »Fakten-Munition« ab, um deutlich zu machen, wie sehr wir im Recht sind und die andere Seite eben nicht. Aber schaffen wir es tatsächlich, die Meinung anderer ins Wanken zu bringen, und wie oft gelingt uns das? **Es mag überraschen, aber wenn es darum geht, die Meinung anderer zu beeinflussen, sind Fakten und Logik tatsächlich keine machtvollen Werkzeuge.** Wenn wir uns die Erziehung und Ernährung unserer Kinder als Beispiel vor Augen führen, gibt es genügend Studien, die hinsichtlich dieser Fragen zu ganz unterschiedlichen Ergebnissen kommen. Wir sehen, dass wir hier schnell auf verlorenem Posten kämpfen würden. Außerdem können fest verwurzelte Ansichten gegenüber Veränderungen extrem resistent sein, und zwar auch dann, wenn wissenschaftliche Beweise die besagten Überzeugungen widerlegen.

Widersprüchliche Informationen führen tendenziell zur Polarisierung, die sich nur immer weiter verstärkt, je mehr Fakten wir ins Feld führen. Indem wir unser Gegenüber also mit immer neuen Informationen konfrontieren, die seiner Meinung widersprechen, kann es passieren, dass es sich völlig neue Gegenargumente zurechtlegt, um seine Haltung zu untermauern. Aus evolutionsbiologischer Sicht ergibt diese Haltung durchaus Sinn. Würden wir per se allem Glauben schenken, was andere Menschen uns sagen, könnte sich das für uns zum Nachteil auswirken. Die Aussage eines anderen in die Waagschale zu werfen konnte uns in früheren Zeiten unser Überleben sichern.

Oftmals halten Menschen also instinktiv an dem fest, was sie einmal als gesichert abgespeichert haben. Daher fällt es ihnen auch schwer, bestehende Ansichten zu ändern. Im Umgang mit den Großeltern hilft es also nicht, es besser wissen zu wollen. Was können wir also tun, um ihre Meinungen zu verändern?

Wir können an das Gefühl der Großeltern appellieren:
»Tut es dir nicht auch in der Seele weh, wenn unser Baby so weint? Kannst du das lange aushalten? Ich kann es nicht und möchte es auch nicht.«

Oder:

»Ich fühle mich auch nicht gut, wenn ich hungrig bin und z. B. im Restaurant lange auf das Essen warten muss. Da bekomme ich auch immer schlechte Laune. Dir geht es doch bestimmt auch so. Deshalb stillen wir jetzt mal schnell.«

Wenn wir dann einen positiven Moment herstellen können, einen, in dem die Großmutter anerkennen kann, dass das Baby ruhig und zufrieden daliegt, sind wir in der Lage, dieses positive Bild zu spiegeln, sie also in ihrem positiven Eindruck zu bestätigen. So können sich das Gesehene und Erlebte festigen. **Die alten Überzeugungen der Großmutter können ins Wanken geraten, ohne dass wir mit Zitaten aus Studien um uns werfen.**

Es geht im Umgang mit den Großeltern nicht darum, recht zu haben, sondern darum, alte Überzeugungen mit erlebter Realität zu verändern. Wir müssen uns darüber bewusst sein: Wenn wir Kontrolle und Macht ausüben, wenn wir versuchen, die Meinung anderer zu ändern, empfindet das die andere Seite zu Recht als Kontroll- und Machtverlust. Dass man sich dem erst einmal widersetzt, ist überaus verständlich. Wollen wir also positiven Einfluss auf die Großeltern unserer Kinder ausüben, müssen wir ihr Bedürfnis nach Handlungsoptionen berücksichtigen und ihnen die Möglichkeit geben, sich mit eigenen Ideen und Lösungen einzubringen. Die Jeder-gewinnt-Methode (siehe das folgende gleichnamige Kapitel) baut auf dieser Haltung auf und kann diesen Prozess positiv unterstützen.

Ich-Botschaften richtig vermitteln

Verallgemeinerungen sind Kommunikationskiller: »Immer musst du …!« und »Nie machst du …!« – solche Sätze wollen wir nicht von unserem Gegenüber hören. »Immer« und »nie« stimmen im Zusammenhang mit einem Verhalten so gut wie nie. Genau wie Vorwürfe versperren sie aber den Weg in eine gute Zukunft. Wenn wir solche Worte entgegengeschleudert bekommen, können wir meist schon nicht mehr für ein Gespräch offen sein. Wir wollen dann gar nicht mehr hören, was der andere uns zu sagen hat. Uns fällt es hingegen viel leichter, die Argumente und Wünsche unseres Gegenübers anzunehmen, wenn dieser die konkreten Vorfälle beschreibt, die ihn verärgert haben, und Verallgemeinerungen vermeidet. Umgekehrt gilt das natürlich auch für uns und unseren Umgang mit unseren Eltern.

Ich-Botschaften sind ein wertvolles Werkzeug in der Kommunikation. Die »Du-Botschaften«, zu denen wir oft neigen, klingen mehr nach Vorwürfen und sorgen nicht selten für Konflikte und Streitigkeiten. **Viele von uns fragen sich bei eigens formulierten Ich-Botschaften allerdings, wie es gelingen kann, dass sie nicht unecht und künstlich rüberkommen.** Das liegt vor allem daran, dass Ich-Botschaften nur dann ihre Wirkung entfalten können, wenn sie in einer bestimmten Reihenfolge formuliert sind. Ich-Botschaften sollten nach Möglichkeit nur unsere Empfindungen zum Ausdruck bringen, ohne einen Vorwurf zu implizieren.

»Ich bin …« (wir nennen das Gefühl, das wir haben),
»…, wenn du …« (wir nennen den Auslöser),
»…, weil …« (wir begründen, warum),
»Ich möchte …« (wir zeigen auf, was wir uns wünschen oder erwarten).

Hier ein Beispiel eines nicht ganz gelungenen Appells als Ich-Botschaft der Mutter an die Großmutter:

> »Ich bin verletzt, wenn du so mit mir sprichst! **Immer wenn du** zu mir kommst, fühle ich mich schlecht, und ich möchte mich nicht schlecht fühlen!«

Die darin enthaltenen Du-Botschaften laden zum Streit ein, da die Großmutter direkt angegriffen wird: »Du sorgst dafür, dass ich mich schlecht fühle!« Wer würde da ruhig bleiben und sich nicht verteidigen und im Gegenzug dann vielleicht behaupten, die andere sei zart besaitet? Denn Worte, die eine unterschwellige Bewertung in sich tragen und die wir gern in Ich-Botschaften verstecken, sind zu Beispiel »immer« – »ständig« – »jedes Mal« oder auch »oft«.

> Zielführender ist es, bei wirklichen Ich-Botschaften zu bleiben:
> »**Ich freue** mich, **wenn du** mich besuchst, aber **ich fühle mich** dann auch unsicher und habe das Gefühl, alles falsch zu machen. **Ich möchte bitte** mit dir darüber sprechen, was wir tun können, damit ich mich nicht so fühle.«

Wir können niemanden zwingen, unsere Bedürfnisse zu verstehen oder zu erfüllen, auch wenn wir das oft annehmen. Nicht jeder Bitte, die wir äußern, kann entsprochen werden. Auch unseren Kindern geben wir nicht jederzeit Süßigkeiten, nur weil sie ihren Wunsch in eine Bitte legen, richtig? Eine Bitte kann also keine Forderung sein.

Trotzdem können Ich-Botschaften einen wahren Kommunikationsschatz für uns bereithalten, denn diese Art zu kommunizieren ist nicht nur für uns neu, sondern auch für unsere Eltern. **Ich-Botschaften erfordern Mut und vor allem Übung.** Hier noch ein paar Beispiele:

»**Wenn ich** mein Baby stille und von dir gefragt werde, ob es denn auch satt wird, **mache ich mir Sorgen,** dass ich etwas falsch mache. **Ich möchte** darüber bitte nicht sprechen, während ich mein Baby stille.«

»**Ich habe** ein gutes Gefühl dabei, mein Baby in den Schlaf zu begleiten, indem ich es trage. **Wenn du** mit mir darüber sprechen willst, können wir das gern tun. **Ich möchte zuerst,** dass mein Baby schläft, dann habe ich genug Zeit, mich mit dir darüber zu unterhalten.«

Wenn wir dann erleben, dass unserer Bitte nicht entsprochen wird, ist es genauso wichtig, klarzumachen, dass wir durch das Verhalten der anderen verletzt sind:

»**Ich ärgere mich,** dass du meine Bitte nicht respektierst und mich in diese Diskussion verwickelst. Ich habe dir meine Meinung zu dem Thema gesagt. **Ich möchte** mich jetzt weiter um mein Baby kümmern, bitte geh so lange in die Küche/ins Wohnzimmer/zu meinem Mann.«

Ich-Botschaften zeigen klar, was uns stört oder was uns wichtig ist. Mit Ich-Botschaften offenbaren wir unsere Gefühle und machen uns natürlich auch ein Stückweit angreifbar. Unsere Ich-Botschaften schaffen aber auch Nähe. Wir zeigen damit unser Vertrauen, dass unser Gegenüber die gezeigten Gefühle nicht zu unserem Nachteil auslegt.

Wir werden uns aber auch durch den Prozess des Formulierens von Ich-Botschaften oft sicherer, was wir fühlen und was wir tatsächlich sagen möchten. Und zwar ohne tiefen Groll, weil wir unsere Gefühle unmittelbar thematisieren, anstatt sie in uns hineinzufressen. Wir selbst sind dadurch offener für die Meinungen und Gefühle unseres Gegenübers. Es bietet sich uns die Gelegenheit, dass eine neue familiäre Atmosphäre der Nähe und Vertrautheit entstehen kann.

Natürlich sind Ich-Botschaften kein Allheilmittel. Doch in verfahrenen Situationen sind sie oft der beste Weg, damit wir bei den für uns wichtigen Themen der Erziehung zu den uns berührenden Gefühlen und Einstellungen kommen und uns mit den Großeltern tatsächlich austauschen. Wenn wir mit einer Ich-Botschaft beginnen, lassen wir schon mal unsere Verteidigungswaffen sinken und gewähren unserem Gegenüber einen Blick in unser Innenleben. Es bietet uns zumindest die Chance eines ruhigen Austauschs und damit auch die Suche nach Kompromissen und gemeinsamen Lösungswegen, die sich dann für alle gut und stimmig anfühlen.

Wenn wir Du-Botschaften senden, zählen wir eine Reihe von Argumenten auf und erzeugen fast immer einen gewissen Druck, um unser Gegenüber zu überzeugen. Denn wir nehmen an, dass unsere Argumente schlüssig sind und eigentlich für sich selbst sprechen. Wir alle können nicht besonders gut mit Druck von außen umgehen! Als Eltern nicht, wenn wir Druck durch unsere Eltern oder Schwiegereltern erfahren. Unsere Eltern und Schwiegereltern aber auch nicht durch uns. Das Ergebnis ist nicht selten, dass wir Widerstand von ihnen erfahren. Dieser Widerstand kann aktiv sein, also in Form von Gegenargumenten:

»Das habe ich so nicht gesagt.«
»Du drehst mir die Worte im Mund herum.«
»Ich meine es doch nur gut.«
»Du bist immer gleich so empfindlich!«

Oder der Widerstand bleibt passiv, indem die unter Druck Gesetzte stumm dasitzt, den Vortrag innerlich ignoriert und hofft, dass es bald vorbei ist. Das passiert vor allem, wenn wir versuchen, unser Gegenüber von etwas zu überzeugen, und unser Gegenüber gerade selbst im Stress ist. Denn im Stress wollen unsere Eltern und

Schwiegereltern erst recht keinen Rat haben, was sie besser machen könnten. Auch wenn wir vielleicht finden, dass das jetzt genau der richtige Moment ist. Umgekehrt gilt dies natürlich auch für uns! Vielleicht klingt das neu und überraschend, aber wenn wir etwas von anderen wollen, müssen wir uns zuerst emotional mit ihnen verbinden, und das schaffen wir am besten durch Zuhören.

Aktiv zuhören

In Studien konnte gezeigt werden, was passiert, wenn wir andere zwar »spiegeln«, aber im Gegenzug nicht widergespiegelt werden. Es zeigte sich ein deutliches Defizit in unseren Spiegelneuron-Rezeptoren. Wenn diese Defizite auftreten, fühlen wir uns alleingelassen und nicht verbunden. In der Psychologie bezeichnet das emotionale Spiegeln einen instinktiven Automatismus bei Menschen, der sich im Laufe der Evolution entwickelt hat – und zwar, um die Befindlichkeiten und damit auch die Absichten anderer zu verstehen und vorherzusagen.

Wenn wir auf der Straße unterwegs sind und uns jemand anlächelt, lächeln wir unbewusst zurück – wir spiegeln. Forschern zufolge hilft dieses unbewusste Spiegeln dabei, uns an Situationen zu erinnern, bei denen wir selbst diesen Gesichtsausdruck gezeigt haben, in diesem Fall also ein Lächeln. So können wir schnell nachvollziehen, was im Gegenüber wohl gerade vorgeht. Auch negative Gesichtsausdrücke sind auf diese Weise ansteckend. Wenn wir die Stirn runzeln, während wir jemanden ansehen, dürfen wir uns also nicht wundern, wenn in der Folge die Stimmung auch bei unserem Gegenüber absackt oder wir ihn verunsichern. Wie ein Schwamm saugen wir die Stimmung um uns herum auf.

Wenn wir wollen, dass unsere Eltern uns zuhören, müssen wir sie auf die richtige Weise ansprechen. Erst dann wird unsere Kommunikation Früchte tragen. Interessanterweise kommt die Fähigkeit »Zuhören« vom rationalen Teil unseres Gehirns – also unserem Neocortex –, nicht vom emotionalen oder instinktiven Teil unseres Gehirns.

Damit wir anderen gut zuhören können, ist es wichtig, erst einmal unsere eigenen Emotionen unter Kontrolle zu bringen. Denn wenn uns in einer Gesprächssituation eigene Gefühle wie Angst, Ärger oder Trauer dazwischenkommen, können wir weniger gut zuhören oder angemessen auf den anderen eingehen. Das geht am »einfachsten«, indem wir die uns unangenehmen Gefühle wie Angst, Unsicherheit oder Scham zugeben. Studien haben gezeigt, dass uns das Benennen von Bedrohungen und Ängsten entspannen lässt, weil wir nichts mehr verbergen müssen. **Das gilt natürlich auch für unsere Gesprächspartner. Wenn wir ihnen den Raum geben, die Ängste auszusprechen, die sie beschäftigen, helfen wir ihnen, unsere Argumente besser nachvollziehen zu können.**

Was bedeutet das für uns im Umgang mit den Großeltern? Auch wenn es uns Überwindung kostet, uns gegenüber den mitunter forsch auftretenden Großeltern zu offenbaren, kann es uns ein Tor zur Kommunikation öffnen. So können wir vielleicht die Sorge abwenden, dass das Enkelkind aus dem Tragetuch fällt (»Ein Kinderwagen ist doch so viel sicherer«). Oder ihnen begreiflich machen, dass eine lange Stillzeit nichts mit Verwöhnen zu tun hat, sondern im Gegenteil das intensive Umsorgen eines kleinen Babys evolutionär gesehen ein absolutes Erfolgsmodell darstellt und sein Überleben garantiert. Nicht selten sind auch die Großeltern mit dieser neuen Situation überfordert – zeigen es aber aufgrund ihrer eigenen gefühlsarmen Erziehungserfahrung nicht auf eine Art, mit der wir gut umgehen könnten. Wir können ihnen helfen, ihre Gefühle in Worte zu fassen. Schauen wir uns das mithilfe eines kleinen Beispieldialogs genauer an.

Kristina hat vor zwei Wochen ihr erstes Kind zur Welt gebracht. Sie hat vor der Geburt viel gelesen und weiß, wie wichtig Körperkontakt für sie und ihr Kind ist, und verbringt die meiste Zeit des Tages mit ihrem Kind nackt im Bett. Sie weiß, dass so das Stillen sich gut einspielen kann, sie selbst nach der anstrengenden Geburt zu Kräften kommt und ihre Geburtsverletzungen gut heilen können. Ihre Mutter drängt schon seit Tagen, »nur mal kurz« vorbeischauen zu dürfen. Vorab hatte sie ihrer Tochter bereits ein Paket mit Babykleidung und einer Karte zukommen lassen. Als die frischgebackene Großmutter ihr Enkelkind dann zum ersten Mal sehen kann, ist für Kristina von Stolz, Freude und Anteilnahme wenig zu spüren. Ihre Mutter kommentiert alles, was sie sieht, sobald sie die Wohnung betreten hat:
»Ach, wie sieht es hier denn aus?«
»Habt ihr denn überhaupt noch saubere Tassen?« – als ihr ein Kaffee angeboten wird.
Dann geht sie zu Kristina ins Schlafzimmer und findet ihre Tochter und ihr Enkelkind wie immer unter der Bettdecke nackt aneinandergekuschelt. Wo denn die Anziehsachen seien, die sie geschickt hat, fragt sie nach und lässt sich das Paket zeigen, das im Wohnzimmer auf der Couch liegt. Sie geht damit ins Schlafzimmer, packt es aus, zeigt es ihrer Tochter und bittet sie, es ihrem Enkelkind anzuziehen. Das Baby schläft tief und fest, und Kristina gibt ihrer Mutter zu verstehen, dass sie es jetzt dafür nicht wecken wird.
Sie trinken zusammen Kaffee und nach einiger Zeit wird das Baby wach, um gestillt zu werden. Die Großmutter ergreift erneut ihre Chance und erinnert an die schöne Babykleidung, die sie extra in diesem einen Laden in der Innenstadt für nicht wenig Geld erstanden hat.

Ob sie sie dem Baby nicht jetzt anziehen könne, schließlich sei es nun wach. Kristina spürt, dass hier ein Streit hochkocht, und versucht einzulenken. Eine Möglichkeit ist: Zuerst versuchen wir die Emotion, das Gefühl oder die Stimmung wahrzunehmen.

Nehmen wir an, es ist Ärger. Als Nächstes fragt sie ihre Mutter, ob ihre Wahrnehmung richtig ist:

»Du scheinst ärgerlich zu sein, stimmt das?«

Mit der Frage gibt sie ihrer Mutter die Gelegenheit, ihre Annahme zu bestätigen oder zu korrigieren. (»Ärgerlich bin ich nicht wirklich, eher enttäuscht.«)

Nachdem Kristina herausgefunden hat, um welche Emotionen es sich handelt, könnte sie fragen:

»Warum bist du denn enttäuscht?«

Damit lädt sie ihre Mutter ein, ihr Gefühl genauer zu spüren oder zu untersuchen. Und sie lässt ihr Zeit, in Ruhe auf die Frage zu antworten, ohne sie vorab zu unterbrechen. Es geht in diesem Moment nicht um Kristina, und sie sollte nicht versuchen, ihrer Mutter ihre Gefühle auszureden. Umgekehrt würde sie das selbst auch als sehr unangenehm empfinden. (»Ich habe extra meine Freundin gefragt, wo man schöne Babykleidung kaufen kann, ich weiß doch, wie wichtig dir ist, dass es nachhaltige Kleidungsstücke sind. Und dann hatte ich so viele Termine an dem Tag und bin im schlimmsten Feierabendverkehr noch in die Stadt gefahren, um die Babysachen zu kaufen, und dann noch zur Post, die gerade dabei war zu schließen, denn ich wollte, dass alles rechtzeitig bei dir ankommt. Es war so schwer, einen Parkplatz zu bekommen. Es war stressig und nervenaufreibend. Ich war so müde, als ich endlich wieder zu Hause war.«)

Nun kann sie fragen, warum ihre Mutter wütend ist. Sie könnte fragen: »Und was macht dich jetzt so ärgerlich?« (»Und nun sehe ich, dass mein Paket einfach so im Wohnzimmer liegt, als wäre es völlig bedeutungslos, dass ich die Dinge gekauft habe.«)

Danach könnte sie fragen: »Was muss passieren, damit du dich besser fühlst?« (»Ich würde einfach nur gern wissen, ob es euch gefällt. Mir gefallen die Anziehsachen sehr gut und ich würde mein Enkelkind so gern darin sehen und auch im Arm halten. Ich war schon den ganzen Tag so aufgeregt, dass ich mein Enkelkind heute sehen kann!«)
Im letzten Schritt ist Kristina in der Lage, ihre Mutter besser zu verstehen und auf ihren Wunsch mit einem Kompromiss einzugehen: »Ich wusste nicht, dass es dich so viel Mühe gekostet hat. Die Anziehsachen sind wunderschön. Ich mag sie sehr und finde es großartig, dass du daran gedacht hast, was mir an den Kleidungstücken wichtig ist. Und wenn wir sie anziehen, mache ich auf jeden Fall ganz viele Fotos für dich, versprochen! Auf den Arm nehmen kannst du dein Enkelkind so oder so!«

Nicht wenige junge Eltern kennen diese Situation und hätten sie im ersten Moment vermutlich als übergriffig, unverschämt und wenig sensibel im Hinblick auf das Auftreten der Großmutter beschrieben. Wir hätten uns gekränkt und verletzt gefühlt, dass unsere Mutter von uns verlangt, dass wir unser schlafendes Baby anziehen, nur damit sie ihre gekauften Babysachen an ihm bewundern kann. **Dabei kann uns dieses Beispiel zeigen, dass auch wir die Großeltern verletzen können, ohne uns dessen bewusst zu sein oder es beabsichtigt zu haben.** Wenn wir davon ausgehen, dass wir es gut miteinander meinen und gemeinsame Ziele verfolgen, können wir vermeintliche Meinungsverschiedenheiten ausräumen und ausgewachsene Konflikte abwenden.

Die Jeder-gewinnt-Methode

Die niederlagenlose Konfliktlösung (oder auch sechs Schritte der »Jeder-gewinnt-Methode«) nach Thomas Gordon ist eine weitere Option, Konfliktgespräche in der Familie konstruktiv zu führen. **Ziel der Methode ist es, dass sich alle Beteiligten gleichwertig fühlen und gemeinsam nach einer Lösung des Problems suchen.** Die Lösung soll die Befindlichkeiten aller Konfliktteilnehmer berücksichtigen und für alle akzeptabel sein. Diese Möglichkeit des Gespräches können wir umsetzen, wenn die Großeltern an diesem Austausch auch wirkliches Interesse und den Wunsch, mitzuwirken, zeigen. Es kann eine Option sein, wenn wir möchten, dass alle beteiligten Familienmitglieder zuhören und ihre Ideen für die Lösung des Problems einbringen sollen.

Schritt 1: Das Problem wird beschrieben, das bedeutet, dass wir das Problem weder als Vorwurf noch als Wertung schildern. Unsere eigenen Gefühle werden weder über- noch untertrieben, und durch aktives Zuhören versuchen wir den Standpunkt derer zu erfassen, die uns zugehört haben.

Schritt 2: Im nächsten Schritt entwickeln wir alternative Lösungen und notieren sie. Jeder Lösungsvorschlag wird ernst genommen und nicht bewertet. Auf die für alle am wahrscheinlichsten passende Lösung wird eingegangen. Ist dies nicht möglich, müssen wir das Problem noch einmal genauer miteinander erörtern.

Schritt 3: Die alternativen Lösungen werden bewertet und wir fragen uns gegenseitig, ob wir mit der Lösung allen gerecht werden. Niemand soll das Gefühl haben, klein beigeben oder gute Miene zum bösen Spiel machen zu müssen – sich mit der Lösung nicht wohlzufühlen. Das würde den Konflikt tatsächlich wieder anheizen.

Schritt 4: Die Entscheidung wird getroffen und wir versuchen, keinen zu der Lösung zu überreden. Alle müssen einverstanden sein, und die Lösung muss noch einmal formuliert werden, damit wir sichergehen können, dass alle verstanden haben, was entschieden worden ist und warum.

Schritt 5: Die Entscheidung wird ausgeführt, was auch bedeutet, dass wir darauf vertrauen, dass alle die Entscheidung einhalten. Ich-Botschaften helfen uns im Umgang mit demjenigen, der die Entscheidung nicht oder unzureichend ausführt.

Schritt 6: Die Bewertung der Lösung hilft uns, miteinander zu schauen, ob die Lösung für alle gepasst hat oder ob man weitere Vorschläge hat, wie das Problem gelöst werden kann. Auch hier müssen alle Änderungen, wie im Punkt 3 genannt, wieder miteinander beschlossen werden.

Es folgt ein **Beispiel** für eine typische Situation, in der die Anwendung der Methode hilft, das Anwachsen eines Konflikts zu verhindern.

Marcel und Susanne sind Eltern der 20 Monate alten Charlotte. Die Kleine wird seit einiger Zeit außerhäuslich betreut. An zwei Tagen in der Woche schließt die Einrichtung früher und Charlotte bleibt dann bei ihren Großeltern, bis die Eltern sie abholen kommen. Seit einiger Zeit bemerken diese, dass Charlotte sehr müde und gleichzeitig überreizt ist, wenn sie sie bei den Großeltern abholen. Außerdem erleben sie immer wieder, dass Charlotte bei den Großeltern vor dem Fernseher sitzt. Auf Nachfrage erzählen die Großeltern, dass die Kleine mittags nicht schlafen kann und sie sich deshalb zusammen mit ihnen vor dem Fernseher ausruhen darf. Obwohl Marcel und Susanne erleichtert sind, dass die Großeltern die Ausfallzeiten der Kita abfedern, sind sie nicht glücklich darüber, wie Charlotte die Zeit bei ihren Eltern verbringt. Sie beschließen, mit den Großeltern darüber zu sprechen.

Marcel: »Ich habe in den letzten Wochen gesehen, dass Charlotte oft sehr müde ist, wenn wir sie abholen. Ihr sagt, sie kann bei euch nicht schlafen und bleibt deshalb wach. Ich möchte gern mit euch besprechen, was wir tun können, damit sie bei euch schlafen kann und ihr einen schönen Nachmittag miteinander verbringen könnt, bis wir sie abholen.«

Eltern: »Ja, das beschäftigt uns auch, aber sie mag es auch sehr, wenn wir alle zusammen vor dem Fernseher sitzen.«

Susanne: »Das glaube ich dir, dass Charlotte das mag. Sie ist ja auch wahnsinnig gern bei ihrer Oma und ihrem Opa. Aber ich fände es auch schön, wenn ihr am Nachmittag zusammen auf den Spielplatz gehen könntet. Wenn sie nicht so müde ist, unternimmt sie sicher gern etwas mit euch.«

Marcel: »Bei uns zu Hause schläft Charlotte ja bei uns im Bett, wenn wir uns zu ihr legen und sie in den Schlaf begleiten. Das könntet ihr bei euch zu Hause auch ausprobieren. Habt ihr vielleicht eine Idee, wie sie bei euch ihren Mittagsschlaf machen könnte?«

Eltern: »Na ja, dieses Zusammen-ins-Bett-Legen haben wir ausprobiert, aber da klettert Charlotte nur rum und bleibt nicht liegen. Wir haben dann immer Angst, dass sie runterfällt.«

Susanne: »Habt ihr eine Idee, wie sie bei euch ihren Mittagsschlaf machen könnte?«

Eltern: »Sie schläft ja immer ein, wenn sie im Kinderwagen liegt oder auch im Auto.«

Marcel: »Ja, stimmt!«

Eltern: »Wenn wir sie vom Kindergarten abholen, sind wir ja mit dem Auto unterwegs. Vielleicht drehen wir eine Extrarunde, damit sie schlafen kann?«

Susanne: »Das ist eine gute Idee, aber ihr könnt ja auch den Kinderwagen ausprobieren und einen Spaziergang machen. Und bei schlechtem Wetter nehmt ihr das Auto.«

Eltern: »Ich glaube ja nicht, dass sie dann genug Schlaf bekommt.«

Marcel: »Nicht so viel, als würde sie im Bett schlafen, aber das könnt ihr ja auch immer wieder anbieten. Macht euch da bitte keinen Stress.

Das muss nicht sofort klappen. Wenn sie im Kinderwagen wenigstens ein bisschen schlafen kann, hat sie auch wieder Spaß auf dem Spielplatz. Und das ist uns allen doch das Wichtigste, oder?«

Susanne: »Genau, oder bei euch im Garten in der schönen Sandkiste, die ihr der Opa gebaut hat!«

Marcel: »Okay, wollen wir das dann noch mal zusammenfassen, ja? Ihr versucht, Charlotte eine Ausruhzeit im Kinderwagen oder im Auto zu geben und den Nachmittag mit ihr im Garten oder auf dem Spielplatz zu verbringen.«

Susanne: »Ihr versucht das in der kommenden Woche und dann sprechen wir noch einmal, ob das gut geklappt hat. Und wenn nicht, dann überlegen wir zusammen weiter. Wir finden da gemeinsam eine Lösung.«

Eltern: »Ja gut, dann versuchen wir das mal mit dem Kinderwagen. Wir sind gespannt, wie Charlotte das findet, dass sie kein Fernsehen mehr gucken darf.«

Marcel: »Ich glaube euch, dass sie gern Fernsehen schaut, aber noch viel lieber spielt sie mit euch, sie freut sich immer so sehr, wenn sie weiß, dass Oma-und-Opa-Tag ist. Ist es euch manchmal zu anstrengend mit ihr?«

Eltern: »Ach nein, niemals!«

Marcel: »Sie kann einen ganz schön auf Trab halten, ich kann verstehen, dass es auch angenehm ist, gemeinsam eine Pause vor dem Fernseher zu machen.«

Eltern: »Ja, das hat sich wie ein richtiges kleines Ritual angefühlt, dass wir alle zusammen Fernsehen gucken.«

Susanne: »Das verstehe ich gut. Wir lieben unsere Rituale mit Charlotte auch sehr. Gibt es vielleicht noch etwas anderes, was ihr zusammen machen könnt, um zu entspannen?«

Eltern: »Also, da fällt uns nichts ein, wir haben ja auch kaum Spielsachen hier.«

Marcel: »Ja, verstehe, Das können wir aber gern ändern, wenn ihr möchtet. Sollen wir euch ein paar von Charlottes Spielsachen hierherbringen, mit denen sie gern spielt? Würde euch das helfen?«
Eltern: »Ihr habt doch auch CDs. Vielleicht können wir mit Charlotte statt des Fernsehens eine CD hören?«
Susanne: »Oh, die Idee finde ich richtig schön.«
Marcel: »Ich auch!«
Eltern: »Gut, dann probieren wir das aus und nächste Woche sprechen wir, wie gut das alles geklappt hat.«
Marcel: »So machen wir das.«

In diesem Beispiel beherzigen Susanne und Marcel alle Punkte der Methode und gehen äußerst wertschätzend mit der Meinung der Großeltern um, ohne sie zu verurteilen. Dabei handelt es sich selbstverständlich um einen fiktiven Idealfall.

Jeder Anfang ist schwer. Was uns hilft, ist Üben, Üben, Üben. Das »Geheimnis« einer erfolgreichen Umsetzung ist, es einfach auszuprobieren. Gerade bei den ersten Malen wird es sicher nicht auf Anhieb klappen. Wir dürfen uns nicht zu sehr unter Druck setzen oder entmutigen lassen, auch wenn wir mal nicht den richtigen Ton treffen oder keine Lösung mit den Großeltern finden. Und wenn wir doch eine gefunden haben: Vielleicht müssen wir sie dann zu Beginn immer wieder an diese einmal vereinbarte Lösung erinnern.

Es wird auch mit dieser Methode nicht immer möglich sein, alle Konflikte zur vollen Zufriedenheit und auf Augenhöhe zu lösen. Wenn wir den Großeltern aber so viel Mitsprache ermöglichen, können wir uns viel Stress ersparen und hoffentlich die Eskalation von Konflikten verhindern.

Zusammenfinden mit externer Hilfe

Wir alle sind auf der Suche nach Antworten auf die Fragen, die wir uns stellen. Manchmal finden wir diese Lösungen, indem wir Bücher lesen. Andere von uns schätzen den Austausch mit Gleichgesinnten und Freunden, und wieder andere wünschen sich in einem Einzelgespräch Impulse durch einen Berater, Coach oder eine Therapeutin. Je nachdem, ob wir erst einmal mehr über uns erfahren oder gleich den Dialog mit der gesamten Familie suchen wollen, gibt es verschiedene Möglichkeiten, die hier kurz erklärt werden. Diese Liste erhebt keinen Anspruch auf Vollständigkeit. Sie dient vielmehr einer ersten Orientierung, welche Möglichkeiten wir haben, wenn wir uns vom Konfliktgeschehen in unserer Familie überfordert fühlen.

Elterngruppen. Freie und auch kirchliche Träger bieten zu unterschiedlichen Themen Elterngruppen an. Im Kreise Gleichgesinnter ist es möglich, mithilfe des gemeinsamen und achtsamen Austauschs ein tieferes Verständnis für uns selbst, unser Kind und unsere Angehörigen zu entwickeln. Der Erfahrungsaustausch kann erleichternd und bestärkend sein, wenn wir erfahren, dass es anderen im herausfordernden Familienalltag ähnlich ergeht.

Familienmediation. Das Wort Mediation hören wir oft im Zusammenhang mit Nachlässen, dem Streit über das Erbe oder darüber, wer das Familienunternehmen weiterführen soll. Mediationen im familiären Kontext verfahren nach dem gleichen Prinzip und setzen die Gesprächsbereitschaft aller involvierten Familienmitglieder voraus. Ähnlich wie bei der Jeder-gewinnt-Methode wird versucht, eine Lösung für einen vorherrschenden Konflikt zu finden, mit der alle gut miteinander weiterleben können. Ein Mediator fördert bei den

Mediationsgesprächen die Kommunikation zwischen den beteiligten Familienmitgliedern, sodass diese gemeinsam eine Lösung erarbeiten können, die für alle Beteiligten tragbar und annehmbar ist.

Die Mediation kann hilfreich sein, wenn eine Familie in einer spezifischen Situation aus sich selbst heraus keine Lösung findet und verschiedene Interessen einander entgegenstehen. Der Mediator ist dabei der neutrale Dritte, der die Verantwortung über die Gestaltung der Mediationsgespräche übernimmt und zwischen den Parteien vermittelt. Ein Mediator entscheidet und bewertet nicht, sondern unterstützt die Familienmitglieder bei der Erarbeitung einer selbstbestimmten und einvernehmlichen Konfliktregelung.

Systemische Familientherapie. Ähnlich wie die Verhaltenstherapie arbeitet auch die systemische Therapie mit dem Bild eines Werkzeugkoffers für ihre Klient*innen. Das heißt, auch diese Therapie soll immer der eigenen Ressourcenaktivierung dienen, die Selbstwirksamkeit fördern und es ermöglichen, den Blick auf Situationen zu verändern, um diese neu bewerten zu können. Besonders im Kontext von Familie hilft die systemische Therapie, unterschiedliche Ansichten und Konflikte anzusprechen und Kompromisse zu suchen.

Die systemische Therapie hat über die Jahre ihrer Entwicklung viele Modelle hervorgebracht. Und es gibt auch nicht *die* eine systemische Familientherapie, da es auch hier unterschiedliche Ansätze gibt. So nutzen manche Berater und Therapeutinnen sogenannte Genogramme, um den Klient*innen komplexe familiäre Zusammenhänge zu verdeutlichen.

Andere arbeiten mit dem Bild eines Mobiles, wenn sie sich Familie und Familienrollen anschauen. Die einzelnen Ebenen stehen symbolisch für die einzelnen Generationen einer Familie. Dieses System ist ständig in Bewegung und versucht, sein Gleichgewicht, also eine Balance, zu halten. Gelegentliche Windstöße können dieses System ins Ungleichgewicht bringen. Die »Windstöße« stehen für sogenannte lebenszyklische Ereignisse. Dazu können der Auszug der erwachsenen Kinder zählen, die neuen Lebenspartner der Kinder, die ins Familienmobile einziehen, und ebenso natürlich auch die Enkelkinder. Auch die Scheidung oder der Tod von Familienmitgliedern kann dazu führen, dass sich das Gleichgewicht des Familienmobiles erst einmal wieder neu finden muss. Ist es einem oder mehreren Familienmitgliedern nicht möglich, ein neues lebenszyklisches Ereignis gut für sich zu verarbeiten, kann es zu Symptomen und auch Konflikten kommen, die bei Nichtbeachtung mit der Zeit massiver werden können, so weit, bis das System schließlich kollabiert. Andauernde Konflikte und Kontaktbrüche können die Folgen sein.

Die systemische Therapie versucht, aus diesen nicht gelungenen »Lösungsversuchen« tatsächliche Lösungen zu machen. Das heißt, herauszufinden, weshalb ein bestimmtes Verhalten gewählt wird, um so dessen vermeintliche Ursache feststellen zu können. Denn Symptome treten immer nur in Zusammenhang mit einem lebenszyklischen Ereignis und in bestimmten menschlichen Beziehungen auf. Durch Anregungen an das System kann die Balance dort wiederhergestellt werden. Familien sollen befähigt werden, ihre vorhandenen Fähigkeiten und Stärken zu nutzen und sich gemeinsamen Zielen zu verschreiben, statt Probleme und Defizite in den Vordergrund zu stellen.

Was diese Therapieform so besonders macht, ist, dass es nicht darum geht, Menschen eine Krankheit zu diagnostizieren, sondern ihnen verschiedene Möglichkeiten aufzuzeigen, mit einer konfliktreichen Situation umzugehen. Das erweitert die Handlungsmöglichkeiten aller beteiligen Familienmitglieder und ermutigt zum Handeln. Auch systemische Beratungen arbeiten nach diesem Ansatz.

Kognitive Verhaltenstherapie. Die Lösung eines Konflikts mit den Großeltern ist nicht immer möglich. Aber wir sind in der Lage, unsere Sicht auf diesen Konflikt und seine eventuellen Begleiterscheinungen für uns in ein weniger schmerzliches Licht zu rücken, damit wir weiterhin in Kontakt bleiben und uns nicht zurückziehen müssen. Wir können lernen, damit zu leben, damit die Menschen, die unser Leben so stark geprägt haben, nicht mehr die Kraft haben, uns zu verletzen und zu verunsichern.

Mithilfe der Verhaltenstherapie lernen wir, Konflikte lösungsorientiert anzugehen. Dies gilt sowohl für unsere inneren Konflikte, wie unseren Umgang mit Angst oder auch Aggression, als auch für zwischenmenschliche Beziehungskonflikte. Die so erlernte Distanz hilft uns, weniger impulsiv zu reagieren, sondern einen inneren Abstand zu diesen oft dominierenden Gefühlen zu finden. In der Verhaltenstherapie können Gefühle des Sich-verletzt-Fühlens, des Enttäuschtseins, des Sich-angegriffen-Fühlens oder der Angst aufgelöst und nachhaltig in positive Gefühle umgewandelt werden. Wir entwickeln ein neues Verhalten und eine neue Haltung, indem wir lernen, die Gefühle und Gedanken loszulassen, die uns immer wieder verletzen. Hieraus kann wiederum ein hilfreiches neues Verhalten entwickelt werden. Indem wir lernen, die kindliche Ebene in konfliktbehafteten Situationen zu verlassen, gelangen wir zu neuer persönlicher Reife und einer inneren Freiheit, das zu tun, was für uns und unsere Kinder erzieherisch gut und richtig ist.

Reparenting. Manchmal ist unsere eigene Kindheitserfahrung zu schmerzhaft, als dass wir allein damit fertig werden wollen. Wir wissen, wir sind aktuell nicht in der Lage, den Großeltern unserer Kinder gegenüberzutreten und für uns als Familie einzustehen. Bei »Reparenting« oder auch »Nachbeeltern« handelt es sich um ein therapeutisches Setting, das Therapeut*innen nach Bedarf in der

Arbeit mit ihren Klient*innen einsetzen. Es hat seine Wurzeln in der Schematherapie nach Jeffrey E. Young und ermöglicht es dem Therapeuten, seinem Klienten in angemessener Form nachträgliche elterliche Fürsorge zukommen zu lassen.

Sind wir als erwachsene Kinder kaum in der Lage, uns von unseren Eltern zu lösen, bitten wir diese immer noch um Anerkennung und sind in negativen Gedankenmustern über uns selbst verhaftet, können wir durch die Therapie lernen, die alten Muster der Kindheit hinter uns zu lassen. Reparenting hat nicht zum Ziel, einen Elternteil zu ersetzen, vielmehr geht es darum, die erlebte und als belastend empfundene Vergangenheit umzuschreiben. Es kann die Symptome nicht verschwinden lassen. Aber es soll darum gehen, am eigenen Verhalten zu arbeiten, mit improvisierter elterlicher Unterstützung. Denn im Gegensatz zu den echten Eltern, die die Gefühle des Kindes vielleicht nicht ertragen konnten, ist der Therapeut beim Reparenting für uns ein verlässlicher Halt, der ruhiger ist und auch in aufgeregten Situationen an unserer Seite steht und für uns da sein kann. So können in einem geschützten, wertschätzenden Raum innere Konflikte zugelassen und benannt werden.

Viele werden sich beim Lesen vielleicht fragen, wann diese Nachbeelterung zu Ende ist. Durch den Mangel, den manche erfahren haben, kann es sein, dass dieser Prozess noch lange Zeit nicht abgeschlossen ist. Aber er versetzt uns in die Lage, dass wir die Eltern für unsere Kinder sind, die wir sein wollen: selbstbewusst und frei gegenüber den Äußerungen anderer und ganz besonders gegenüber den Großeltern.

Epilog

Sicherlich gibt es einige, die dieses Buch lesen und bereits viele unterschiedliche Konflikte mit ihren Eltern hinsichtlich der Erziehung der Enkelkinder ausgetragen haben und die sich fragen, ob und wie sich das Verhältnis verbessern lässt. Wir leben lange mit dem tiefen Wunsch, dass sich das Verhältnis zu den Großeltern unserer Enkelkinder bessert, tolerieren lange, dass unsere emotionalen Grenzen verletzt werden. Kein Land ist in Sicht und wir erkennen, dass unsere Eltern, die wir lieben und brauchen, nicht fähig sind, Konflikte konstruktiv mit uns zu lösen – weder im Kreis der Familie noch in Form einer Familienberatung oder anderer externer Hilfe.

Uns bleibt dann nichts anderes übrig, als uns schmerzlich einzugestehen, dass sich an diesen Gegebenheiten nichts ändern lässt. Die Einsicht darüber, was ist, und darüber, was nie sein wird, versetzt uns als erwachsene Kinder, in die Lage, unsere damit verbundenen Gefühle zu akzeptieren, ohne die Notwendigkeit zu verspüren, sie verändern zu müssen. Wir lassen zu, dass uns diese Erkenntnis schmerzt. Wir lassen zu, dass es uns wütend und ohnmächtig macht. Wir lassen den Schmerz zu, dass unsere Eltern an ihrem Verhalten nichts ändern. Wir erkennen vielleicht, dass sie schon immer so waren, und es erstaunt uns nicht mehr so sehr, wenn wir beginnen, darüber nachzudenken. Auch alte Eltern empfinden gegenüber uns erwachsenen Kindern oft noch eine Überlegenheit, die sich darin zeigt, mehr zu wissen, es immer noch besser zu wissen, nichts dazulernen zu wollen und sich von ihren erwachsenen Kindern nichts sagen lassen zu wollen.

Vergeben heißt nicht Vergessen

Um unseren Eltern vergeben zu können, müssen wir akzeptieren, dass sie sind, wie sie sind, und handeln, wie sie es tun. Und dass wir unsererseits nichts unternehmen können, um dies (nachhaltig) zu ändern. Wir legen damit unsere Verantwortung für ein konfliktfreies familiäres Umfeld nieder. Es geht nicht darum, all die Kränkungen zu vergessen. Das wäre sehr anstrengend und würde uns doch nicht gelingen. Denn das, was wir zu vergessen versuchen – in der Psychologie spricht man auch von Verdrängung –, bleibt Teil unseres Lebens und bestimmt es. Vergebung dagegen bedeutet, dass wir sagen: »Meine Eltern sind, wie sie sind, und nicht, wie ich sie mir wünsche!« **Denn im Prozess der Vergebung geht es in erster Linie darum, dass wir uns selbst vor weiterer Wut und Enttäuschung schützen.**

Oft hilft es uns, wenn wir jemanden an unserer Seite haben, der diesen Prozess begleitet. Das kann ein Freund sein, aber auch ein Coach oder eine Therapeutin, der/die sich mit diesem Thema gut auskennt. **Es bedarf keiner finalen Aussprache mit unseren Eltern. Dieser Prozess findet in uns selbst statt, nur für uns ist er wichtig,** damit wir uns vom kindlichen Wunsch lösen, dass unsere Eltern uns vielleicht endlich so sehen und so annehmen, wie wir es verdienen und uns immer gewünscht haben. Somit geben wir auch eventuelle Gedanken an Wiedergutmachung oder womöglich Rache auf.

»Wenn sie sich um mich schon nicht gut gekümmert haben, sollen sie sich wenigstens um ihren Enkel kümmern!«
Oder als mögliche Aussage eines Sohnes:
»Meine Mutter wollte immer eine Tochter; jetzt hat sie eine Enkelin, da muss sie sich mir gegenüber wertschätzender verhalten!«

Es geht nicht darum, dass wir das vergeben, was unsere Eltern nicht für uns waren und jetzt nicht für unsere Enkelkinder sein können. Wir dürfen ein unabhängiges, selbstbestimmtes Leben führen und brauchen das Feedback unserer Eltern nicht mehr. Wir sind keine Kinder mehr. Wir treffen unsere eigenen Entscheidungen.

Wenn wir uns darauf einlassen, zu vergeben, beginnen wir mit einem echten Trauerprozess, der uns in die Lage versetzt, das zu betrauern, was wir in der Beziehung zu unseren Eltern vermisst haben und auch heute noch vermissen. Dieser Prozess kann von unbestimmter Dauer sein und endet damit, dass wir um unser selbst willen den Menschen vergeben, die unsere Kindheit geprägt haben wie niemand sonst.

Denn selbst unsere Elternschaft können sie beeinflussen. Sie können uns verunsichern, und die Auseinandersetzungen darüber, wie wir mit unseren Kindern umgehen, reißen alte Wunden auf, die wir doch verschließen wollten. Wir geben unseren Eltern und ihrer Erziehung große Macht und viel Raum, wenn wir damit nicht für uns selbst abschließen. **Vergebung bedeutet, den Kampf um des eigenen Selbsts willen aufzugeben.** In diesem Fall geht es darum, das eigene Selbstbild aus der schmerzhaften Abhängigkeit von den Eltern zu lösen. Es kann dabei sehr hilfreich sein, wenn wir uns mit der Lebensgeschichte unserer Eltern auseinandersetzen. Und wir werden feststellen, dass ihre Art, uns zu erziehen, nicht aus dem Wunsch heraus entstand, uns zu schaden oder zu verletzen. Es wurde ihnen vielmehr bereits genau so beigebracht und durch den damaligen gesellschaftlichen und familiären Konsens legitimiert. »Das haben alle so gemacht!«

Wenn wir vergeben, dürfen wir nicht erwarten, dass unsere Eltern ihre Fehler einsehen. **Zu vergeben bedeutet nicht, dass wir eine Entschuldigung erwarten können.** Selbstreflexion fällt nicht einfach vom Himmel. Und wenn wir unsere Opferrolle nicht loslassen können (weil wir uns daran gewöhnt haben), warum sollten dann unsere Eltern ihre Erziehung überdenken? Wir können nichts von unseren Eltern erwarten, was wir nicht selbst auch zu leisten in der Lage sind.

Auch wenn das Wissen schmerzt: **Unser erzieherischer Weg mit unseren Kindern muss nicht von unseren Eltern abgesegnet werden.** Unser Beziehungswunsch zu unseren Kindern muss unsere Eltern nicht zur Reflexion bringen. Unser Ziel darf es nicht sein, dass wir eine Entschuldigung seitens unserer Eltern erwarten. Wenn wir so denken, bleiben wir ein abhängiges kleines Kind und können nicht erwachsen sein und für uns selbst einstehen. Dabei ist es genau das, was wir für unsere eigene Elternschaft brauchen. **Der lange Arm unserer Eltern und unsere Kindheitserfahrungen können nur ins Hier und Jetzt eingreifen, wenn wir es zulassen.**

Also fragen wir uns: Waren unsere Eltern geliebte Kinder, waren unsere Großeltern liebevolle Eltern? Wurde die Ehe geschieden? Glauben wir, dass die Beziehung unserer Eltern damals und heute glücklich und befriedigend für beide war? Was haben uns unsere Eltern aus ihrer Kindheit erzählt? Wie gut wissen wir, ob sie selbst Zugang zu ihren Emotionen haben? **Es kann helfen, wenn wir unsere Eltern in einem neuen, realistischen Licht betrachten.** Wenn wir dazu noch die Möglichkeit haben, die Generation unserer Großeltern, also die Urgroßeltern unserer Kinder, gedanklich mit ins Boot zu holen, wird sich uns ein neues Bild unserer Familiengeschichte zeigen. Das Muster des Miteinanderseins als Familie und der Erziehung existiert vermutlich schon seit Generationen. Diesen realistischen Blick brauchen wir, wenn wir nicht weiterhin davon träumen wollen, wie unsere Eltern hätten sein sollen. Diesen Weg müssen wir nicht allein gehen und es kann uns guttun, ihn in Begleitung eines Therapeuten oder einer Therapeutin zu gehen, für uns und für die kommende Generation.

Was uns Halt und Kraft geben kann

Unsere Herkunftsfamilie ist nicht immer der Ort, den wir uns gewünscht haben. Der Ort, an dem wir Bestätigung und Akzeptanz finden. Oft bietet uns unsere Herkunftsfamilie dies nicht, ganz gleich, wie sehr wir auch darum kämpfen. Gemeinschaft kann viele Gesichter haben. **Uns Eltern stehen viele Möglichkeiten zur Verfügung, uns neue soziale Räume zu erschließen.** In Elterngruppen, Kindergarten, Schule und Freizeit ebenso wie in den sozialen Medien treffen wir auf viele Menschen, die ähnlich wie wir denken und fühlen. So können wir gleichgesinnte Eltern finden, die eine ähnliche erzieherische Haltung einnehmen und vor ähnlichen Herausforderungen stehen.

Indem wir uns unsere eigene erzieherische Haltung immer wieder bewusst machen, grenzen wir uns nicht nur als erwachsene Kinder von den Erziehungserfahrungen mit unseren Eltern ab, sondern erlauben uns auch, die Großeltern gleichwürdig zu behandeln. **Gleichwürdigkeit beschreibt dabei unsere Haltung, die anderen Mitglieder der Familie in ihrer Individualität und ihren subjektiven Bedürfnissen und Wünschen mit der gleichen Würde anzuerkennen, wie wir uns das für uns wünschen.** Wir sind in der Lage, uns ihre Meinungen anzuhören, ohne dass wir ihnen zustimmen, können ihre Kritik als Sorge verstehen und darauf reagieren. Gleichzeitig können wir stolz darauf sein, dass wir Eltern sind, und darauf, wie wir diese wichtige Aufgabe für uns definieren und was wir Tag für Tag leisten. Wir können versuchen, nicht mehr wütend zu sein, wenn wir mit einem realistischeren Blick auf die Mitglieder unserer Familie schauen.

Diese kleinen Puzzleteile gehören zur wichtigen Psychohygiene, also zur Strategie, die es mir erlaubt, so mit mir selbst umzugehen, dass ich mich psychisch gut und mit mir selbst im Einklang fühle. Sich um sich selbst gut zu kümmern ist etwas, das viele von uns nicht selbstverständlich umsetzen können. Viel eher können wir sagen, was anderen guttun könnte. Uns und unsere Bedürfnisse haben wir dabei viel seltener im Blick. Aber auch wenn unsere Kinder an erster Stelle stehen, sollten wir uns selbst nicht aus den Augen verlieren. Bereits wenn wir zumindest auf unsere körperlichen Grundbedürfnisse achten, also Trinken, Essen und Schlafen, erlauben wir uns schon, ein Bedürfnis anzuerkennen und uns um uns selbst zu kümmern. Auf unsere Grundbedürfnisse zu achten steigert unser Wohlbefinden und senkt unsere Stressanfälligkeit.

Oft sind wir gefangen in unseren eigenen Anforderungen. Wir sind getrieben, möglichst alles gut, alles richtig, alles perfekt zu machen. Ganz besonders im Umgang mit unseren Kindern. Dieses magische Ziel, das wir oft gar nicht richtig benennen können, kostet uns eine Menge Energie. **Stattdessen dürfen wir uns erlauben, zu genießen: unser Leben mit unseren Kindern und den Weg, den wir bis hierhin mit ihnen zusammen gegangen sind.** Wir dürfen uns erlauben, nicht auf Fehlersuche zu gehen oder uns zu fragen, was wir hätten besser machen können. Wir müssen uns nicht in Konkurrenz zu anderen Eltern oder den Großeltern stellen.

Wir können in den **lebendigen Kontakt mit unseren Kindern** gehen und ihnen das geben, was wir vielleicht in unserer Kindheit vermisst haben: miteinander zu spielen, draußen in der Natur zu sein, auf einem Feld Blumen oder Erdbeeren zu pflücken – Zeit füreinander zu haben. Wenn wir einen Augenblick innehalten und uns daran erinnern, was wir mit unseren Eltern gern öfter unternommen hätten, haben wir schon ein Ziel für das nächste Wochenende vor Augen. Wir schaffen uns unsere eigenen Familienrituale, fernab der vermeintlich bindenden Vorstellungen unserer Herkunftsfamilie. Durch innige Familienzeit wird großzügig das wunderbare Hormon Oxytocin ausgeschüttet. Es stärkt unsere Empathie und unser Vertrauen ebenso wie unser Zugehörigkeitsgefühl zu denen, die wie wir denken und fühlen, also andere Eltern, Freunde etc. Es reduziert nachweislich die Ausschüttung von Stresshormonen und ist ein wichtiger Baustein unserer persönlichen Resilienz gegenüber allen Konflikten, die waren, sind und vielleicht noch kommen werden. Also **pushen wir unser Oxytocin-Level,** indem wir noch häufiger die Dinge tun, die uns tatsächlich entsprechen und uns und unserer Familie guttun!

Unsere Elternschaft ist auch eine wunderbare Gelegenheit, Seite an Seite mit unseren Kindern gemeinsam zu lernen, was es heißt, Konflikte zu erkennen und beizulegen. Wir dürfen Lehrer*in und Schüler*in sein und von den Erlebnissen unserer Kinder profitieren. Denn sie haben eine andere Sicht auf die Dinge, die sie erleben – ein für uns kostbarer Schatz, den es zu entdecken gilt.

Dank

Wir danken denen, die unseren Weg mit uns gehen:
Roland, Jonathan, David, Mara, Stephan, Kasimir.

Wir danken denen, die uns auf unseren Weg geschickt haben:
Lisa, Norbert, Helge, Arno, Lilo, Heinz, Anna, Alois, Gerda, Johannes.

Wir danken dem Team des Beltz Verlags, ganz besonders Carmen Kölz, Bettina Brinkmann und Melanie Hartmann für ihre wertvollen Anregungen und die engagierte Zusammenarbeit bei der Entstehung dieses Buches.

Ein besonderer Dank geht an Susanne Mierau und Nora Imlau für ihre jahrelange Unterstützung.

Des Weiteren danken wir Inke Hummel, dem Verein Bindungs(t)räume e. V. und den vielen Familien, die wir ein Stück auf ihrem Weg begleiten durften und dürfen.

Karin dankt außerdem Philip Bergstermann, Angelika Reck, Julia Streit-Lehmann, Christine Odenthal sowie allen Förder*innen auf Patreon.

Anna dankt außerdem Nicola, Jelena, Christiane, Diana, Steff, Sophie, Eva und Kristiana.

Anmerkungen

Hier gibt's Knatsch!

1. »Sicherheitshinweise zum Co-Sleeping 1855« auf: www.familie-historisch.de
2. »Affenliebe« auf: www.familie-historisch.de
3. Quelle: www.statistischebibliothek.de/mir/servlets/MCRFileNodeServlet/BBHeft_derivate_00012750/SB_A4-2_j90_BE.pdf
4. Auf der Seite der Gesundheitsberichtserstattung des Bundes (www.gbe-bund.de) finden sich die entsprechenden Zahlen dazu.
5. www.berliner-zeitung.de/gesundheit-oekologie/ambulante-geburt-morgens-geburt-mittags-nach-hause-li.100520

Umwälzungen in der Familie

1. Bis 2009 wurden dabei nur ehelich geborene Kinder betrachtet.
2. Ausführliches dazu in: Viola Kundrun, *Alte Menschen auf dem Lande. Kultureller Wandel in einer Gemeinde im südlichen Niedersachsen,* 1989
3. www.pairfam.de/studie/inhaltliche-schwerpunkte/intergenerationale-beziehungen/
4. www.dza.de/fileadmin/dza/Dokumente/Informationsdienst_Altersfragen/Informationsdienst_Altersfragen_Heft_03_2016_Großelternschaft_im_Fokus_von_Forschung_und_freiwilligem_Engagement.pdf
5. www.cosmosdirekt.de/resource/blob/138882/d96e6686a56b4abffe128afbcf9179b5/2019-12-19-generationen-unterstuetzung-pdf-data.pdf
6. www.dza.de/forschung/fdz/deutscher-alterssurvey
7. www.eurekalert.org/news-releases/560125
8. www.dji.de/themen/familie/kindsein-in-zeiten-von-corona-studienergebnisse.html

Hilfe, Mama ist jetzt Oma!

1. https://terriapter.com/2017/10/20/family-matters-learning-to-love-your-in-laws/
2. www.sueddeutsche.de/leben/schwiegermuetter-boesartig-sind-die-wenigsten-1.77992

Wo sind die Väter?

1. Erschienen in: »Wie die Zeit vergeht. Analysen zur Zeitverwendung in Deutschland, Beiträge zur Ergebniskonferenz der Zeitverwendungserhebung 2012/2013 am 5./6. Oktober 2016 in Wiesbaden«, Statistisches Bundesamt (Destatis), 2017. Das Zitat auf Seite 129 stammt von Seite 43.
2. Sellach, Dr. Brigitte/Libuda-Köster, Dr. Astrid, *Gleichstellungspolitik im Spiegel der Zeitverwendungserhebung – Ein Vergleich der Ergebnisse der Zeitverwendungserhebungen von 2001/2002 und 2012/2013,* in: »Wie die Zeit vergeht«, Statistisches Bundesamt (Hrsg.) 2017 (www.destatis.de/DE/Ueber-uns/Kolloquien-Tagungen/Veranstaltungen/Zeitverwendung2016/GleichstellungspolitikZeitverwendungserhebungPraes.html)
3. https://www.oxfam.de/ueber-uns/aktuelles/oxfams-studie-sozialer-ungleichheit-12-milliarden-stunden-arbeit-ohne-bezahlt
4. Sellach, Dr. Brigitte/Libuda-Köster, Dr. Astrid, *Gleichstellungspolitik im Spiegel der Zeitverwendungserhebung – Ein Vergleich der Ergebnisse der Zeitverwendungserhebungen von 2001/2002 und 2012/2013,* in: »Wie die Zeit vergeht«, Statistisches Bundesamt (Hrsg.) 2017
5. Erschienen in: »Wie die Zeit vergeht. Analysen zur Zeitverwendung in Deutschland, Beiträge zur Ergebniskonferenz der Zeitverwendungserhebung 2012/2013 am 5./6. Oktober 2016 in Wiesbaden«, Statistisches Bundesamt (Destatis), 2017. https://www.destatis.de/DE/Themen/Gesellschaft-Umwelt/Einkommen-Konsum-Lebensbedingungen/Zeitverwendung/Publikationen/Downloads-Zeitverwendung/tagungsband-wie-die-zeit-vergeht-5639103169004.pdf Das Zitat stammt von Seite 130 und 132.
6. www.destatis.de/DE/Themen/Gesellschaft-Umwelt/Bevoelkerung/Haushalte-Familien/Publikationen/Downloads-Haushalte/lebenssituation-maenner-5122204179004.pdf?__blob=publicationFile (Seite 9)

Loslösung von der eigenen Kindheit

1. Kahler, Taibi, *Process Therapy Model – die sechs Persönlichkeitstypen und ihre Anpassungsformen*, Process Training and Consulting, 2008

Warum Veränderung so schwierig ist

1. Friedrich Schulz von Thun, *Miteinander reden, Band 1. Störungen und Klärungen*, Rowohlt Taschenbuch, 2013, Seite 27-34

Dialog suchen, Konflikte meistern

1. www.mpg.de/431776/forschungsSchwerpunkt

Glossar

Attachment-Parenting (AP) – der Begriff wurde ursprünglich von dem US-amerikanischen Kinderarzt William Sears geprägt. Dieser Erziehungsstil beruht auf den »7 Baby-Bs«: *Birthbonding* (Bonding direkt nach der Geburt), *Breastfeeding* (Stillen), *Babywearing* (Tragen des Babys), *Bedding close to baby* (in der Nähe des Babys schlafen), *Believe in the language value of your baby's cry* (das Weinen des Babys ernst nehmen), *Beware of Baby trainers* (keine Schlaflernprogramme), *Balance* (Balance zwischen den Bedürfnissen von Mutter und Kind). AP ist mittlerweile in die Kritik geraten, weil es auf einem traditionell streng christlichen Weltbild beruht, mit einer klaren Rollentrennung zwischen Mann und Frau.

Baby Led Weaning – hat sich seit etwa 2010 neben der klassischen »Brei-Methode« als Beikostform etabliert. Die Grundprinzipien sind dabei: Das Baby bekommt Beikost angeboten, sobald die Reifezeichen dafür erfüllt sind. Es wird nicht gefüttert. Das Baby probiert von allem, was es am Familientisch gibt – so viel es möchte. Spaß am Entdecken ist ein zentrales Element.

Behaviorismus – der Behaviorismus ist Teil der Verhaltensforschung und wurde von John B. Watson begründet. Im Behaviorismus ist es nicht erlaubt, von äußeren Beobachtungen auf das Innenleben des Beobachteten zu schließen. Einfühlung ist also verboten. Die klassische Konditionierung ist eine Lerntheorie, die auf dem Behaviorismus beruht.

Bindungskonzept nach John Bowlby – die Theorie Bowlbys besagt, dass ein Säugling das angeborene Bedürfnis hat, die Nähe, die Zuwendung und den Schutz einer vertrauten Person zu suchen. Die Entwicklung der Bindungsverhaltensweisen beginnt unmittelbar nach der Geburt und dient dazu, bei Bedarf die Nähe zur Bindungsperson herzustellen. Die wichtigste Funktion der Bindungsperson ist es, den Säugling bzw. das Kind in Situationen von Bedrohung zu schützen und ihm emotionale und reale Sicherheit zu geben.

Bindungsorientierte Erziehung (BO) – moderne Weiterführung von AP. Bei diesem Erziehungsstil steht die Beziehung zwischen Eltern und Kind im Vordergrund. Die Bedürfnisse aller Familienmitglieder sind gleich wichtig.

Hospitalismus – der Begriff beschreibt psychische und körperliche Schäden und Defizite, die Kinder entwickeln, welche längere Zeit in Kliniken oder Heimen untergebracht sind, wo sie körperlich versorgt werden, aber kaum persönliche Zuwendung erfahren haben und wo ihnen die Beziehung zu einer verlässlichen Bezugsperson fehlt.

Kin-Keeper – ein Kin-Keeper ist die Person, die sich um den Zusammenhalt innerhalb einer Familie kümmert. Sie übernimmt Verantwortung rund um die Entwicklung und Pflege innerfamiliärer Beziehungen. Meist sind dies Frauen.

Maternal Gatekeeping – der Begriff bezeichnet ein psychologisches Verhaltensmuster, bei dem Mütter davon überzeugt sind, allein zu wissen, was das Beste für ihr Kind ist, und dem Vater den Zugang zum gemeinsamen Kind verwehren. Jedoch ist der Begriff auch zu einem Schlagwort geworden, das auf misogyne Art Frauen unterstellt, dass sie selbst an ihrer Überlastung schuld seien.

Mental Load – meint übersetzt psychische Belastung. Gebraucht wird der Ausdruck in erster Linie, um die innerfamiliäre ungleichmäßige Verteilung unbezahlter Sorgearbeit und die mit ihr verbundenen Belastungen zu beschreiben.

Literatur

Amendt, Gerhard, *Wie Mütter ihre Söhne sehen*, Fischer, Frankfurt/M. 1994.

Apter, Terri, *What Do You Want From Me? Learning How to Get Along With In-Laws,* Norton, New York 2009.

Auffenberg, Lisa, *Der Mensch in seinen Beziehungen*, Pychologie heute, Online-Artikel, Gesundheit, 07.01.2021, https://www.psychologie-heute.de/gesundheit/artikel-detailansicht/40962-der-mensch-in-seinen-beziehungen.html.

Aymanns, Peter/Filipp, S.-H., *Generationenbeziehungen und -konflikte im Kontext psychologischer Beratung,* Verlag Barbara Budrich, Leverkusen 2000.

Bauer, Joachim, *Warum ich fühle, was du fühlst. Intuitive Kommunikation und das Geheimnis der Spiegelneurone*, Heyne, München 2006.

Berne, Eric, *Transactional Analysis in Psychotherapy. A Systematic Individual and Social Psychiatry*, Martino Fine Books, 2015.

Birk, Prof. Dr. W./Mayer, Prof. Dr. A., *Lehrbuch der Wöchnerinnen. Säuglings- und Kleinkinderpflege für Pflegerinnen, Schwestern und Mütter,* Ferdinand Enke Verlag, Stuttgart 1930.

Bleisch, Barbara, *Warum wir unseren Eltern nichts schulden*, btb, München 2019.

Breise, Jan/Voland, Eckart, *Warum gibt es Großmütter?,* in: Spektrum der Wissenschaft 1/2003.

Brown, Amy, *Why Breastfeeding Grief and Trauma Matter,* Pinter & Martin, London 2019.

Caine, Lynn, *Was habe ich nur falsch gemacht? Mütter und ihre Schuldgefühle,* Goldmann, München 1989.

Cammarata, Patricia, *Raus aus der Mental Load Falle*, Beltz, Weinheim [4]2020.

Chu, Victor, *Die Kunst, erwachsen zu sein. Wie wir uns von den Fesseln der Kindheit lösen*, Mosaik, München 2010.

Clark, Sarah J./Freed, Gary L./Gebremariam, Acham/Schultz, Sara L./Singer, Dianne C., *When Parents and Grandparents Disagree*, Mott Poll Report, Volume 36, Issue 5, 2020, https://mottpoll.org/sites/default/files/documents/081720_Grandparents.pdf.

Czerny, Adalbert, *Der Arzt als Erzieher des Kindes,* Franz Deuticke, Wien [I]1908, [11]1946.

Das gesunde Kind von A–Z, Sammelmappe der Zeitschrift Eltern, 1975.

Ecarius, Jutta, *Familienerziehung im historischen Wandel. Eine qualitative Studie über Erziehung und Erziehungserfahrungen von drei Generationen,* Springer Fachmedien, Wiesbaden 2002.

Forward, Susan, *Wenn Mütter nicht lieben. Töchter erkennen und überwinden die lebenslangen Folgen*, Goldmann, München 2015.

Gebhardt, Miriam, *Die Angst vor dem kindlichen Tyrannen. Eine Geschichte der Erziehung im 20. Jahrhundert,* Deutsche Verlags-Anstalt, München 2009.

Gladtke, Erich/Lüders, Dieter/Schaub, Jürgen (Hrsg.), *Lüders: Lehrbuch für Kinderkrankenschwestern. Band I,* Ferdinand Enke Verlag, Stuttgart [11]1990.

Glasl, Friedrich, *Konfliktmanagement. Ein Handbuch für Führung, Beratung und Mediation*, Haupt/Freies Geistesleben, Bern u. a./Stuttgart [12]2020.

Gordon, Thomas, *Familienkonferenz. Die Lösung von Konflikten zwischen Eltern und Kind*, Heyne, München [12]2012.

Graser, Prof. Dr. Erich, *Mutter und Kind. Eine Anleitung zur Säuglingspflege, überreicht vom Standesamt,* Ausgabe Kreis Alzenau/

Ufr., Druck und Verlag: Phil. L. Fink KG, Großgerau bei F. a. M. 1959.

Handrock, Anke/Baumann, Meike, *Vergeben und Loslassen in Psychotherapie und Coaching*, Beltz, Weinheim 2017.

Hebb, Donald, *The organization of behavior. A neuropsychological theory*, Taylor & Francis Inc., 2002.

Heyne, Felicitas, *Hassgeliebte Schwiegermutter*, mvg Verlag, München 2008 (Interview dazu abzurufen unter: www.sueddeutsche.de/leben/schwiegermuetter-boesartig-sind-die-wenigsten-1.77992).

Hoffmann, Maren/Kaufmann, Matthias, *Wenn ohne Oma und Opa nichts geht*, Spiegel Online, www.spiegel.de/karriere/kinderbetreuung-wie-grosseltern-deutschland-am-laufen-halten-a-dc1b20d8-5478-406e-9576-2f5e75b3b11f.

Hofmeier, Prof. Dr. Kurt/Müller, Dr. Friedrich/Schwidder, Prof. Dr. Werner, *Alles über dein Kind. Band I*, Rowohlt, Reinbek bei Hamburg [2]1972.

Howad, Helene, *Mutter und Säugling in gesunden und kranken Tagen*, Franz Deuticke, Wien 1954.

Hufeland, Christoph Wilhelm, *Guter Rath an Mütter*, Rottmann, Basel/Leipzig 1830.

Hutter, Christoph, et al. (Hg.), *Herausforderung Lebenslage: Praxis-Reflexe aus der Ehe-, Familien-, Lebens- und Erziehungsberatung* (Vol. 18), LIT-Verlag, Münster 2003.

Jung, C. G., *Erinnerungen, Träume, Gedanken*, Walter Verlag, Otten/Schweiz 1993.

Juul, Jesper, *Aus Stiefeltern werden Bonuseltern. Chancen und Herausforderungen für Patchwork-Familien*, Beltz, Weinheim 2015.

Kahler, Taibi, *Process Therapy Model – die sechs Persönlichkeitstypen und ihre Anpassungsformen*, Process Training and Consulting, 2008.

Kast-Zahn, Annette/Morgenroth, Hartmut, *Jedes Kind kann schlafen lernen,* Oberstebrink, Ratingen ^{23}2006.

Klencke, Hermann, *Die Mutter als Erzieherin,* Verlag Eduard Kummer, Leipzig ^{3}1875.

Konrad, Sandra, *Das bleibt in der Familie. Von Liebe, Loyalität und uralten Lasten*, Piper, München ^{5}2016.

Kormann, Dr. med. Ernst, *Das Buch von der gesunden und kranken Frau,* Eduard Besold, Erlangen ^{2}1883.

Kübler, Marie Susanne, *Das Buch der Mütter,* Abel & Müller, Leipzig ^{3}1891.

Kundrun, Viola, *Alte Menschen auf dem Lande. Kultureller Wandel in einer Gemeinde im südlichen Niedersachsen,* F. Coppenrath, Münster 1989.

Langmeyer, Alexandra/Guglhör-Rudan, Angelika/Naab, Thorsten/Urlen, Marc/Winklhofer, Ursula, *Kind sein in Zeiten von Corona. Ergebnisbericht zur Situation von Kindern während des Lockdowns im Frühjahr 2020*, Deutsches Jugendinstitut e. V., München 2020, www.dji.de/fileadmin/user_upload/dasdji/news/2020/DJI_Kindsein_Corona_Ergebnisbericht_2020.pdf.

Maier W./Lichtermann D./Klingler T./Heun R, *Prevalences of personality disorders (DSM-III-R) in the community,* J Personal Disord 1992, 6: 187–196.

Mierau, Susanne, *Mutter.Sein.: Von der Last eines Ideals und dem Glück des eigenen Wegs,* Beltz, Weinheim 2019.

Missildine, W. Hugh, *In dir lebt das Kind, das du warst,* Klett-Cotta, Stuttgart ^{2}2020.

Murgatroyd, Ch./Patchev, A. V./Wu, Y./Micale, V./Bockmühl, Y./Fischer, D./Holsboer, F./Wotjak, C. T./Almeida, O. F. X./Spengler, D., *Dynamic DNA methylation programs persistent adverse effects of early-life stress,* in: Nature Neuroscience, Online-Vorabpublikation, 8. November 2009, DOI: 10.1038/nn.2436 *(www. mpg.de/431776/forschungsSchwerpunkt).*

Nuber, Ursula, *Lass die Kindheit hinter dir. Das Leben endlich selbst gestalten*, Piper, München ²2020.

Perry, Philippa, *Das Buch, von dem du dir wünschst, deine Eltern hätten es gelesen,* Ullstein, Berlin ²2020.

Pescatore, Dr. Maximilian, *Pflege und Ernährung des Säuglings – Ein Leitfaden für Pflegerinnen,* Julius Springer, Berlin 1906.

Planner-Wildinghof, Karl, *Das Kind, der Mutter Glück, der Mutter Sorge,* Leopold Stecker, Graz/Stuttgart ³1943.

Rogers, Carl, *Entwicklung der Persönlichkeit. Psychotherapie aus der Sicht eines Therapeuten,* Klett-Cotta, Stuttgart 1996.

Saum-Aldehoff, Thomas, *Eltern sind auch nur Menschen*, Psychologie heute, Online-Artikel, Familie 13.03.2019, *(*www.psychologie-heute.de/familie/artikel-detailansicht/39816-eltern-sind-auch-nur-menschen.html*).*

Schmidbauer, Wolfgang, *Immer auf die Eltern*, Psychologie heute, Online-Artikel, Familie, 09.10.2020, *(*www.psychologie-heute.de/familie/artikel-detailansicht/40803-immer-auf-die-eltern.html*).*

Schulz von Thun, Friedemann, *Miteinander reden. Bd. 2: Stile, Werte und Persönlichkeitsentwicklung. Differentielle Psychologie der Kommunikation,* Rowohlt, Hamburg ³²2010.

Sharot, Tali, *Meine Meinung – deine Meinung*, Psychologie heute, Online-Artikel, Gesellschaft, 01.07.2017, *(*www.psychologie-heute.de/gesellschaft/artikel-detailansicht/38982-meine-meinung-deine-meinung.html*).*

Shorter, Edward, *Die Geburt der modernen Familie,* Rowohlt, Hamburg 1977.

Sellach, Dr. Brigitte/Libuda-Köster, Dr. Astrid, *Gleichstellungspolitik im Spiegel der Zeitverwendungserhebung – Ein Vergleich der Ergeb-*

nisse der Zeitverwendungserhebungen von 2001/2002 und 2012/2013, in: »Wie die Zeit vergeht«, Statistisches Bundesamt (Hg.) 2017.

Stangl, Werner, *Stichwort »Selektive Wahrnehmung«*, in: Online-Lexikon für Psychologie und Pädagogik, https://lexikon.stangl.eu/1708/selektive-wahrnehmung.

Stürgkh, Hanns Sylvester, *Der deutschen Mutter. Ein Ratgeber für alle Fragen der werdenden Mutter, der Geburt, der Geburtshilfe und der Säuglingspflege*, Sonderschrift der Zeitschrift Gesundes Volk, W. Kohlhammer, Stuttgart/Berlin [25]1940.

Tazi-Preve, Mariam Irene, *Das Versagen der Kleinfamilie. Kapitalismus, Liebe und der Staat*, Verlag Barbara Budrich, Leverkusen 2017.

Uhlmann, Irene/Liebing, Dr. Günther (Hg.), *Kleine Enzyklopädie. Das Kind*, VEB Bibliograph. Institut, Leipzig [5]1977.

Versch. Autor*innen, *»Die räumliche Nähe ist Fluch und Segen zugleich«*, Spiegel Online, Hamburg, 10.02.2021 (www.spiegel.de/karriere/kinderbetreuung-durch-grosseltern-die-raeumliche-naehe-ist-fluch-und-segen-zugleich-a-87614bb5-a4b3-434c-8ef9-bec1ee85d325).

Paul, Susanne/Göbel, Stefan, *Generationen-Unterstützung*, Umfrage im Auftrag von CosmosDirekt, forsa Politik- und Sozialforschung, Berlin 2019.

Watzlawick, Paul, *Menschliche Kommunikation. Formen, Störungen, Paradoxien*, Verlag Hans Huber, Bern [12]2011.

Wirth, Dr. Heike, *Die Zeitverwendung von Kindern und Jugendlichen – Lernen am Modell? Geschlechtsspezifische Unterschiede in der Zeitverwendung für Haushaltstätigkeiten*, in: »Wie die Zeit vergeht«, Statistisches Bundesamt (Hg.) 2017.

Wolynn, Mark, *Dieser Schmerz ist nicht meiner. Wie wir uns mit dem seelischen Erbe unserer Familie aussöhnen*, Kösel, München [5]2017.

Young, Jeffrey E., *Schematherapie. Ein praxisorientiertes Handbuch*, Junfermann, Paderborn 2005.

Nützliche Links

Bundeskonferenz Erziehungsberatung e. V.:
www.familienhandbuch.de/unterstuetzungsangebote/beratung/kostenloseonlineber.php
Caritas Deutschland, Beratung für Eltern und Familien:
www.caritas.de/hilfeundberatung/onlineberatung/eltern-familie/
Christopher End (Therapie, Meditation, Coaching):
https://christopher-end.de
Der Familienatlas Hessen:
www.familienatlas.de/eltern-erziehung/erziehung/erziehungs-und-familienberatung-im-internet-die-virtuelle-beratungsstelle
Diözesanstelle Ehe-, Familien- und Lebensberatung der Erzdiözese Freiburg:
www.ebfr-efl.de/ehe-familien-und-lebensberatung/das-beratungsangebot
Inke Hummel/»sAchtsam Hummel« Familienberatung:
https://inkehummel.de
Nora Imlau, Journalistin, Autorin und Speakerin:
https://www.nora-imlau.de
Rosa-Hellblau-Falle – Rollenklischees im (Familien-)Alltag und wie man ihnen entkommt:
https://rosa-hellblau-falle.de
Susanne Mierau, Autorin, Bloggerin und Kleinkindpädagogin:
https://geboren-wachsen.de

Selfcare für Mamas

Die Selbstfürsorge der Mutter ist die Basis jeder starken Familie. Denn nur, wenn auch ihre Bedürfnisse erfüllt sind, kann sie die Gelassenheit entwickeln, die Kindern ein gutes Aufwachsen ermöglicht. Mit viel Hintergrundwissen, Übungen und Remindern unterstützt dieses Buch dabei, die eigene Selfcare zu gestalten.

Die Autorinnen sind Pionierinnen der Elternblogger- und -coachingszene und setzen sich für ein Empowerment der Mamas ein. Während heute fast immer die Bedürfnisse der Kinder im Mittelpunkt stehen, machen sie Müttern Lust und Mut, die Reihenfolge der Fürsorge auch einmal umzudrehen und dabei das ewig schlechte Gewissen und die große Angst, in der Erziehung Fehler zu machen, über Bord zu werfen.

»Ein gutes Selbstwertgefühl ist essenziell für eine starke Persönlichkeit – von Kindern wie Eltern. Wie das mit der Selbstfürsorge der Mutter zusammenhängt, dazu gibt dieses Buch wertvolle Einblicke.« Stefanie Stahl, Autorin von »Nestwärme, die Flügel verleiht«

Daniela Gaigg / Linda Syllaba
Selfcare für Mamas
Geht's dir gut, geht's deinem Kind gut.
Das etwas andere Erziehungsbuch
Klappenbroschur, 251 Seiten
ISBN 978-3-407-86660-8

www.beltz.de BELTZ